任进 编著

制度治党六讲

·北京·
国家行政学院出版社

图书在版编目（CIP）数据

制度治党六讲/任进编著 . —北京：国家行政学院出版社，2019.3
ISBN 978-7-5150-2147-8

Ⅰ.①制… Ⅱ.①任… Ⅲ.①中国共产党-党的建设-学习参考资料 Ⅳ.①D26

中国版本图书馆CIP数据核字（2018）第119743号

书　　名	制度治党六讲 ZHIDU ZHIDANG LIUJIANG
作　　者	任　进　编著
责任编辑	陈　科　谢　伦
出版发行	国家行政学院出版社 （北京市海淀区长春桥路6号　100089） （010）68920640　68929037
编 辑 部	（010）68928764
经　　销	新华书店
印　　刷	北京宝丰印刷有限公司
版　　次	2019年3月北京第1版
印　　次	2019年3月北京第1次印刷
开　　本	170毫米×240毫米　16开
印　　张	17
字　　数	255千字
书　　号	ISBN 978-7-5150-2147-8
定　　价	50.00元

本书如有印装质量问题，可随时调换。联系电话：（010）68929022

目录 CONTENTS

第一讲 学习贯彻《中国共产党章程》

1. 党的十九大修改《中国共产党章程》的背景、主要内容和看点 ………… 001
2. 学习贯彻《中国共产党章程》是全党的首要政治任务 ………… 005
3. 总纲:建设一个什么样的党 ………………………………………… 007
4. 中国共产党党员的基本条件 ……………………………………… 010
5. 中国共产党党员的义务 …………………………………………… 012
6. 中国共产党党员的权利 …………………………………………… 014
7. 党的中央组织 ……………………………………………………… 016
8. 党的地方组织 ……………………………………………………… 018
9. 党的基层组织 ……………………………………………………… 021
10. 党的干部 …………………………………………………………… 023
11. 党的纪律检查机关 ………………………………………………… 024
12. 党组 ………………………………………………………………… 026
13. 党内法规的种类和层级 …………………………………………… 027

第二讲 学习贯彻《关于新形势下党内政治生活的若干准则》

1. 制定《关于新形势下党内政治生活的若干准则》
   的背景和意义 ……………………………………………………… 029
2. 《关于新形势下党内政治生活的若干准则》的主要看点 ………… 031
3. 坚定理想信念 ……………………………………………………… 033

4. 坚持党的基本路线 ··· 036
5. 坚决维护党中央权威 ····································· 039
6. 严明党的政治纪律 ·· 041
7. 保持党同人民群众的血肉联系 ······················· 044
8. 坚持民主集中制原则 ····································· 047
9. 发扬党内民主和保障党员权利 ······················· 050
10. 坚持正确选人用人导向 ································ 053
11. 严格党的组织生活制度 ································ 057
12. 坚持不懈把批评和自我批评这个武器用好 ····· 060
13. 加强对权力运行的监督和制约 ····················· 063
14. 保持清正廉洁的政治本色 ···························· 068
15. 全面加强和规范党内政治生活 ····················· 071

第三讲　学习贯彻《中国共产党廉洁自律准则》

1. 《中国共产党廉洁自律准则》的制定背景、主要内容和亮点 ······ 075
2. "四个必须"：自律源于自觉，立根方能固本 ············ 077
3. 公与私：坚持公私分明 ································· 079
4. 廉与腐：坚持崇廉拒腐 ································· 081
5. 俭与奢：坚持尚俭戒奢 ································· 084
6. 苦与乐：坚持吃苦在前，享受在后 ················· 086
7. 从政：保持人民公仆本色 ····························· 088
8. 用权：维护人民根本利益 ····························· 090
9. 修身：提升思想道德境界 ····························· 092
10. 齐家：带头树立良好家风 ··························· 094

第四讲　学习贯彻《中国共产党党内监督条例》

1. 修订《中国共产党党内监督条例（试行）》的背景 ········ 098
2. 党内监督是永葆党的肌体健康的生命之源 ············· 100

3. 《中国共产党党内监督条例》的主要特点 …………………… 102
4. 信任不能代替监督 …………………………………………… 104
5. 坚决维护党的团结统一 ……………………………………… 106
6. 准确把握党内监督的内容和要点 …………………………… 108
7. 抓住"关键少数",紧盯"一把手" …………………………… 110
8. 强化各级纪委专责监督 ……………………………………… 111
9. 落实党委主体责任 …………………………………………… 115
10. 党的中央组织的监督 ………………………………………… 116
11. 巡视是党内监督的重要方式 ………………………………… 118
12. 依规依纪规范信访举报 ……………………………………… 120
13. 织密党内监督之网 …………………………………………… 123
14. 提高民主生活会质量 ………………………………………… 124
15. 插手干预重大事项记录报告制度 …………………………… 127
16. 领导干部个人有关事项报告制度 …………………………… 129
17. 运用好监督执纪的"四种形态" …………………………… 130
18. 实现党内监督和国家监察有机融合 ………………………… 133
19. 做好问题线索分类处置 ……………………………………… 135

第五讲 学习贯彻《中国共产党纪律处分条例》

1. 《中国共产党纪律处分条例》的特色和看点 ……………… 138
2. 什么是纪律处分和纪律处理 ………………………………… 142
3. 什么是组织处理或组织调整 ………………………………… 144
4. 党员涉嫌违法如何进行纪律处分或者组织处理 …………… 146
5. 对党员涉嫌犯罪如何进行纪律处分 ………………………… 148
6. "三种特殊情况"的党员如何处理 ………………………… 150
7. 违纪行为有关责任人员如何区分 …………………………… 152
8. 在重大原则问题上不与党中央保持一致或发表危害党的言论 … 155
9. 搞两面派、做两面人等对党不忠诚、不老实行为 ………… 158
10. 党内搞团团伙伙、结党营私、拉帮结派等行为 …………… 160

11. 损害中央权威、妨碍党和国家方针政策实施等行为 …………… 163
12. 对抗组织审查行为 …………………………………………… 166
13. 搞无原则一团和气等行为 …………………………………… 168
14. 违反民主集中制原则等行为 ………………………………… 170
15. 不如实报告个人有关事项 …………………………………… 173
16. 侵犯党员权利行为 …………………………………………… 175
17. 违反组织工作原则等行为 …………………………………… 178
18. 违规出国（境） ……………………………………………… 181
19. 以权谋私行为 ………………………………………………… 183
20. 违规接受礼品礼金和服务等行为 …………………………… 186
21. 借用管理和服务对象钱款等行为 …………………………… 190
22. 通过民间借贷等金融活动获取大额回报 …………………… 191
23. 违规从事营利活动行为 ……………………………………… 193
24. 违规买卖股票 ………………………………………………… 196
25. 违规占有、使用公款公物等行为 …………………………… 199
26. 公款旅游和违反公务接待、公务交通工具、会议活动、
    办公用房管理规定 …………………………………………… 201
27. 侵害群众利益行为 …………………………………………… 204
28. 扶贫领域侵害群众利益行为 ………………………………… 207
29. 漠视群众利益行为 …………………………………………… 210
30. 利用宗族或黑恶势力欺压群众、充当黑恶势力保护伞 …… 211
31. 盲目举债、搞劳民伤财的形象工程、政绩工程 …………… 214
32. 侵害群众知情权等行为 ……………………………………… 216
33. 党组织失职行为 ……………………………………………… 218
34. 形式主义、官僚主义表现突出 ……………………………… 219
35. 滥用职权和玩忽职守行为 …………………………………… 223
36. 不报告、不如实报告工作情况以及强迫下级说假话、报假情 … 226
37. 违反外事工作纪律等行为 …………………………………… 228
38. 失泄密行为 …………………………………………………… 230
39. 生活奢靡，贪图享乐，追求低级趣味 ……………………… 232

40. 违背社会公序良俗，在公共场所有不当行为 ………………… 235
41. 不重视家风建设，对配偶、子女及其配偶失管失教 ………… 236

第六讲　学习贯彻《中国共产党问责条例》

1. 史上最严《中国共产党问责条例》：制定背景和主要看点 …… 241
2. 为什么问责要抓住党委这个"牛鼻子" ……………………… 243
3. 如何区分全面领导责任、主要领导责任和重要领导责任 …… 245
4. 党内问责方式有哪些，与行政问责有何不同 ………………… 247
5. 党内问责的重点对象、问责权限和程序 ……………………… 249
6. 党的领导弱化要问责 …………………………………………… 251
7. 党的建设缺失要问责 …………………………………………… 253
8. 全面从严治党不力要问责 ……………………………………… 256
9. 维护党的纪律不力要问责 ……………………………………… 257
10. 推进党风廉政建设和反腐败工作不坚决、不扎实要问责 …… 260

第一讲　学习贯彻《中国共产党章程》

1. 党的十九大修改《中国共产党章程》的背景、主要内容和看点

【核心要义】中国共产党第十九次全国代表大会于2017年10月18日至10月24日在北京举行。党的十九大是在全面建成小康社会决胜阶段、中国特色社会主义发展关键时期召开的一次十分重要的大会。

大会听取和审查十八届中央委员会的报告、审查十八届中央纪律检查委员会的工作报告、选举十九届中央委员会和十九届中央纪律检查委员会。

2017年10月24日，党的十九大通过了《中国共产党章程（修正案）》。

中国共产党自1921年诞生至十九大，除一大纲领外，先后制定、修正过十八次党章。

据统计，党的十九大通过的党章修正案，共修改107处，其中总纲部分修改58处，条文部分修改49处。

党的十九大为什么要修改《中国共产党章程》（以下简称《党章》)?

《党章》是党的总章程，是党的总规范，是党的根本法。它体现党的性质和宗旨，体现党的理论和方针政策，规定党的制度和纪律。因为这样的定位，中国共产党非常重视《党章》的制定和完善，由党的全国代表大会根据党的理论创新和实践创新对《党章》进行修改，成为我们党的一个惯例。

现行《党章》是党的十二大修改确定的。根据形势和任务的发展变化，党的十三大至十八大都对《党章》作了不同程度的修改。

党的十八大以来，以习近平同志为主要代表的中国共产党人，顺应时代发展，创立了习近平新时代中国特色社会主义思想，开辟了马克思主义中国化新境界、中国特色社会主义新境界。在习近平新时代中国特色社会主义思想指导下，中国共产党领导全国各族人民，统揽伟大斗争、伟大工程、伟大事业、伟大梦想，推动中国特色社会主义进入了新时代。习近平新时代中国特色社会主义思想的理论意义和实践意义日益显现，得到全党全国各族人民广泛认同和拥护。因此，需要对《党章》进行适当修改，把习近平新时代中国特色社会主义思想同马克思列宁主义、毛泽东思想、邓小平理论、"三个代表"重要思想、科学发展观一道确立为党的指导思想并写入《党章》，把坚定维护以习近平同志为核心的党中央权威和集中统一领导写入《党章》，把党的十八大以来党中央推进全面从严治党一系列重大创新成果和行之有效的成功经验写入《党章》。

党的十九大报告站在历史和时代高度，根据国际形势变化和国内经济社会发展的新特点，阐明了未来一个时期党和国家工作的大政方针和战略部署，提出了一系列新的重要思想、重要观点、重大论断、重大举措，也需要在《党章》中体现，这样有利于更好地把学习《党章》与学习党的十九大精神有机结合起来，扎实推动党的十九大精神学习领会和贯彻落实。

那么，此次《党章》修订的主要内容有哪些呢？

这次《党章》最重要的修改，首先是把习近平新时代中国特色社会主义思想写入党章。新修《党章》规定：十八大以来，以习近平同志为主要代表的共产党人，顺应时代发展，从理论和实践结合上系统回答了新时代坚持和发展什么样的中国特色社会主义、怎样坚持和发展中国特色社会主义这个重大的时代课题，创立了习近平新时代中国特色社会主义思想。习近平新时代中国特色社会主义思想是对马克思列宁主义、毛泽东思想、邓小平理论、"三个代表"重要思想、科学发展观的继承和发展，是马克思主义中国化最新成果，是党和人民实践经验和集体智慧的结晶，是中国特色社会主义理论体系的重要组成部分，是全党全国人民为实现中华民族伟大复兴而奋斗的行动指南，必须长期坚持并不断发展。

其次，新修《党章》中的中国特色社会主义理论增加了新内容。新修《党章》规定：改革开放以来我们取得一切成绩和进步的根本原因，归结起来就是：开辟了中国特色社会主义道路，形成了中国特色社会主义理论体系，确立了中国特色社会主义制度，发展了中国特色社会主义文化。全党同志要倍加珍惜、长期坚持和不断发展党历经艰辛开创的这条道路、这个理论体系、这个制度、这个文化，高举中国特色社会主义伟大旗帜，坚定道路自信、理论自信、制度自信、文化自信，贯彻党的基本理论、基本路线、基本方略，为实现推进现代化建设、完成祖国统一、维护世界和平与促进共同发展这三大历史任务，实现"两个一百年"奋斗目标、实现中华民族伟大复兴的中国梦而奋斗。

再次，新修《党章》重新定义现阶段我国社会主要矛盾。新修《党章》规定：在现阶段，我国社会的主要矛盾是人民日益增长的美好生活需要和不平衡不充分的发展之间的矛盾。必须按照中国特色社会主义事业"五位一体"总体布局和"四个全面"战略布局，统筹推进经济建设、政治建设、文化建设、社会建设、生态文明建设，协调推进全面建成小康社会、全面深化改革、全面依法治国、全面从严治党。

新时代经济和社会发展的战略目标是，到建党一百年时，全面建成小康社会；到新中国成立一百年时，全面建成社会主义现代化强国。

中国共产党在社会主义初级阶段的基本路线是：领导和团结全国各族人民，以经济建设为中心，坚持四项基本原则，坚持改革开放，自力更生，艰苦创业，为把我国建设成为富强民主文明和谐美丽的社会主义现代化强国而奋斗。

最后，新修《党章》强调全面从严治党永远在路上。新修《党章》规定：中国共产党要领导全国各族人民实现"两个一百年"奋斗目标、实现中华民族伟大复兴的中国梦，必须紧密围绕党的基本路线，坚持党要管党、全面从严治党，加强党的长期执政能力建设、先进性和纯洁性建设，以改革创新精神全面推进党的建设新的伟大工程，以党的政治建设为统领，全面推进党的政治建设、思想建设、组织建设、作风建设、纪律建设，把制度建设贯穿其中，深入推进反腐败斗争，全面提高党的建设科学化水平。坚持立党为公、执政为民，发扬党的优良传统和作风，不断提高党的领导水平和执政水平，提高拒腐防变和抵御风险的能力，不断增强自我净化、自我完善、自我革新、自我提高能力，不断增强党的阶级基础和扩大党的群众基础，不断提高党的创造力、凝聚力、战斗力，建设学习型、服务型、创新型的马克思主义执政党，使我们党始终走在时代前列，成为领导全国人民沿着中国特色社会主义道路不断前进的坚强核心。

【党章解读】 十九大修正通过的《党章》，可以说是最近修改幅度最大，也是迄今为止最完善的党章。学习党章，要重点了解十九大修改《党章》的主要内容。

此次修改《党章》，有以下几大看点需要特别关注。

首先是把习近平新时代中国特色社会主义思想同马克思列宁主义、毛泽东思想、邓小平理论、"三个代表"重要思想、科学发展观一道确立为党的行动指南。党章中新增加的这部分内容，概括起来，就是说明习近平新时代中国特色社会主义思想是怎么形成的、怎么界定并强调这是全党全国人民为实现中华民族伟大复兴而奋斗的行动指南。在习近平新时代中国特色社会主义思想指导下，中国共产党领导全国各族人民，统揽伟大斗争、伟大工程、伟大事业、伟大梦想，推动中国特色社会主义进入了新时代。

其次，对中国特色社会主义的内容、表述作了调整，并归结为三个"基本"：基本理论、基本路线、基本方略。其中，"基本方略"的提出，既体现了习近平新时代中国特色社会主义的主要思想，同时也把过去基本纲领和基本经验融合进去。同时，把"实现'两个一百年'奋斗目标、实现中华民族伟大复兴的中国梦"写入《党章》，这是在新的历史条件下的伟大目标任务。

再次，对初级阶段我国社会发展的主要矛盾作了适当的调整和新的界定。

社会主要矛盾问题是我们党和国家制定路线方针政策的基础，从革命时期、建设时期到改革开放，所有的方针政策都和基本矛盾或主要矛盾有关系。在1956年党的八大上提出，人民对于经济文化迅速发展的需要同经济文化不能满足人民需要的状况之间的矛盾，实质上是先进的社会主义制度同落后的生产力之间的矛盾。改革开放以后又作了归纳和精练，表述为"人民日益增长的物质文化需要同落后的社会生产之间的矛盾"。

但现在，中国的经济建设和其他各方面建设已经取得重大成就，成为世界上第二大经济体，社会生产不像过去那样落后了，但现在发展还不平衡、不充分。2020年建成全面小康社会后，对于美好生活的向往，比物质文化需要的内容更加丰富，标准也更高，所以新修《党章》和党的十九大报告提出，在现阶段，我国社会的主要矛盾是人民日益增长的美好生活需要和不平衡不充分的发展之间的矛盾，这是符合实际的。

还有，社会主义初级阶段基本路线是在党的十三大时提出的，党的十四大写入《党章》。过去的"现代化"要求是富强民主文明，党的十七大修改《党章》时，加上了"和谐"一词，这次又加了"美丽"，变成了五个方面，与"五位一体"总体布局相对应。

最后，强化全面从严治党。党的十八大以来，全面从严治党成效卓著。《党章》的修改，在党的建设方面体现得很丰富。如将对党的建设的四项要求，发展为五项要求，强调全面从严治党永远在路上，强调"四个考验"、"四种危险"。还特别指出："中国共产党的领导，是中国特色社会主义最本质的特征，是中国特色社会主义制度的最大优势。党政军民学、东西南北中，党是领导一切的。"

在总纲部分，如规定党员要学习习近平新时代中国特色社会主义思想，要遵守党的政治纪律和政治规矩，要带头实践社会主义核心价值观，要弘扬中华民族传统美德，条文部分增加了巡视制度、党的基层组织有所加强。

在党的纪律方面，将原来的思想建设、组织建设、作风建设、制度建设、反腐倡廉建设，调整为"政治建设"并摆在第一位，然后是思想建设、组织建设、作风建设、纪律建设，把制度建设贯穿其中，加强反腐败斗争。另外，对纪律处分程序也作了新规定。相应党的纪律检查机关的职责也有所调整和进一步明确。

2. 学习贯彻《中国共产党章程》是全党的首要政治任务

【核心要义】新版《党章》一经面世，各地纷纷掀起学习研讨的热潮。对于全党来说，把习近平新时代中国特色社会主义思想确立为行动指南，是这次《党章》修改的最大亮点和最突出的历史贡献，实现了党的指导思想的又一次与时俱进。此次《党章》修改，反映了党的路线方针政策不断成熟、党的建设不断进步和加强。认真学习领会新修的《党章》，特别是《党章》确立的习近平新时代中国特色社会主义思想，是当前和今后一段时期全党的首要政治任务。

《党章》记载和铭刻着中国共产党的初心和使命。党的十九大闭幕仅一周，新一届中共中央政治局常委就专程从北京前往上海和浙江嘉兴，瞻仰中共一大会址和南湖红船，回顾建党历史，重温入党誓词。"拥护党的纲领，遵守党的章程",是党员对党宣誓中最先说的话。

党的十九大开启了新时代中国特色社会主义的新征程。全党同志要自觉学习党章,尊崇《党章》,贯彻《党章》,维护《党章》。

学习《党章》,要首先了解一下《党章》的产生、由来和变化的历史。

《党章》是党的纲领和组织章程的总称,它通过党的全国代表大会,以全党的名义加以确认。中国共产党历来高度重视制定和完善自己的章程。1921年7月在上海召开的中国共产党第一次全国代表大会,讨论和通过了《中国共产党纲领》。这是党的历史上关于党的建设的第一个马克思主义的光辉文献。

1922年7月,党的二大讨论通过了首部《党章》。《党章》共分六章二十九条,分别为党员、组织、会议、纪律、经费、附则。二大通过的《党章》,是党的第一部正式党章,它标志着党的创建工作的最后完成。从此党有了自己的立党之本和最高行为规范。此后,《党章》历经十七次修改,共产生过十八部党章。这十八部渗透着历史烟云的《党章》文本,从一个独特的角度,再现了中国共产党从幼年走向成熟的全部过程,记录着党的思想理论、政治主张、路线方针政策、制度机制不断发展的历史轨迹。

党的十九大修改的《党章》,可以说是最近修改幅度最大,也是迄今为止最完善的党章。

【党章解读】习近平总书记多次强调要认真学习贯彻《党章》。2012年11月16日在十八届中央政治局第一次会议上作的《认真学习党章 严格遵守党章》的重要讲话中,他强调,认真学习党章、严格遵守党章,是加强党的建设的一项基础性经常性工作,也是全党同志的应尽义务和庄严责任,对强化全党党章意识,增强党的创造力、凝聚力、战斗力具有极为重要的作用。要把党章学习教育作为经常性工作来抓,通过日常学习、专题培训等形式,组织党员学习党章。要把学习党章作为各级党校、干校培训党员领导干部的必备课程。

党中央决定,在全体党员中开展"两学一做"学习教育活动并使之常态化制度化,学党章成为学习教育活动的首要内容。要求逐条逐句通读党章,全面理解党的纲领,牢记入党誓词,牢记党的宗旨,牢记党员义务和权利,引导党员尊崇党章、遵守党章、维护党章,坚定理想信念,对党绝对忠诚。

2016年4月24日至27日,习近平总书记在安徽考察期间指出:"学习党章是全体党员的基本功,这个功课要经常做。"他还指出:"学习党章不仅要原原本本学、反反复复学，做到知其然，而且要联系实际学、深入思考学，做到知其所以然。"

学习《党章》，一是要学而时习之知其然。《党章》是党的总章程，每一条都是党员的基本遵循，原文是最权威的，精髓尽在其中，原原本本学，就是要要全面、准确、深刻地掌握其基本内容，把握其精神实质。再就是要反反复复学。书读百遍，其义自见。只有反复温习，才能进一步理解《党章》规定的内涵和深刻含义，才能做到入脑、入心。

二是不仅要学习《党章》知其然，而且要知其所以然。古人云，"博学之审问之慎思之明辨之笃行之"；"学而不思则罔，思而不学则殆"。学习和思考、学习和实践是相辅相成的。学习《党章》，要理论联系实际，注重把学到的知识运用于实践，还要深入思考《党章》对党组织和党员、干部的要求是哪些、怎样身体力行，对照《党章》检查自己的言行。

特别是要深刻领会《党章》确立的习近平新时代中国特色社会主义思想的科学体系、精神实质、理论创新和实践要求，把握好贯穿其中的马克思主义立场观点方法，更加自觉地为实现党的历史使命不懈奋斗。

3. 总纲：建设一个什么样的党

【核心要义】《党章》总纲规定了党的性质、宗旨、奋斗目标、指导思想、组织原则、现阶段任务、工作重点，以及党对国际事务、党际关系的基本指导方针。它规定和描述了整个党应有的形象，解决了建设一个什么样的党的问题。

党的十九大修改的《党章》也即现行《党章》总纲，共有7700余字，从宏观上看，《党章》总纲主要包含了中国共产党的基本历史，中国的基本国情、基本路线、历史任务和加强党的建设特别是执政能力建设等内容。

关于党的性质。《党章》总纲指出：中国共产党是中国工人阶级的先锋队，同时，是中国人民和中华民族的先锋队，是中国特色社会主义事业的领导核心，代表中国先进生产力的发展要求，代表中国先进文化的前进方向，代表中国最广大人民的根本利益。

关于党的最高理想和最终目标。党的最高理想和最终目标是实现共产主义。这是自建党以来一直坚守的理想信念。

关于党的指导思想。《党章》总纲把习近平新时代中国特色社会主义思想与马克思列宁主义、毛泽东思想、邓小平理论、"三个代表"重要思想和科学发展观一起，列为党的指导思想和行动指南，是中国特色社会主义进入新时代的必然要求和符合党心民意的重大决策，不仅体现了党的指导思想的与时俱进，而且对全党把思想和行动统一到习近平新时代中国特色社会主义思想上来、以习近平新时代中国特色社会主义思想指导我国社会主义现代化建设和党的建设新的伟大工程，必将产生重大而深远的影响。

关于社会主义初级阶段党的基本路线。党的基本路线是党和国家的生命线、人民的幸福线，既要长期坚持不动摇，又要与时俱进深化认识。《党章》不仅规定了党的基本路线与四项基本原则，充实了坚持改革开放的内容，而且将党的十八大以来习近平总书记的重要思想观点和党的十九大报告的相关提法充实进总纲。如将总纲原第十自然段最后一句调整为"为把我国建设成为富强民主文明和谐美丽的社会主义现代化强国而奋斗"。又如，在总纲原第十一自然段中增写实施创新驱动发展战略、乡村振兴战略、区域协调发展战略、军民融合发展战略，充分发挥创新作为引领发展第一动力的作用等内容，体现了我国发展的阶段性特征。再如，在总纲原第十三自然段中增写要全面深化改革，完善和发展中国特色社会主义制度，推进国家治理体系和治理能力现代化，更加注重改革的系统性、整体性、协同性等内容。

关于中国特色社会主义"五位一体"总体布局。《党章》总纲对原第十四至第十八自然段进行了充实和完善，如在总纲原第十四自然段中，将"发挥市场在资源配置中的基础性作用"修改为"发挥市场在资源配置中的决定性作用，更好发挥政府作用"；增写推进供给侧结构性改革、建设世界科技强国等内容。将总纲原第十五自然段中的"健全社会主义法制"修改为"建设中国特色社会主义法治体系"；增写推进协商民主广泛、多层、制度化发展的内容。在总纲原第十六自然段中，将"弘扬民族优秀传统文化，繁荣和发展社会主义文化"修改为"推动中华优秀传统文化创造性转化、创新性发展，继承革命文化，发展社会主义先进文化，提高国家文化软实力"；增写培育和践行社会主义核心价值观，牢牢掌握意识形态工作领导权，不断巩固马克思主义在意识形态领域的指导地位，巩固全党全国人民团结奋斗的共同思想基础等内容。在总纲原第十七自然段中，将"加强和创新社会管理"修改为"加强和创新社会治理"；增写不断增强人民群众获得感，坚持总体国家安全观，坚决维护国家主权、安全、发展利益等内容。在总纲原第十八自然段中,增写增强绿水青山就是金山银山的意识,实行最严格的生态环境保护制度等内容。

关于党的自身建设。新修《党章》在党的建设总体要求方面,一是明确提出坚持党要管党、全面从严治党这一党的建设指导方针。二是把政治建设、纪律建设纳入党的建设总体布局,并且凸显了党的政治建设在党的建设中的统领地位。三是在党的建设基本要求第一项坚持党的基本路线中,增写用习近平新时代中国特色社会主义思想统一思想、统一行动等内容。四是增写牢固树立政治意识、大局意识、核心意识、看齐意识,坚定维护以习近平同志为核心的党中央权威和集中统一领导,加强和规范党内政治生活,增强党内政治生活的政治性、时代性、原则性、战斗性,发展积极健康的党内政治文化,营造风清气正的良好政治生态等内容。这些内容,集中体现了推进党的建设新的伟大工程中理论和实践的创新成果。

【党章解读】《党章》总纲是全党都必须遵守的根本准则,它不仅是政治纲领,更是战斗的纲领,每一个共产党员都要认真学习、深刻领会和努力实践。关于《党章》总纲,有以下几个地方要注意。

一是党的十六大以来,《党章》关于党的性质的表述,从党的阶级性、先进性、人民性、民族性和党在建设中国特色社会主义事业中的地位等方面,阐明了中国共产党的性质,特别是指出了中国共产党是中国工人阶级的先锋队,同时,是中国人民和中华民族的先锋队,从而扩大了党的群众基础和社会基础。

二是党的十七大修改的《党章》在关于中国特色社会主义表述基础上,创造性地提出了中国特色社会主义理论体系的概念,包括邓小平理论、"三个代表"重要思想和科学发展观,而且明确中国特色社会主义理论体系是不断发展的开放的理论体系。

三是关于中国特色社会主义事业总体布局,党的十八大修改的《党章》规定了经济建设、政治建设、文化建设、社会建设和生态文明建设,明确了中国特色社会主义事业的总体布局。

四是党的十九大对《党章》的修改。

党的十八大以来,以习近平同志为核心的党中央,统筹推进"五位一体"总体布局,协调推进"四个全面"战略布局,提出一系列新理念新思想新战略，推动党和国家事业取得历史性成就、发生历史性变革。党的十九大修改的《党章》把习近平新时代中国特色社会主义思想同马克思列宁主义、毛泽东思想、邓小平理论、"三个代表"重要思想、科学发展观一道确立为党的指导思想并写入《党章》，是实现党的指导思想与时俱进的客观需要，也是新时代推动党和国家事业发展的必然要求。

4. 中国共产党党员的基本条件

【核心要义】《党章》第一条开宗明义规定了党员的基本条件，即年满十八周岁的中国工人、农民、军人、知识分子和其他社会阶层的先进分子，承认党的纲领和章程，愿意参加党的一个组织并在其中积极工作、执行党的决议和按期交纳党费的，可以申请加入中国共产党。第二条明确中国共产党党员是中国工人阶级的有共产主义觉悟的先锋战士，必须全心全意为人民服务，不惜牺牲个人的一切，为实现共产主义奋斗终身。明确党员永远是劳动人民的普通一员，除了法律和政策规定范围内的个人利益和工作职权以外，所有共产党员都不得谋求任何私利和特权。

2010年6月30日，中国共产党建党89周年纪念日前夕，中共中央十一个部门的新闻发言人集中面对媒体。在见面会上，近一个小时的时间内，新闻发言人共回答十余个问题。美国有线电视新闻网记者提问：中共党员到底有多少人是因为纯粹的信仰而入党的？中国共产党如何应对信仰危机？

中央组织部新闻发言人邓声明回答说："我们的党员99％以上都在生产、工作、经营管理一线，都是普通劳动者，他们加入中国共产党主要是拥护党的主张，信仰党的理论，认同党的宗旨，追求党的先进性。"

他亦坦言中国存在有人"入党动机不端正"的情况，也不回避党员队伍中"不乏腐败分子"的事实。他表示，一方面要对提出入党申请的人进行"相当长时间的考验"，另一方面也要在其入党后"加强教育"，同时还要完善"清理、处置不合格党员的退出机制"。发言人所说的情况，在现实生活中确实存在。

2016年12月16日，据中央纪委监察部网站消息：某部党组成员、政治部

主任卢某某涉嫌严重违纪，接受组织调查。

2017年5月，经中共中央批准，中央纪委对某部原党组成员、政治部主任卢某某严重违纪问题进行了立案审查。

经查，卢某某年龄、入党材料、工作经历、学历、家庭情况等全面造假，长期欺瞒组织；金钱开道，一路拉关系买官和谋取荣誉，从一名私营企业主一步步变身为副部级干部；亦官亦商，控制经营多家企业，通过不正当手段为企业谋取利益；对抗组织审查。为在职务提拔、企业经营等方面谋取不正当利益，送给国家工作人员巨额财物，涉嫌行贿犯罪。

电视专题片《巡视利剑》第二集，曝光了之前媒体没有报道过的一些细节。专题片提到，卢某某的严重违纪问题之所以浮出水面，是因为中央巡视组进驻该部，核查他的入党材料，发现他落款为1990年填报的入党志愿书，竟然说学习邓小平同志南方谈话精神。众所周知，邓小平同志南方谈话是发生在1992年。卢某某1990年"穿越"到1992年"学习"，不是在演古装剧，而是又一次愚蠢而拙劣的造假。

鉴于卢某某价值观念严重扭曲，严重违反党的纪律，并涉嫌违法犯罪，严重损害了党的形象和选人用人制度，破坏了相关地方和单位的政治生态，性质恶劣、情节严重，依据《中国共产党纪律处分条例》等有关规定，经中央纪委常委会会议研究并报中共中央批准，决定给予卢某某开除党籍处分；由监察部报国务院批准，给予其开除公职处分；撤销其违规获得的荣誉称号；将其涉嫌犯罪问题及所涉款物移送司法机关依法处理。

最高人民检察院经审查决定，依法对该部原党组成员、政治部主任卢某某以涉嫌行贿罪立案侦查并采取强制措施。2018年4月卢某某行贿案一审开庭，被控行贿逾两千万元。

共产党员意味着什么？这个问题，可能有的党员没有想明白。

【党章解读】现实生活中，申请入党者的动机各有不同：有些同志是为了追求进步，信仰党的理想信念宗旨；有的认为党的政策好，自己富起来了，为报答党的恩情要求入党；有的则认为入了党光荣，在人前有面子；有的是看到周围一些同志提出了申请，随大流而要求入党；有的认为这是一种政治资本，通过入党在政治上找个靠山；也有的认为入了党容易得到提拔重用，或者大学毕业后好找工作。上述动机中，只有为了追求进步、信仰党的理想信念宗旨、更好地为人民服务而要求入党才是正确的入党动机，其他的入党动机则是不完全正确甚至是错误的。

《党章》第二条规定，"中国共产党党员是中国工人阶级的有共产主义觉悟的先锋战士。中国共产党党员必须全心全意为人民服务，不惜牺牲个人的一切，为实现共产主义奋斗终身"。正确的入党动机，是与我们党的性质、宗旨、纲领和党员条件相一致的。卢某某入党时动机不纯，潜意识里把入党当作晋升和光宗耀祖的一张"门票"，背离了党的性质宗旨。他虽然在组织上入了党，但思想上"并没有完全入党，甚至完全没有入党"。思想上不入党，说话做事就不会自我约束，就会违反党的纪律和规定，进而影响党的形象。

这起案例值得每一名党员深思。正确的入党动机，是正确行动的精神力量。只有确立了正确的入党动机，才能够严格要求自己，坚持共产党人价值观，不断坚定和提高政治觉悟，处理好公和私、义和利、是和非、正和邪、苦和乐的关系，在生活、工作中起先锋模范作用。端正入党动机，不是入党前一时的事情，而是一辈子的事情。入了党更要时时检查自己的思想，把思想建设放在首位。只有坚定理想信念，尊崇党章、遵守党规，不断加强党性锻炼和道德修养，才能经得起各种风浪的考验。

正是由于这样，中纪委和地方各级纪委要求严重违纪涉嫌违法犯罪的领导干部要重新学习党章、重温入党誓词。

5. 中国共产党党员的义务

【核心要义】《党章》第三条规定了党员必须履行下列义务：党员必须履行下列义务：（一）认真学习马克思列宁主义、毛泽东思想、邓小平理论、"三个代表"重要思想、科学发展观、习近平新时代中国特色社会主义思想，学习党的路线、方针、政策和决议，学习党的基本知识，学习科学、文化、法律和业务知识，努力提高为人民服务的本领。（二）贯彻执行党的基本路线和各项方针、政策，带头参加改革开放和社会主义现代化建设，带动群众为经济发展和社会进步艰苦奋斗，在生产、工作、学习和社会生活中起先锋模范作用。（三）坚持党和人民的利益高于一切，个人利益服从党和人民的利益，吃苦在前，享受在后，克己奉公，多做贡献。（四）自觉遵守党的纪律，首先是党的政治纪律和政治规矩，模范遵守国家的法律法规，严格保守党和国家的秘密，执行党的决定，服从组织分配，积极完成党的任务。（五）维护党的团结和统一，对党忠诚老实，言行一致，坚决反对一切派别组织和小集团活动，反对阳奉阴违的两面派行为和一切阴谋诡计。（六）切实开展批评和自我批评，勇于揭露和纠正违反党的原则的言行和工作中的缺点、错误，坚决同消极腐败现象作斗争。（七）密切联系群众，向群众宣传党的主张，遇事同群众商量，及时向党反映群众的意见和要求，维护群众的正当利益。（八）发扬社会主义新风尚，带头实践社会主义核心价值观和社会主义荣辱观，提倡共产主义道德，弘扬中华民族传统美德，为了保护国家和人民的利益，在一切困难和危险的时刻挺身而出，英勇斗争，不怕牺牲。

中央纪委监察部网站 2016 年 2 月发布了对某省省委原副书记、省长魏某的处分决定，通报中提到魏某"身为党的高级领导干部，在自身存在严重违纪问题的情况下，对党不忠诚、不老实，不珍惜组织多次给予的教育挽救机会，严重违反政治纪律、组织纪律，对抗组织审查，在组织谈话和书面函询时不如实说明问题……"

中央纪委监察部网站在 2015 年 6 月发布的《突出执纪特色》文章中写道，"搞假年龄、假学历、假婚姻，篡改档案，不如实报告个人有关事项，这都不是小错误，而是欺瞒组织，是对党不忠诚"。

现实生活中，有些党员包括党员领导干部，做"两面人"。经过梳理发现，除了魏某之外，还有最高人民法院原副院长、党组成员奚某某，山西省某市委原书记董某某，山西省某厅原党组书记、厅长吴某某，山西省某学院原党委书记解某某等人在处分决定中被提及"对党不忠诚、不老实"。其中，奚某某是中纪委通报中首次提及"对党不忠诚、不老实"的省部级官员。

那么，"对党不忠诚、不老实"违反了《党章》的哪条规定？有哪些具体表现呢？

【党章解读】"维护党的团结和统一，对党忠诚老实，言行一致"。这是《党章》第三条明确规定的党员义务，也是衡量一名共产党员是否合格的一个标准。党中央和中央纪委要求坚决清除对党不忠诚、不老实的"两面派""两面人"。习近平总书记要求领导干部要做到忠诚干净担当,其中首要是忠诚,就是要对党忠诚、光明磊落,说老实话、办老实事、做老实人,如实向党反映和报告情况,反对搞两面派、做两面人。这是《党章》对全体党员提出的要求,是党的干部必须具备的基本素质。

对党忠诚,是对党忠诚不是对个人忠诚,不是无原则地迎合领导个人,更不是搞人身依附,而是要自觉地维护中央权威、维护党的团结、遵循规定的程序、服从组织决定,不搞非组织活动,不搞团团伙伙,不搞小圈子。

党员领导干部对党不忠诚、不老实,表现在违反党章、违反党的政治纪律、组织纪律和党内政治生活准则上。中央纪委对魏某和其他领导干部问题的通报、处理,是严格依照党章党规党纪进行的,彰显了从严治党的要求,也对全体党员干部敲响了警钟。

6. 中国共产党党员的权利

【核心要义】《党章》第四条规定了党员的权利:(一)参加党的有关会议,阅读党的有关文件,接受党的教育和培训。(二)在党的会议上和党报党刊上,参加关于党的政策问题的讨论。(三)对党的工作提出建议和倡议。(四)在党的会议上有根据地批评党的任何组织和任何党员,向党负责地揭发、检举党的任何组织和任何党员违法乱纪的事实,要求处分违法乱纪的党员,要求罢免或撤换不称职的干部。(五)行使表决权、选举权,有被选举权。(六)在党组织讨论决定对党员的党纪处分或作出鉴定时,本人有权参加和进行申辩,其他党员可以为他作证和辩护。(七)对党的决议和政策如有不同意见,在坚决执行的前提下,可以声明保留,并且可以把自己的意见向党的上级组织直至中央提出。(八)向党的上级组织直至中央提出请求、申诉和控告,并要求有关组织给以负责的答复。党的任何一级组织直至中央都无权剥夺党员的上述权利。

2012年12月4日的中央政治局会议让江苏无锡的老党员邹菊根倍感振奋。

这次会议审议通过了《关于改进工作作风、密切联系群众的八项规定》。半个多月后,当他得知某街道要到远在 1000 千米之外的厦门开会时,当即站出来进行了批评。

邹菊根和安祥荣都曾担任某街道后中村的村支书。12 月 22 日中午,在安祥荣的六十寿宴上,邹菊根听到一名街道干部说第二天要随团到厦门去开街道的党工委务虚会,他坐不住了,直言这种做法与中央最新颁布的八项规定精神相悖。

消息不胫而走,在当地部分退休老党员、老干部中迅速引起热议。25 日下午,一封联名举报信发了出去,举报无锡新区某街道一行 80 余人兴师动众去厦门召开一个普通会议,借会议之名,行游山玩水之实。

与会的街道宣传办主任王某称,活动由街道所属企业某旅游发展有限公司全程安排,含 2 名旅游公司人员在内,共 83 人同去厦门。其中,参加者包括街道党政领导干部 16 人,街道各部门负责人 34 人,村(社区)支部书记 16 人,街道其他单位负责人 17 人。当地提供的参观学习费用清单显示,费用总计 388155 元。

12 月 26 日,该街道赴厦门开会的干部返回当天,举报信在人民网江苏视窗"百姓呼声"上公开,引发强烈反响。三天后,举报信上署名第一的邹菊根到该街道三楼的接待室谈了三点意见:其一,当地街道没有认真学习领会党的十八大精神和中央八项规定。他说:"不论参观,还是考察,我们认为都是不妥的。"其二,我们反映问题没有恶意,个人也没有什么要求,希望下不为例。其三,希望当地政府把纳税人的钱用在民生上面,多办实事。

【党章解读】该案例有以下几个关注点。

一是对这件事应引以为戒。组织街道干部到厦门去开务虚会可能出发点是好的,厦门虽不是中办、国办明令严禁开会的风景名胜区,但赴厦门开会违反中央八项规定精神,也不符合《党政机关厉行节约反对浪费条例》的规定。

二是向党的上级组织反映问题,提出批评,向党负责地揭发、检举党组织和党员违法乱纪的事实,是《党章》规定的党员的权利。邹菊根作为原村支书、共产党员,和其他党员一起,对违反中央八项规定精神的做法进行批评,并向有关组织反映、联名举报,是符合党章规定的。

三是这个事例也体现了党员的民主监督不仅是权利,更是不容推卸的义务,是对党应尽的责任。《中国共产党党内监督条例》将"及时向党组织反映群众意见和诉求，向党负责地揭发、检举党的任何组织和任何党员违法乱纪的事实……同腐败现象做坚决斗争等"列为党员的监督义务。所以，对违反中央八项规定精神的做法进行批评并向有关组织反映，也是党员的义务。

7. 党的中央组织

【核心要义】《党章》第十条规定，党是根据自己的纲领和章程，按照民主集中制组织起来的统一整体。党的民主集中制的基本原则是：党员个人服从党的组织，少数服从多数，下级组织服从上级组织，全党各个组织和全体党员服从党的全国代表大会和中央委员会。党的各级领导机关，除它们派出的代表机关和在非党组织中的党组外，都由选举产生；党的最高领导机关，是党的全国代表大会。党的地方各级领导机关，是党的地方各级代表大会和它们所产生的委员会；上级党组织要经常听取下级组织和党员群众的意见；地方各级党委实行集体领导和个人分工负责相结合的制度；党禁止任何形式的个人崇拜等。

那么，什么是党的全国代表大会和中央委员会呢？

根据《党章》的规定，党的全国代表大会一般每五年举行一次，由中央委员会召集。

党的全国代表大会的职权是：听取和审查中央委员会的报告；审查中央纪律检查委员会的报告；讨论并决定党的重大问题；修改党的章程；选举中央委员会；选举中央纪律检查委员会。

党的中央委员会每届任期五年。中央委员会全体会议由中央政治局召集，每年至少举行一次。中央政治局向中央委员会全体会议报告工作，并接受监督。

党的中央政治局、中央政治局常委会和中央委员会总书记，由中央委员会全体会议选举。中央委员会总书记必须从中央政治局常委会委员中产生，负责召集中央政治局会议和中央政治局常委会会议，并主持中央书记处的工作。

党的中央军事委员会组成人员由中央委员会决定，中央军事委员会实行主席负责制。

党的中央纪律检查委员会全体会议，选举常务委员会和书记、副书记，并报党的中央委员会批准。

2016年7月,十九大干部考察领导小组审议通过了《十九届"两委"人选考察工作总体方案》。按照中央统一部署,2016年7月至2017年6月,十九大干部考察领导小组先后组建了46个考察组,分批对31个省区市和124个中央和国家机关、中央金融企业、在京中央企业等单位进行了考察。

"两委"人选的推荐、考察、提名,总体上经过"综合分析研究,确定考察单位""谈话调研和推荐,确定考察对象""深入考察,提出遴选对象""听取考察组汇报,提出建议名单"四个大的步骤,全面考察干部的德、能、勤、绩、廉。

十九大干部考察领导小组先后召开七次会议,中央政治局常委会先后召开六次会议,逐一听取各考察组的汇报,研究提出了十九届"两委"候选人预备人选建议名单。

2017年10月20日,党的十九大主席团举行第二次会议。大会主席团会议经过表决,通过了十八届中央政治局提出的建议名单,提交全体代表酝酿。

大会期间,各代表团以差额选举方式对"两委"人选进行预选。提名十九届中央委员候选人222名,差额18名,当选204名。提名候补中央委员候选人189名,差额17名,当选172名。提名中央纪委委员候选人144名,差额11名,当选133名。

10月22日晚和23日上午,大会主席团第三次和第四次会议通过了经预选产生的"两委"候选人名单。

2017年10月24日,2300多名党的十九大代表和特邀代表,以无记名投票方式,选举出由376名中央委员、候补中央委员组成的中国共产党第十九届中央委员会和133名中央纪委委员组成的第十九届中央纪律检查委员会。

2017年9月25日,中央政治局常委会提出了新一届中央领导机构的组成人选方案。

新一届中央纪委领导成员人选建议方案,由中央纪委、中央组织部有关方面经过酝酿讨论,并向中央提出。新一届中央军委组成人选建议方案,由中央军委经过集体讨论,并向中央提出。

9月29日,中央政治局会议审议通过了新一届中央领导机构人选建议名单,决定提请党的十九届一中全会和中央纪委一次全会分别进行选举、通过、决定。

2017年10月25日上午，党的十九届一中全会选举产生了25人组成的十九届中央政治局，选举习近平、李克强、栗战书、汪洋、王沪宁、赵乐际、韩正为中央政治局常委，选举习近平为中央委员会总书记；通过了中央书记处成员；决定了中央军事委员会组成人员；批准了十九届中央纪委一次全会选举产生的领导机构。

【党章解读】《党章》对党的中央组织的规定和关于中央领导机构的产生，有以下几个看点。

一是党的全国代表大会、中央委员会、中央政治局和常委会、中央书记处之间的关系。根据《党章》，在全国代表大会闭会期间，中央委员会执行全国代表大会的决议，领导党的全部工作，对外代表中国共产党；中央政治局和它的常务委员会在中央委员会全体会议闭会期间，行使中央委员会的职权；中央书记处是中央政治局和它的常务委员会的办事机构。

二是党的十九大修改的《党章》在党的中央组织这一章，将原第十九条党的全国代表大会的职权第二项"听取和审查中央纪律检查委员会的报告"修改为"审查中央纪律检查委员会的报告"。这体现了党的中央纪律检查委员会在党的中央委员会领导下进行工作的要求。

三是在原《党章》第二十二条第五款中，增写"中央军事委员会实行主席负责制"的内容，作为党的十九大修改的《党章》的第二十三条第五款。为进一步推动落实中央军委管党治党责任，加强军队中党的作用和政治工作，将原《党章》第二十三条第二、第三句修改为"中央军事委员会负责军队中党的工作和政治工作，对军队中党的组织体制和机构作出规定。"把这一领导体制在《党章》中确立下来，有利于把党对军队的绝对领导落到实处。

四是党的中央领导机构，主要是指中央政治局、中央政治局常委会、中央委员会总书记，也包括中央书记处、中央军事委员会和中央纪委领导机构。另外，不少党的领导人同时也是国家领导人和政协领导人，如党的总书记担任国家主席兼任军委主席，中央政治局常委担任全国人大常委会委员长、国务院总理、全国政协主席等，这体现了党政交叉任职、提升党的执政能力的要求，有利于加强党的集中统一领导。

8. 党的地方组织

【核心要义】《党章》第二十五条规定，党的省、自治区、直辖市的代表大会，设区的市和自治州的代表大会，县（旗）、自治县、不设区的市和市辖区的代表大会，每五年举行一次。

党的地方各级代表大会的职权是：听取和审查同级委员会的报告；审查同级纪律检查委员会的报告；讨论本地区范围内的重大问题并作出决议；选举同级党的委员会，选举同级党的纪律检查委员会。党的省、自治区、直辖市、设区的市和自治州，党的县（旗）、自治县、不设区的市和市辖区的委员会，每届任期五年。党的地方各级委员会全体会议，每年至少召开两次。党的地方各级委员会全体会议，选举常务委员会和书记、副书记，并报上级党的委员会批准。党的地方各级委员会的常务委员会，在委员会全体会议闭会期间，行使委员会职权。

党的地方各级委员会的常务委员会定期向委员会全体会议报告工作，接受监督。

根据《中国共产党地方委员会工作条例》，党的地方委员会通过召开党的地方委员会全体会议的方式履行以下职责：（1）制定贯彻执行党中央和上级党组织决策部署以及同级党代表大会决议、决定的重大措施。（2）讨论和决定本地区经济社会发展战略、重大改革事项、重大民生保障等经济社会发展重大问题。（3）讨论和决定本地区党的建设方面的重大问题，审议通过重要党内法规或者规范性文件。（4）决定召开同级党代表大会或者党代表会议，并对提议事项先行审议、提出意见。（5）听取和审议常委会工作报告或者专项工作报告。（6）选举书记、副书记和常委会其他委员；通过同级党的纪律检查委员会全体会议选举产生的书记、副书记和常委会其他委员。（7）决定递补党委委员；批准辞去或者决定免去党委委员、候补委员；决定改组或者解散下一级党组织；决定或者追认给予党委委员、候补委员撤销党内职务以上党纪处分。（8）研究讨论本地区行政区划调整以及有关党政群机构设立、变更和撤销方案。（9）对常委会提请决定的事项或者应当由全会决定的其他重要事项作出决策。全会每年至少召开两次，遇有重要情况可以随时召开。党的地方委员会的常务委员会由党的地方委员会全体会议选举产生，由党的地方委员会书记、副书记和常委会其他委员组成。

常委会的主要职责是：（1）召集党的地方委员会全体会议，向党的地方委员会全体会议报告工作并接受监督；对拟提交党的地方委员会全体会议讨论和决定的事项先行审议、提出意见。（2）组织实施上级党组织决策部署和本级党的委员会全体会议决议、决定。（3）向上级党组织请示报告工作，讨论和决定下级党组织请示报告的重要事项。（4）对本地区经济社会发展和宣传思想文化工作、组织工作、纪律检查工作、群众工作、统一战线工作、政法工作等方面经常性工作中的重要问题作出决定。（5）按照有关规定推荐、提名、任免干部，必要时对重要干部的任免可以征求党委委员意见；教育、管理、监督干部；研究决定党员干部纪律处分有关事项。（6）对应当由常委会决定的其他重要事项作出决定。

【党章解读】关于党的地方组织，有以下几个关系要注意和处理好。

一是党的地方委员会与党中央或上级党委的关系。根据《党章》，有关全国性的重大政策问题，只有党中央有权作出决定，各地方的党组织可以向中央提出建议，但不得擅自作出决定和对外发表主张；党的地方委员会定期向中央或上级党委报告工作。

二是党的地方委员会与党的代表大会的关系。党的地方各级委员会在代表大会闭会期间，执行上级党组织的指示和同级党的代表大会的决议，领导本地方的工作。党的地方委员会通过全体会议作出的决策，由常委会负责组织实施。

三是常委会和党的地方委员会不是领导与被领导的关系，而是由党的地方委员会通过全体会议授权常委会，负责处理日常工作。常委会在地方委员会全体会议闭会期间行使党的地方委员会职权，主持日常工作。

四是党的地方组织与地方人大、政府和政协等的关系。要按照党总揽全局、协调各方的原则，发挥地方党委在同级各种组织中的领导核心作用，发挥这些组织中党组的领导核心作用，同时，保证人大、政府、监察机关、政协和审判机关、检察机关等依照法律和章程积极主动、独立负责、协调一致地工作，及时研究并统筹解决他们工作中的重大问题。

五是要明确地方党委和地方政府的职责分工。一般情况是，地方政府首长由地方党委副职担任。地方党委要结合本地实际，确定经济社会发展的基本思路和工作重点，加强和改进对经济社会重大事务的综合协调，确保中央的方针政策和各项部署的贯彻落实，涉及国民经济和社会发展规划、重大方针政策、工作总体部署,以及关系国计民生的重要问题,由地方党委集体讨论决定,经常性工作由地方政府及其部门按照职责权限决策和管理。

9. 党的基层组织

【核心要义】《党章》第五章,对设立党的基层组织的人数要求、组织形式、产生方式和基本任务等方面作了明确规定。企业、农村、机关、学校、科研院所、街道社区、社会组织、人民解放军连队和其他基层单位,凡是有正式党员三人以上的,都应当成立党的基层组织。党的基层组织,根据工作需要和党员人数,经上级党组织批准,分别设立党的基层委员会、总支部委员会、支部委员会。党的基层委员会、总支部委员会、支部委员会每届任期三年至五年。党的基层组织是党在社会基层组织中的战斗堡垒,是党的全部工作和战斗力的基础。它的基本任务:(一)宣传和执行党的路线、方针、政策,宣传和执行党中央、上级组织和本组织的决议,充分发挥党员的先锋模范作用,积极创先争优,团结、组织党内外的干部和群众,努力完成本单位所担负的任务。(二)组织党员认真学习马克思列宁主义、毛泽东思想、邓小平理论、"三个代表"重要思想、科学发展观、习近平新时代中国特色社会主义思想,推进"两学一做"学习教育常态化制度化,学习党的路线、方针、政策和决议,学习党的基本知识,学习科学、文化、法律和业务知识。(三)对党员进行教育、管理、监督和服务,提高党员素质,坚定理想信念,增强党性,严格党的组织生活,开展批评和自我批评,维护和执行党的纪律,监督党员切实履行义务,保障党员的权利不受侵犯。加强和改进流动党员管理。(四)密切联系群众,经常了解群众对党员、党的工作的批评和意见,维护群众的正当权利和利益,做好群众的思想政治工作。(五)充分发挥党员和群众的积极性创造性,发现、培养和推荐他们中间的优秀人才,鼓励和支持他们在改革开放和社会主义现代化建设中贡献自己的聪明才智。(六)对要求入党的积极分子进行教育和培养,做好经常性的发展党员工作,重视在生产、工作第一线和青年中发展党员。(七)监督党员干部和其他任何工作人员严格遵守国家法律法规,严格遵守国家的财政经济法规和人事制度,不得侵占国家、集体和群众的利益。(八)教育党员和群众自觉抵制不良倾向,坚决同各种违纪违法行为作斗争。

【党章解读】 关于党的基层组织，有以下几点要注意。

一是党的基层组织建在什么地方。把基层党组织建在人民群众生产、工作、生活的地方，才能更好发挥基层党组织的战斗堡垒作用。比如，农村按照行政村或自然村，企业按照厂矿、车间，高校对应教学、科研、管理、服务等机构，机关按照局、处、科室建立党的基层组织。随着改革开放的不断深化、经济社会不断发展，新的经济组织形式不断涌现和新的社会组织层出不穷，党员流动性越来越大，党的基层组织设置要适应新情况新挑战。

二是党的基层组织以什么形式来建立。一般情况下，正式党员人数超过3名、不足50名的基层单位，经上级党组织批准，可成立党支部；有党员50名以上、100名以下的基层单位，经上级党组织批准，可成立党总支，党总支下面可设若干党支部；党员超过100名的基层单位，经上级党组织批准，可成立基层党委，基层党委下面可以设立若干党总支和党支部。正式党员不足3名的，可以与业务、地域等相邻的部门或单位联合成立党支部。党员人数7名以上的党支部设立支部委员会，党员人数不足7名的党支部不设支部委员会。党员人数不足50名的基层单位，按照有关规定，根据工作需要，经上级党组织批准，可成立党的总支部委员会。

三是党的基层组织的领导成员如何产生。党的基层委员会由党员大会或代表大会选举产生，总支部委员会和支部委员会由党员大会选举产生，提出委员候选人要广泛征求党员和群众的意见。不设支部委员会的党支部，由党员大会选举支部书记1名，必要时增选副书记1名。党的十九大修改《党章》将总支部委员会、支部委员会每届任期由原先的两年或三年，改为与党的基层委员会一样，都是三年至五年。基层委员会、总支部委员会、支部委员会的书记、副书记选举产生后，报上级党组织批准。

四是处理好党的基层组织与其他组织的关系。街道、乡、镇党的基层委员会和村、社区党组织，领导本地区的工作和基层社会治理，支持和保证行政组织、经济组织和群众自治组织充分行使职权。国有企业党委（党组）发挥领导作用，把方向、管大局、保落实，依照规定讨论和决定企业重大事项。国有企业和集体企业中党的基层组织，围绕企业生产经营开展工作。保证监督党和国家的方针、政策在本企业的贯彻执行；支持股东会、董事会、监事会和经理（厂长）依法行使职权；支持职工代表大会开展工作；参与企业重大问题的决策；领导工会、共青团等群团组织等。非公有制经济组织中党的基层组织，贯彻党的方针政策，引导和监督企业遵守国家的法律法规，领导工会、共青团等群团组织，团结凝聚职工群众，维护各方的合法权益，促进企业健康发展。社会组织中党的基层组织，宣传和执行党的路线、方针、政策，领导工会、共青团等群团组织，教育管理党员，引领服务群众，推动事业发展。实行行政领导人负责制的事业单位中党的基层组织，发挥战斗堡垒作用。实行党委领导下的行政领导人负责制的事业单位中党的基层组织，对重大问题进行讨论和作出决定，同时保证行政领导人充分行使自己的职权。各级党和国家机关中党的基层组织，协助行政负责人完成任务，改进工作，对包括行政负责人在内的每个党员进行教育、管理、监督，不领导本单位的业务工作。

10. 党的干部

【核心要义】《党章》第三十五条规定，党的干部是党的事业的骨干，是人民的公仆，要做到忠诚干净担当。

根据《党章》第三十六条的规定，党的各级领导干部必须信念坚定、为民服务、勤政务实、敢于担当、清正廉洁，模范地履行党员义务，并且具有履职所需的理论水平，具有共产主义远大理想和中国特色社会主义坚定信念，坚持解放思想，实事求是，与时俱进，开拓创新，有强烈的革命事业心和政治责任感，有实践经验，有胜任领导工作的组织能力、文化水平和专业知识，能正确行使人民赋予的权力，坚持原则，依法办事，清正廉洁，坚持民主集中制等等。

《党章》第三十七条规定，党员干部要善于同党外干部合作共事，尊重他们，虚心学习他们的长处。

《党章》第三十八规定，党的各级领导干部，无论是民主选举产生的，或是由领导机关任命的，他们的职务都不是终身的，都可以变动或解除。

【党章解读】《党章》规定了党的干部的性质、地位、明确了党的干部必须具备的基本条件，体现了党的十八大以来习近平总书记对各级领导干部的新要求，包括信念坚定、为民服务、勤政务实、敢于担当、清正廉洁，包括忠诚干净担当。

各级领导干部一要勤于学习，提高政治理论水平；二要信念坚定，加强党性锻炼；三要为民服务，牢记党的宗旨，永做人民公仆；四要坚持解放思想、实事求是、与时俱进、求真务实；五要敢于担当，有强烈的革命事业心和责任感，有实践经验、组织能力、文化水平和专业知识；六要依法履职、正确用权，清正廉洁；七要团结合作。

11. 党的纪律检查机关

【核心要义】《党章》第四十五条对党的各级纪律检查委员会的体制作了规定，明确党的中央纪律检查委员会在党的中央委员会领导下进行工作，党的地方各级纪律检查委员会和基层纪律检查委员会在同级党的委员会和上级纪律检查委员会双重领导下进行工作。上级党的纪律检查委员会加强对下级纪律检查委员会的领导。党的各级纪律检查委员会每届任期和同级党的委员会相同。党的中央和地方纪律检查委员会向同级党和国家机关全面派驻党的纪律检查组。纪律检查组组长参加驻在部门党的领导组织的有关会议。他们的工作必须受到该机关党的领导组织的支持。

《党章》第四十六条对党的各级纪律检查委员会的主要任务作了明确规定，主要内容包括以下三个方面：维护党的章程和其他党内法规，检查党的路线、方针、政策和决议的执行情况，协助党的委员会推进全面从严治党、加强党风建设和组织协调反腐败工作。党的各级纪律检查委员会的职责是监督、执纪、问责，经常性工作有六项：对党员进行遵守纪律的教育，作出关于维护党纪的决定；对党的组织和党员领导干部履行职责、行使权力进行监督，受理处置党员群众检举举报，开展谈话提醒、约谈函询；检查和处理党的组织和党员违反党的章程和其他党内法规的比较重要或复杂的案件，决定或取消对这些案件中的党员的处分；进行问责或提出责任追究的建议；受理党员的控告和申诉；保障党员的权利。

2014年9月，湖北省黄石市阳新县某镇干部工作日午餐饮酒被发现，市纪委暗访组要求镇纪委书记徐某某开展调查核实。但徐某某却再三推诿卸责，最终被给予免职处理，调离纪检工作岗位。

某中央企业党委副书记、纪委书记郭某某不尽责履行监督责任，监督执纪问责严重缺失，并且带头违反中央八项规定精神。其主要问题：一是郭某某作为该央企纪委主要负责人，对监督责任认识模糊、工作领导不力、责任落实不到位，对党员干部疏于监督，企业党内政治生活不正常。二是全面从严治党不力。郭某某管党治党责任缺失，担当意识不强，查处违纪问题态度不坚决，监督执纪偏轻偏软。该央企 2010 年至 2015 年收到信访举报 288 件，无一起立案，未对一人作出党纪政纪处理；对大量应立案调查的问题，均以组织处理方式代替纪律处分。三是选人用人问题突出。该央企选人用人存在严重"近亲繁殖"现象，郭某某有多名亲属在集团或系统内任职，部分领导人员的亲属通过弄虚作假进入系统工作，并存在违规提拔等突出问题。巡视发现，该央企及二级单位 88 名领导干部，有 220 名亲属在系统内工作，其中 30 人任科级以上职务。

2016 年 9 月 19 日，国资委党委决定给予郭某某撤销党委副书记、纪委书记职务处分，按部门正职非领导职务安排适当工作。

【党章解读】 按照《党章》、《中国共产党党内监督条例》（以下简称《党内监督条例》）和习近平总书记讲话精神，各级纪委是党内监督的专责机关，在全面从严治党中负监督责任。这是两起纪委书记不作为、不担当甚至违纪的典型案例，反映出一些纪检干部落实监督责任不到位等问题，各级纪委以及党员领导干部要从通报的两起违纪案例中，深刻吸取教训，引以为戒。

一是有权必有责，有责要担当。《党章》规定了各级纪委的职责，概括起来就是监督执纪问责。各级纪委要深入贯彻落实党的十九大和十八届六中全会精神，认真贯彻《党章》和《党内监督条例》等党内法规，切实把监督责任扛起来，把全面从严治党落到实处。

二是用权受监督，失责必追究。某镇纪委书记徐某某和某央企党委副书记、纪委书记郭某某，不履行监督责任领导所在纪委尽到《党章》赋予纪律检查机关的重要任务，对违纪问题负有领导责任，所以被免职。

三是监督有重点。关键抓"少数"。各级纪委（纪检组）要找准职责定位，聚焦全面从严治党中心任务，加强对所辖范围内党组织和领导干部遵守党章党规党纪、贯彻执行党的路线方针政策情况的监督检查，抓住突出问题，把维护党的政治纪律和政治规矩放在首位。

四是执纪要严明，抓早并抓小。要坚持把纪律和规矩挺在前面，用党的"六大纪律"衡量党员、干部的行为，把管和治更多体现在日常，正确运用监督执纪四种形态；加强对纪律检查机关的监督；要对履行监督责任不力的纪委书记（纪检组组长）及时约谈，督促提醒其将监督责任落实到位。发现纪律检查机关及其工作人员有违反纪律问题的，必须严肃处理。

12. 党组

【核心要义】《党章》第四十八条规定：在中央和地方国家机关、人民团体、经济组织、文化组织和其他非党组织的领导机关中，可以成立党组。党组发挥领导核心作用。党组的任务，主要是负责贯彻执行党的路线、方针、政策；加强对本单位党的建设的领导，履行全面从严治党责任；讨论和决定本单位的重大问题；做好干部管理工作；讨论和决定基层党组织设置调整和发展党员、处分党员等重要事项；团结党外干部和群众，完成党和国家交给的任务；领导机关和直属单位党组织的工作。此前，中共中央2015年6月11日颁布了《中国共产党党组工作条例（试行）》，为党组的设立和运转作了具体规范。

党的领导是中国特色社会主义的最本质特征。党政军民学，东西南北中，党是领导一切的。作为执政党，党在国家机关、人民团体、经济组织、文化组织、社会组织和其他组织领导机关中设立党组，是党实现政治领导、组织领导、思想领导的重要途径，是执掌国家政权、领导经济社会发展、维护国家长治久安的重要保证，体现了我们党独特的政治优势、组织优势、制度优势。通过设立党组，能有效贯彻执行党的理论和路线方针政策，讨论和决定本单位的重大问题，严格管理干部，团结党外干部和群众一道完成党和国家交给的任务，指导机关和直属单位党组织的工作。实践证明，党组制度只能加强，不能削弱。

为什么有的部门设立的是党委，如中国人民银行、公安部、外交部、国资委、证监会、银保监会等部门，而不是党组呢？

【党章解读】公安部、外交部、中国人民银行等部门设立的党委，属于国家工作部门党委，是指党在对下属单位实行集中统一领导的国家工作部门中设立的领导机构，在本部门、本系统发挥领导核心作用。根据《党章》第五十条规定和《中国共产党党组工作条例（试行）》的规定，在以下国家工作部门和单位中，可以设立党委：一是对下属单位实行集中统一领导的国家工作部门；二是根据中央授权对有关单位实行集中统一领导的国家工作部门；三是金融监管机构；四是根据工作需要可以设立党委的其他单位。

国家工作部门党委的设立和撤销，一般应当由党的中央委员会或者本级党的地方委员会审批。实行垂直管理的国家工作部门和单位的党委，负责审批下属单位党委的设立和撤销。党委根据需要可以设立工作机构，负责党委日常工作。

国家工作部门党委除履行党组相关职责外，还领导本部门机关和直属单位党组织的工作，领导或者指导本系统党组织的工作，讨论决定下属单位工作规划部署、机构设置、干部队伍管理、党风廉政建设等重要事项。

党组或党委应当认真履行政治领导责任，做好理论武装和思想政治工作，负责学习、宣传、贯彻执行党的理论和路线方针政策，贯彻落实党中央和上级党组织的决策部署，发挥好领导核心作用。

13. 党内法规的种类和层级

【核心要义】 根据《中国共产党党内法规制定条例》，《党章》是最根本的党内法规，是制定其他党内法规的基础和依据。党内法规的名称为党章、准则、条例、规则、规定、办法、细则。《党章》对党的性质和宗旨、路线和纲领、指导思想和奋斗目标、组织原则和组织机构、党员义务和权利以及党的纪律等作出根本规定。

党内法规是党的中央组织及中央纪委、中央各部门和省、自治区、直辖市党委制定的规范党组织的工作、活动和党员行为的党内规章制度的总称。

在《党章》之下，准则对全党政治生活、组织生活和全体党员行为作出基本规定；条例对党的某一领域重要关系或者某一方面重要工作作出全面规定；规则、规定、办法、细则对党的某一方面重要工作或者事项作出具体规定。中央纪律检查委员会、中央各部门和省、自治区、直辖市党委制定的党内法规，称为规则、规定、办法、细则。

除了上述党内法规之外，常见的还有决议、决定、意见、通知等文件，另外，还有党纪、国家法律，它们与党内法规有何不同呢？

【党章解读】 关于党内法规，有以下几对关系要厘清。

一是党内法规与党内规范性文件。决议、决定、意见、通知等文件，不属于党内法规，而是党内规范性文件，它们是指中共中央、中央纪委、中央各部门和省、自治区、直辖市党委在履行职责过程中形成的具有普遍约束力、可以反复适用的文件，包括贯彻执行中央决策部署、指导推动经济社会发展、涉及人民群众切身利益、加强和改进党的建设等方面的重要文件。根据《中国共产党党内法规和规范性文件备案规定》，中央纪律检查委员会、中央各部门和省、自治区、直辖市党委制定的党内法规和规范性文件，均要备案。

二是党内法规与党纪。党纪即党的纪律，是党的各级组织和全体党员必须遵守的行为规则和不可逾越的"负面清单"。主要有政治纪律、组织纪律、廉洁纪律、群众纪律、工作纪律和生活纪律。其中，有些党纪表现为党内法规，如2018年8月18日印发、10月1日起实施的《中国共产党纪律处分条例》，但不是所有的党纪都以党内法规形式表现。

三是党内法规与宪法法律。党的十八届四中全会通过《中共中央关于全面推进依法治国若干重大问题的决定》强调，依法执政"既要求党依据宪法法律治国理政，也要求党依据党内法规管党治党"。可以看出，党内法规由党组织制定，宪法法律由国家机关制定；党内法规着眼于党组织和党员，规范对象是党组织的工作、活动和党员行为；宪法法律着眼于国家机关、有关组织和全体公民。在国家治理体系中，党内法规与宪法法律承担着不同的任务，其制定主体、规范对象不同，但有密切关系，要互相融合、协调衔接。

第二讲 学习贯彻《关于新形势下党内政治生活的若干准则》

1. 制定《关于新形势下党内政治生活的若干准则》的背景和意义

【核心要义】2016年10月24日至27日，在北京召开了中国共产党第十八届中央委员会第六次全体会议。六中全会审议制定了《关于新形势下党内政治生活的若干准则》（以下简称《准则》）。《准则》已于2016年11月2日正式发布实施。

党的十一届三中全会以后，我们党总结党内政治生活正反两方面经验特别是"文化大革命"的惨痛教训，于1980年党的十一届五中全会制定了《关于党内政治生活的若干准则》。这个《关于党内政治生活的若干准则》对实现政治上、思想上、组织上、作风上的拨乱反正和全党工作中心的转移，恢复和健全党内政治生活、推进党的建设，保证改革开放和社会主义现代化建设顺利进行，发挥了重要作用。

1980年《关于党内政治生活的若干准则》既对当时党内存在的突出矛盾和问题提出了解决的办法，又对党在长期实践中取得的宝贵经验进行了归纳，是对马克思主义建党理论的丰富和发展，具有开创性意义，其主要原则和规定今天依然适用。比如，关于党内政治生活的目标和基本准则，关于坚持党的政治路线和思想路线，关于坚持集体领导、反对个人专断，关于维护党的集中统一、严格遵守党的纪律，关于坚持党性，关于要讲真话、言行一致，关于发扬党内民主、正确对待不同意见，关于保障党员权利不受侵犯，关于接受党和群众的监督、不准搞特权，等等。

为什么还要制定一个新《准则》呢？习近平总书记在党的十八届六中全会上对《准则》的说明中指出，党中央的考虑是，1980年制定的准则虽然至今仍然具有重要指导意义，但由于这个准则针对的是当时的历史条件和主要矛盾，现在党内出现的一些突出矛盾和问题当时尚未遇到，而当时比较突出的一些矛盾和问题现在已经不突出了。党的十八大修订通过的《党章》以及党的十八届三中、四中、五中全会对新形势下严肃党内政治生活有关问题作出了明确规定，但比较原则，需要具体化。改革开放以来特别是近年来制定的一系列党内法规和规范性文件，不少涉及规范党内政治生活问题，但比较分散，需要系统化。

制定《准则》，主要把握以下原则：

一是继承和发扬党的优良传统和宝贵经验，着力贯彻党的十八大以来党中央提出的新理念新思想新战略，反映党中央推进全面从严治党的新经验新举措，并结合新的实践提出新观点新举措，体现时代性、创新性。

二是坚持以党章为根本依据，突出尊崇党章、贯彻党章、维护党章，着力把党章关于党内政治生活的要求具体化，把改革开放以来特别是近年来党中央出台的重要文件和党内法规中关于党内政治生活的有关规定和要求系统化，推动党内政治生活制度化、规范化、程序化。

三是坚持问题导向，聚焦党内政治生活的薄弱环节，着力围绕理论、思想、制度构建体系，围绕权力、责任、担当设计制度，推动解决党内政治生活庸俗化、随意化、平淡化等问题。

四是坚持统筹协调，加强顶层设计和系统谋划，着力处理好新老准则及其他党内法规的关系，做到既一脉相承又与时俱进。

【准则解读】中国共产党领导是中国特色社会主义的最本质特征，党要团结带领人民进行伟大斗争、推进伟大事业、实现伟大梦想，必须毫不动摇推进党的建设新的伟大工程。

制定《准则》是推进党的建设、深化全面从严治党的需要。全面从严治党是党的十八大以来党中央抓党的建设的鲜明主题，而加强和规范党内政治生活,是新形势下推进全面从严治党的重要抓手。应该说,党中央决定制定准则,这是着眼于推进全面从严治党、坚持思想建党和制度治党相结合的一个重要安排。

制定《准则》,是解决党内存在的突出矛盾和问题的需要。在长期实践中,党内政治生活状况总体是好的,但一个时期以来,也出现了一些亟待解决的突出矛盾和问题。要解决党内存在的这些突出矛盾和问题,必须把党的思想政治建设摆在首位,营造风清气正的政治生态。

制定《准则》,也是总结全面从严治党理论和实践创新成果的需要。开展严肃认真的党内政治生活,是党的优良传统和政治优势。在长期实践中,中国共产党始终把开展严肃认真的党内政治生活作为党的建设重要任务来抓,形成了以实事求是、理论联系实际、密切联系群众、批评和自我批评、民主集中制、严明党的纪律等为主要内容的党内政治生活基本规范。党的十八大以来,以习近平同志为核心的党中央身体力行、率先垂范,坚定推进全面从严治党,加强党的建设,坚持思想建党和制度治党紧密结合,集中整饬党风,严厉惩治腐败,净化党内政治生态,党内政治生活展现新气象。综合分析,有必要制定一部新形势下党内政治生活的准则,加强党内政治生活制度建设,确保管党治党、从严治党有章可循、有规可依。

2. 《关于新形势下党内政治生活的若干准则》的主要看点

【核心要义】《准则》分三大板块、十二个部分。

第一板块是序言,属于总论,一是阐述党内政治生活的重大作用和历史经验、存在的突出问题、面临的形势任务。二是论述新形势下加强和规范党内政治生活的重要性紧迫性。指出:我们党作为马克思主义政党,必须旗帜鲜明讲政治,严肃认真开展党内政治生活。为更好进行具有许多新的历史特点的伟大斗争、推进党的建设新的伟大工程、推进中国特色社会主义伟大事业,经受"四大考验"、克服"四种危险",有必要制定一部新形势下党内政治生活的准则。三是提出加强和规范党内政治生活的目标要求,即必须以党章为根本遵循,坚持党的政治路线、思想路线、组织路线、群众路线,着力增强党内政治生活的政治性、时代性、原则性、战斗性,着力增强党自我净化、自我完善、自我革新、自我提高能力,着力提高党的领导水平和执政水平、增强拒腐防变和抵御风险能力，着力维护党中央权威、保证党的团结统一、保持党的先进性和纯洁性，努力在全党形成又有集中又有民主、又有纪律又有自由、又有统一意志、又有个人心情舒畅生动活泼的政治局面。

第二板块是分论，是主体部分，围绕坚定理想信念、坚持党的基本路线、坚决维护党中央权威、严明党的政治纪律、保持党同人民群众的血肉联系、坚持民主集中制原则、发扬党内民主和保障党员权利、坚持正确选人用人导向、严格党的组织生活制度、开展批评和自我批评、加强对权力运行的制约和监督、保持清正廉洁的政治本色十二个方面分别提出明确要求、作出具体规定。

第三板块是结束语，主要讲加强组织领导和督促检查、高级干部带头示范，确保各项任务落到实处。

【准则解读】《准则》在1980年《关于党内政治生活的若干准则》的基础上，针对新情况新问题作出了新的规定。《准则》全面总结了近年来特别是党的十八大以来管党治党的新鲜经验，顺应时代变化对全面从严治党提出的新要求，为加强和规范党内政治生活提供了基本遵循。

《准则》主要有以下四个看点。

一是《准则》坚持继承和创新统一。新形势下加强和规范党内政治生活，既坚持过去行之有效的制度和规定，也结合新的时代特点与时俱进，拿出新的办法和规定。制定和颁布新《准则》，没有替代1980年《准则》，而是在坚持其主要原则和规定的基础上，针对新情况新问题作出新规定。新老《准则》相互联系、一脉相承，都是当前和今后一个时期党内政治生活必须遵循的。

二是强调党内政治生活在党的建设中居重要位置。习近平总书记指出："做好各方面工作，必须有一个良好政治生态。政治生态污浊，从政环境就恶劣；政治生态清明，从政环境就优良"。全面从严治党究竟从何抓起，起点在哪里？《准则》开宗明义指出："党要管党必须从党内政治生活管起，从严治党必须从党内政治生活严起"，明确了全面从严治党必须以加强和规范党内政治生活作为起点。

三是对比前后两版《准则》的标题，后者只比前者多了四个字："新形势下"，充分体现了《准则》制定的背景和目的。《准则》在序言部分用200余字的篇幅对一个时期以来党内政治生活中存在的突出问题进行了剖析，即在一些党员、干部包括高级干部中，理想信念不坚定、对党不忠诚、纪律松弛、脱离群众、独断专行、弄虚作假、庸懒无为,个人主义、分散主义、自由主义、好人主义、宗派主义、山头主义、拜金主义不同程度存在,形式主义、官僚主义、享乐主义和奢靡之风问题突出,任人唯亲、跑官要官、买官卖官、拉票贿选现象屡禁不止,滥用权力、贪污受贿、腐化堕落、违法乱纪等现象滋生蔓延。特别是高级干部中极少数人政治野心膨胀、权欲熏心,搞阳奉阴违、结党营私、团团伙伙、拉帮结派、谋取权位等政治阴谋活动。这些问题,严重侵蚀党的思想道德基础,严重破坏党的团结和集中统一,严重损害党内政治生态和党的形象,严重影响党和人民事业发展。

四是突出抓好领导干部这个关键。《准则》突出了高级干部这个重点,对高级干部提出了更高的标准、更严的要求。如提出高级干部特别是中央领导层组成人员必须以身作则,模范遵守党章党规,严守党的政治纪律和政治规矩,要求高级干部要清醒认识自己岗位的特殊重要性,要从中央委员会、中央政治局、中央政治局常务委员会做起,要制定高级干部贯彻落实本准则的实施意见,发挥领导干部特别是"一把手"贯彻落实准则的示范表率作用。

3. 坚定理想信念

【核心要义】《准则》指出,共产主义远大理想和中国特色社会主义共同理想,是中国共产党人的精神支柱和政治灵魂,也是保持党的团结统一的思想基础。必须高度重视思想政治建设,把坚定理想信念作为开展党内政治生活的首要任务。

理想崇高、信念坚定,是支撑共产党人奋斗不息的动力源泉。1835年秋天,马克思中学毕业前写了一篇题为《青年在选择职业时的考虑》的作文。马克思说:"历史承认那些为共同目标劳动因而自己变得高尚的人是伟大人物;经验赞美那些为大多数人带来幸福的人是最幸福的人……""如果我们选择了最能为人类福利而劳动的职业,那么重担就不能把我们压倒,因为这是为大家而献身;那时我们所感到的就不是可怜的、有限的、自私的乐趣,我们的幸福将属于千百万人"。

中国共产党成立以来,一代又一代共产党人,为了争取民族独立和人民解放、实现国家富强和民族复兴英勇奋斗,经受住了血与火、生与死的考验,关键就在于他们对理想信念坚定不移,就在于他们对未来美好社会的光明前景充满信心。习近平总书记指出:"在我们党90多年的历史中,一代又一代共产党人为了追求民族独立和人民解放,不惜流血牺牲,靠的就是一种信仰,为的就是一个理想。"《准则》要求全体党员必须永远保持建党时中国共产党人的奋斗精神。

如何坚定理想信念,毛泽东为我们作出榜样。1927年大革命失败后,在革命形势转入低潮极为严峻的形势下,要不要坚持革命?如何坚持革命?1927年9月,毛泽东领导了湘赣边界秋收起义,用实际行动作出回答。秋收起义失败后,他率领队伍到达井冈山,开始创建革命根据地。在白色政权的包围中,红色政权能否长期存在并得到发展?毛泽东用《中国的红色政权为什么能够存在?》《井冈山的斗争》《星星之火,可以燎原》三篇雄文作出回答。

《准则》提出,全党同志必须把对马克思主义的信仰、对社会主义和共产主义的信念作为毕生追求,在改造客观世界的同时不断改造主观世界,解决好世界观、人生观、价值观这个"总开关"问题,不断增强政治定力,自觉成为共产主义远大理想和中国特色社会主义共同理想的坚定信仰者和忠实实践者。要坚定中国特色社会主义道路自信、理论自信、制度自信、文化自信。

习近平总书记在党的十八届六中全会第二次全体会议上的讲话中指出,党内政治生活出现这样那样的问题,根子还是一些党员、干部理想信念这个"压舱石"发生了动摇,世界观、人生观、价值观这个"总开关"出现了松动。理想信念,源自坚守,成于磨砺。要坚持不懈强化理论武装,毫不放松加强党性教育,持之以恒加强道德教育,教育引导广大党员、干部筑牢信仰之基、补足精神之钙、把稳思想之舵,坚守真理、坚守正道、坚守原则、坚守规矩,明大德、严公德、守私德,重品行、正操守、养心性,做到以信念、人格、实干立身。

2013年6月28日,习近平总书记在全国组织工作会议上的讲话中指出,理想信念坚定,是好干部第一位的标准,是不是好干部首先看这一条。如果理想信念不坚定,不相信马克思主义,不相信中国特色社会主义,政治上不合格,经不起风浪,这样的干部能耐再大也不是我们党需要的好干部。无数革命先烈之所以能够赴汤蹈火、慷慨赴义,支撑他们的就是理想信念。反观那些腐败分子,之所以走上不归路,最根本的就是丧失了理想信念。

在十八届中央纪委七次全会上的重要讲话中,习近平总书记指出:"修身立德是为政之基,从不敢、不能到不想,要靠铸牢理想信念这个共产党人的魂。"

中纪委汇编了《十八大以来被查处严重违纪违法中管干部的忏悔录》。原全国政协副主席苏某在忏悔书中讲到，他的堕落，是从放松约束自己、收受礼品开始的，因权力异化变得更为严重，因朋友圈变得更加脆弱；根本原因是"修养较差、表里不一，世界观、人生观、价值观扭曲"，主要教训是"亲情大于党性，大于原则，丧失了党性，丧失了原则"。

电视专题片《永远在路上》拍摄了40多个典型案例，采访十余位因严重违纪违法而落马的省部级以上官员，从那些被查处违纪党员干部的忏悔中，无一例外地可以看出，理想信念的滑坡是导致堕落、蜕变的最主要的根源。正是由于没有树立起正确的世界观、人生观和价值观，逐渐背离了党的宗旨，丧失了理想信念，思想意志衰退，以至于在种种诱惑面前迷失了方向，在大是大非面前丧失了原则。

严肃党内政治生活，关键要使党员干部坚定马克思主义信仰、中国特色社会主义信念和全心全意为人民服务根本宗旨，树立正确的世界观、人生观和价值观。

党的十九大提出以县处级以上领导干部为重点，在全党开展"不忘初心、牢记使命"主题教育。

【准则解读】学习贯彻《准则》，坚定理想信念，主要是要把握以下几点。

一是要充分认识理想信念对于中国共产党人的极端重要性。理想信念是共产党人的精神支柱和政治灵魂。革命前辈说的"革命理想高于天""砍头不要紧，只要主义真""敌人只能砍下我们的头颅，决不能动摇我们的信仰"，都生动展现了共产党人坚贞执着的精神追求。习近平总书记反复强调，共产党人如果没有理想信念，或者理想信念不坚定，精神上就会"缺钙"，就会得"软骨病"，就必然导致政治上变质、经济上贪婪、道德上堕落、生活上腐化。理想信念动摇是最危险的动摇，理想信念滑坡是最危险的滑坡。从一些领导干部违纪违法案件可以看出，他们之所以步入歧途，最根本的是理想信念滑坡，世界观、人生观、价值观这个"总开关"出了问题。

理想信念是保持党的团结统一的思想基础。中国共产党有8956万名党员、450多万个党组织，如何把这么大一个党组织起来、步调一致地前进？最根本的是要筑牢理想信念。因为，理想信念是一个政党团结奋进的精神旗帜，决定着一个政党的凝聚力和向心力。

二是坚定理想信念必须建立在对马克思主义的深刻把握上。马克思主义是指导我们思想的理论基础。中国共产党成立近百年来，之所以能够完成各种艰巨任务，就在于始终把马克思主义的科学理论作为自己的行动指南，并坚持在实践中不断丰富和发展。思想理论上的坚定清醒是政治上坚定的前提，坚定理想信念，就要牢固确立马克思主义信仰，系统掌握马克思主义立场观点方法，特别是要深入学习领会习近平新时代中国特色社会主义思想这一中国特色社会主义理论体系的重要组成部分和马克思主义中国化的最新成果。

三是要把对马克思主义的信仰、对社会主义和共产主义的信念作为毕生追求，为共产主义远大理想和中国特色社会主义共同理想而努力奋斗，永远保持建党时中国共产党人的奋斗精神，自觉为推进中国特色社会主义事业而苦干实干，在胜利时和顺境中不骄傲不自满，在困难时和逆境中不消沉不动摇，经受住各种赞誉和诱惑考验，经受住各种风险和挑战考验，永葆共产党人政治本色；既胸怀崇高理想，又把握现实目标，坚持把践行共同理想和坚定远大理想统一起来，要志存高远，也要脚踏实地，把理想信念的坚定性体现在做好本职工作的过程中。

四是抓好理想信念教育。从一些典型案例看，有的领导干部不重视政治学习，有的把理论教育、世界观改造看成是政治说教、形式主义；有的当了干部、作了领导以后，多是以教育者身份教育下属，很少以受教育者的身份接受教育。因此，党的各级组织要采取更加有力的举措，把理想信念教育贯穿到全面从严治党全过程，融入加强和规范党内政治生活各方面；要突出学习重点，创新学习方式，着力引导党员干部分清是非界限、坚决抵制错误思想侵蚀。

4. 坚持党的基本路线

【核心要义】《准则》指出，党在社会主义初级阶段的基本路线是党和国家的生命线、人民的幸福线，也是党内政治生活正常开展的根本保证。

党的十一届三中全会以来，中国共产党在深刻总结社会主义建设历史经验教训、科学分析社会主义初级阶段主要矛盾的基础上，探索形成了党在社会主义初级阶段的基本路线，并写入党章。这就是："领导和团结全国各族人民，以经济建设为中心，坚持四项基本原则，坚持改革开放，自力更生，艰苦创业，为把我国建设成为富强民主文明和谐美丽的社会主义现代化强国而奋斗。"

党的基本路线作为党在社会主义初级阶段指导全局的总任务、总方针、总政策，作为党和国家的生命线、人民的幸福线，是建设中国特色社会主义理论和实践的总纲,是指导全党一切活动的基本遵循。邓小平曾深刻指出:"基本路线要管一百年,动摇不得。只有坚持这条路线,人民才会相信你,拥护你。谁要改变三中全会以来的路线、方针、政策,老百姓不答应,谁就会被打倒。"

只有始终坚持党的基本路线,党内政治生活才能保持正确方向,党的各项工作才能顺利开展。

坚持和发展中国特色社会主义是一项长期的艰巨的历史任务,必须准备进行具有许多新的历史特点的伟大斗争。习近平总书记告诫全党,"要时刻准备应对重大挑战、抵御重大风险、克服重大阻力、解决重大矛盾,坚持和发展中国特色社会主义,坚持和巩固党的领导地位和执政地位,使我们的党、我们的国家、我们的人民永远立于不败之地"。

当前,我们面临的国内外环境发生了广泛而深刻的变化,人民日益增长的美好生活需要和不平衡不充分的发展之间的矛盾是社会主要矛盾,但我国仍处于并将长期处于社会主义初级阶段的基本国情没有变,我国是世界最大发展中国家的国际地位没有变。要不断满足人民日益增长的美好生活需要,全面建成小康社会,建设富强民主文明和谐美丽的社会主义现代化强国,就必须坚持党的基本路线,着力解决发展不平衡、不充分的问题。只有在党内政治生活和各项工作中始终坚持党的基本路线,我们才能不断战胜前进道路上的艰难险阻,实现"两个一百年"奋斗目标和中华民族伟大复兴的中国梦。

《准则》强调必须全面贯彻执行党的基本路线,把以经济建设为中心同坚持四项基本原则、坚持改革开放这两个基本点统一于中国特色社会主义伟大实践,任何时候都不能有丝毫偏离和动摇。

换言之,坚持党的基本路线,必须始终牢牢抓住"一个中心、两个基本点",把以经济建设为中心作为兴国之要,把四项基本原则作为立国之本,把改革开放作为强国之路。

党的十八大以来,以习近平同志为核心的党中央统筹推进"五位一体"总体布局,协调推进"四个全面"战略布局,提出了关于发展的一系列新理念新思想新战略,赋予了经济建设这个中心更加鲜明的时代特征和更加丰富的战略内涵。新时期以经济建设为中心,聚精会神抓好发展,就是要坚持以人民为中心的发展思想,突出人民的主体地位,切实做到发展为了人民、发展依靠人民、发展成果由人民共享;要坚持以提高质量和效益为中心的发展要求,坚持创新、协调、绿色、开放、共享的发展理念,坚持推进供给侧结构性改革这条主线,加快实现新旧发展动能的接续转换,打造经济增长新引擎,促进经济保持中高速发展、迈向中高端水平。

在建设和发展中国特色社会主义的整个历史进程中，必须始终坚持社会主义道路、坚持人民民主专政、坚持中国共产党的领导、坚持马克思列宁主义毛泽东思想和中国特色社会主义理论体系，巩固社会主义国家的根本性质和政治基础，筑牢发展中国特色社会主义事业的制度和道路基础。

改革开放是当代中国最鲜明的特色，是当代中国发展进步的活力之源，也是破解当前发展难题的重要法宝。面对新形势、新挑战和新问题，必须毫不动摇地坚持改革开放，坚定不移全面深化改革，坚定不移实施对外开放基本国策，完善和发展中国特色社会主义制度，推进国家治理体系和治理能力现代化。

【准则解读】按照《准则》的要求，在党内政治生活中坚持党的基本路线，要求各级党组织和党员，主要做到以下三点。

一是必须把坚持党的思想路线贯穿于执行党的基本路线全过程。首先要坚持解放思想，自觉地把思想认识从那些不合时宜的观念、做法和体制的束缚中解放出来，从对马克思主义错误的、教条式的理解中解放出来，从主观主义和形而上学的桎梏中解放出来，克服因循守旧、故步自封、得过且过等错误思想倾向，以积极主动的姿态和开拓创新的精神开创党和国家事业发展的新局面。再就是坚持实事求是，从我国仍处于并将长期处于社会主义初级阶段的基本国情出发，从不断发展变化的国际国内形势出发，把马克思主义基本原理同国内外形势变化发展、同改革开放和社会主义现代化建设具体生动实践结合起来，不断深化对经济社会发展客观规律的认识和把握，不断提高党的执政能力和执政水平。要坚持与时俱进，锐意进取，大胆探索，不断研究新情况、总结新经验、解决新问题，创造性地开展工作。

二是要坚决捍卫党的基本路线，与一切错误言行作斗争。针对歪曲和否定党的基本路线、否定党的领导、否定中国特色社会主义、否定改革开放、否定党史国史军史的错误言行和论调，要针锋相对、理直气壮地予以批驳，捍卫真理，澄清谬误，明辨是非，在与各种错误思想和言行的斗争中进一步深化对党的基本路线的理解和认识，以理论上的清醒保证政治上的坚定。

三是把坚定不移贯彻执行党的基本路线作为干部队伍建设的根本要求。要把是否坚持党的基本路线作为考察识别干部的首要标准。强化正确的用人导向，选拔重用那些坚定不移贯彻党的基本路线、政治上忠诚可靠的干部，始终把牢选人用人的"政治关"；对政治不合格的坚决不用，已在领导岗位的要坚决调整，情节严重的要严肃处理。

5. 坚决维护党中央权威

【核心要义】截至 2017 年 12 月，中国共产党已经是一个拥有 8956 万多名党员、四百多万个基层党组织的大党，如果没有党中央坚强领导，没有强有力的中央权威，没有统一意志和统一行动，我们党就会失去凝聚力和战斗力，就会丧失领导能力和执政能力，就会成为一盘散沙。

2015 年 1 月 13 日，习近平总书记在十八届中央纪委五次全会上强调，遵守政治纪律和政治规矩，必须维护党中央权威，在任何时候任何情况下都必须在思想上政治上行动上同党中央保持高度一致。《关于新形势下党内政治生活的若干准则》突出强调，坚决维护党中央权威、保证全党令行禁止，是党和国家前途命运所系，是全国各族人民根本利益所在，也是加强和规范党内政治生活的重要目的。"全党必须自觉服从党中央领导，"这是我们党总结历史经验、着眼现实使命提出的严肃政治要求，对维护党的集中统一、确保党始终成为中国特色社会主义事业的坚强领导核心，具有重大而深远的意义。

中国共产党是领导我们事业的核心力量。坚持民主集中制，坚持全党服从中央，"一切行动听党指挥"，是我们党长期形成的优良传统和作风，也是我们党领导革命、建设和改革事业的成功经验。1935 年 6 月，红一方面军与红四方面军在四川懋功会师后，党中央确定了两军共同北上建立川陕甘根据地的战略方针。但时任红军总政委张国焘反对中央北上方针，坚持南下。其间，朱德同张国焘分裂党和红军的行为进行了坚决斗争，竭力维护党中央权威和革命队伍的团结。由于张国焘的错误指挥，南下红军遭受严重失败。在与张国焘反党分裂活动作斗争的过程中，朱德始终坚定维护党中央权威，服从大局、维护大局，有理有据地同破坏党的集中统一的错误行为作坚决斗争。

抗日战争时期，毛泽东就靠一个电台指挥全党，嘀嗒嘀嗒的发报声，传递的就是党中央和毛泽东的声音，全党同志都无条件地执行。历史证明，全党自觉服从党中央领导，是我们党保持集中统一的重要政治优势和组织优势、不断从胜利走向胜利的根本保证。

在改革开放和社会主义现代化建设历史新时期，邓小平反复强调要维护党中央权威，他指出："只有全党严格服从中央，党才能够领导全体党员和全国人民为实现现代化的伟大任务而战斗。"

当前，我们党正在团结带领全国各族人民决胜全面建成小康社会、实现中华民族伟大复兴的中国梦，进行着具有许多新的历史特点的伟大斗争，前进道路上面临着前所未有的风险和挑战。要完成这个光荣而艰巨的历史使命，战胜前进道路上的风险挑战，从根本上要靠党中央集中统一领导，靠全党上下统一思想、统一意志、步调一致向前进。全党自觉服从党中央领导，坚决维护党中央权威，才能汇聚起实现中华民族伟大复兴的磅礴力量。

自觉服从党中央领导也是对各级党组织和全体党员干部提出的严肃政治要求，要体现在党的思想、组织、作风、制度建设等方方面面，体现在伟大事业、伟大工程、伟大斗争和伟大复兴全过程，落实到全体党员干部的具体行动上。

【准则解读】自觉服从党中央领导，就要坚决维护党中央权威。《党章》明确规定："党员个人服从党的组织、少数服从多数、下级组织服从上级组织、全党各个组织和全体党员服从党的全国代表大会和中央委员会"。这"四个服从"，核心是全党服从中央。涉及全党全国性的重大方针政策问题，只有党中央有权作出决定和解释。各部门各地方党组织和党员领导干部可以向党中央提出建议，但不得擅自作出决定和对外发表主张。

党的十九大修改的《党章》要求，坚定维护以习近平同志为核心的党中央权威和集中统一领导，保证全党的团结统一和行动一致，保证党的决定得到迅速有效的贯彻执行。

自觉服从党中央领导，就要严守政治纪律和政治规矩，切实维护党的团结统一。《准则》明确规定，全党必须严格执行重大问题请示报告制度。各省、自治区、直辖市，其党组织要定期向党中央报告工作。研究涉及全局的重大事项或作出重大决定要及时向党中央请示报告，执行党中央重大决定的情况要专题报告。遇有突发性重大问题和工作中重大问题要及时向党中央请示报告，情况紧急必须临机处置的，要尽职尽力做好工作，并迅速报告。省、自治区、直辖市党委在党中央领导下开展工作。

坚持党的领导，首先要坚持党中央的集中统一领导；维护党的权威，首先要维护党中央的权威。自觉服从党中央领导，就要认真贯彻落实党中央决策部署，确保中央政令畅通。要保证党中央各项决策部署落地生根见效，就必须做到对中央精神的理解要全面准确，执行要不折不扣，报告要实事求是；必须做到在捍卫党中央权威、维护党和国家工作大局的前提下发挥地方积极性和创造性，不能借口"结合地方实际"搞"随意变通"、搞"上有政策、下有对策"，更不能打着"创新"的旗号，违背党中央精神标新立异、另搞一套。

自觉服从党中央领导，还必须自觉防止和反对个人主义、分散主义、自由主义、本位主义。对党中央决策部署，任何党组织和任何党员都不准合意的执行、不合意的不执行，不准先斩后奏，更不准口是心非、阳奉阴违。属于部门和地方职权范围内的工作部署，要以贯彻党中央决策部署为前提，发挥积极性、主动性、创造性，但决不允许各行其是、各自为政，决不允许有令不行、有禁不止，决不允许搞上有政策、下有对策。

6. 严明党的政治纪律

【核心要义】中国共产党是靠坚定的理想和铁的纪律组织起来的马克思主义政党。理想坚定、纪律严明，无论过去现在还是将来都是我们党真正的优势，也是党从胜利走向胜利的力量所在。

中国共产党在长期实践中形成的纪律，主要有政治纪律、组织纪律、廉洁纪律、群众纪律、工作纪律、生活纪律等。其中，政治纪律是各级党组织和全体党员在政治方向、政治立场、政治言论、政治行为方面必须遵守的规矩，是维护党的团结统一的根本保证。《准则》强调："政治纪律是党最根本、最重要的纪律，遵守党的政治纪律是遵守党的全部纪律的基础。"

习近平总书记在党的十八届六中全会第二次全体会议上的讲话中，强调要抓好严明纪律这个关键。各级党组织和广大党员要自觉遵守政治纪律和政治规矩，做到坚守政治信仰、站稳政治立场、把准政治方向。

但是现在不少领导干部政治意识淡漠、麻木不仁，认为违反政治纪律无所谓，只要不拿不贪就是好同志。有的嘴上喊"四个意识"，在会议上对中央大政方针表示"坚决拥护"，但在饭桌上、私底下说的却是另外一套；有的搞圈子文化、码头文化，找官托、搭天线。中央纪委立案审查的领导干部，几乎都存在对抗组织审查的问题，有的还与不正当利益关系人订立攻守同盟，销毁有关证物证据、转移赃款赃物。

从近年来中央纪委监察部网站发布的中管干部党纪处分通报中，可以看到，将近80%落马官员存在违反政治纪律和政治规矩、对抗组织审查等问题。

比如，原十七届中央政治局常委周某某存在严重违反党的政治纪律、组织纪律、保密纪律以及严重违反廉洁纪律等问题。无论是在中石油、四川省还是在中央政法委任职，都大搞亲亲疏疏、拉帮结派，精心打造"圈子文化"，即使离开多年了，还依然对原任职的地区和部门指手画脚，打造利益共同体，如秘书帮、石油帮、四川帮等，而且依靠这些圈子，培植私人势力、践踏法治、搞非组织政治活动，挑战中央权威、破坏党的团结统一。

又如，原十八届中央委员、某省委原书记、省人大常委会原主任周某某严重违反政治纪律和政治规矩，在重大问题上发表违背中央精神的言论，干扰、妨碍组织审查。其口头上拥护党中央关于不能简单以GDP增长论英雄的重要指示，实际上要求省委组织部在干部考核办法中过分突出了对GDP的考核；口头上贯彻执行中央八项规定精神，实际上认为"八项规定太严太细了""酒该喝还是要喝"，而且在个人住房、公务接待、宣传报道、出国考察等方面也违反中央八项规定精神；口头上强调坚定不移反腐败，实际上认为反腐败"确实对经济发展有些影响"，希望"反腐败高压态势早点结束"。另外，他对有的领导严重违反政治纪律和组织纪律的行为知情不报，在事关党的团结统一的大是大非面前，失去了党员领导干部应有的政治立场、政治原则、政治觉悟。他还存在严重违反组织纪律、廉洁纪律、工作纪律等问题。

再如，原十八届中央候补委员、某自治区党委原常委、某市委原书记余某某严重违反政治纪律和政治规矩，公开发表与全面从严治党要求相违背的言论，竟然说出"有些党员干部违纪违法被审查，两天啥都招了，没有点骨气和意志"等惊人言论。另外，他还存在违规任用亲属担任秘书和违反廉洁纪律等问题。

还有，某省人大常委会原党组副书记、副主任魏某某严重违反政治纪律和政治规矩，搞政治投机和政治攀附，政治品行败坏，长期搞迷信活动，对抗组织审查，以及存在违反组织纪律、廉洁纪律和生活纪律等问题。

为此，《准则》把严明党的政治纪律作为新形势下加强和规范党内政治生活的重要内容，要求全党特别是高级干部必须严格遵守党的政治纪律和政治规矩。《准则》指出的一个时期以来党内政治生活中出现的一些突出问题，就包括"高级干部中极少数人政治野心膨胀、权欲熏心，搞阳奉阴违、结党营私、团团伙伙、拉帮结派、谋取权位等政治阴谋活动"。这些都体现了从严治党要从党内政治生活管起和严起的问题导向,也体现了加强和规范党内政治生活的现实要求,有很强的针对性。

习近平总书记在列举党内政治生活中存在的"七个有之"的问题时明确指出:"不能只讲腐败问题、不讲政治问题。干部在政治上出问题,对党的危害不亚于腐败问题,有的甚至比腐败问题更严重。""在政治问题上,任何人都同样不能越过红线,越过了就要严肃追究其政治责任"。《准则》的规定和习近平总书记的讲话精神,对加强和规范党内政治生活、共同营造风清气正的政治生态、营造良好从政环境,必将起到重要保障和指导作用。

【准则解读】对新形势下加强和规范党内政治生活、严明党的政治纪律,《准则》规定了以下五项基本要求。

一是《准则》明确了"九个不准"清单。就是"党员不准散布违背党的理论和路线方针政策的言论,不准公开发表违背党中央决定的言论,不准泄露党和国家秘密,不准参与非法组织和非法活动,不准制造、传播政治谣言及丑化党和国家形象的言论。党员不准搞封建迷信,不准信仰宗教,不准参与邪教,不准纵容和支持宗教极端势力、民族分裂势力、暴力恐怖势力及其活动"。2018年修订的《中国共产党纪律处分条例》,对党员干部违反以上"九个不准"的行为作出了明确、严格的处分规定,并增加规定了对在重大政治原则问题上不同党中央保持一致等行为的处分的情形,给出了新形势下党内政治生活的负面清单。

二是《准则》要求"党员、干部特别是高级干部不准在党内搞小山头、小圈子、小团伙,严禁在党内拉私人关系、培植个人势力、结成利益集团。对那些投机取巧、拉帮结派、搞团团伙伙的人,要严格防范,依纪依规处理。坚决防止野心家、阴谋家窃取党和国家权力"。应该看到,党的高级干部中极少数人的腐败问题与政治问题往往是相伴而生、互为因果的,《准则》对此提出的这些要求,着眼于亡羊补牢、防微杜渐。

三是《准则》提出:"党的各级组织和全体党员必须对党忠诚老实、光明磊落,说老实话、办老实事、做老实人,如实向党反映和报告情况,反对搞两面派、做'两面人',反对弄虚作假、虚报浮夸,反对隐瞒实情、报喜不报忧。领导机关和领导干部不准以任何理由和名义纵容、唆使、暗示或强迫下级说假话。凡因弄虚作假、隐瞒实情给党和人民事业造成重大损失的，凡因弄虚作假、隐瞒实情骗取荣誉、地位、奖励或其他利益的，凡因纵容、唆使、暗示或强迫下级弄虚作假、隐瞒实情的，都要依纪依规严肃问责追责。对坚持原则、敢于说真话的同志，要给予支持、保护、鼓励。"《准则》作出的明确规定，具有很强的现实针对性。

四是《准则》要求"党内不准搞拉拉扯扯、吹吹拍拍、阿谀奉承。对领导人的宣传要实事求是，禁止吹捧，禁止给领导人祝寿、送礼、发致敬函电，禁止在领导干部国内考察工作时组织迎送、张贴标语、敲锣打鼓、铺红地毯、举行宴会等"。《准则》的规定是对1980年《关于党内政治生活的若干准则》和2012年中央八项规定的重申，把这些问题提到严明党的政治纪律、政治规矩的高度来严肃对待、严格要求，有利于防止这些问题在稍一放松的情况下再度滋生和蔓延。

五是《准则》规定执行和维护政治纪律、政治规矩是各级党组织的共同责任，对违反政治纪律的行为全党都要坚决批评制止而不能听之任之，党的各级组织和纪律检查机关要加强对包括严明党的政治纪律在内的纪律执行情况的监督和检查，在严明党的政治纪律、政治规矩方面要坚决防止和纠正宽松软的问题。这就要求每一个党员对党的纪律都要心存敬畏、严格遵守，任何时候任何情况下，都不能违反党的政治纪律。党的各级组织和全体党员要坚决同一切违反党的纪律特别是政治纪律的行为作斗争。

7. 保持党同人民群众的血肉联系

【核心要义】《准则》要求，"必须把坚持全心全意为人民服务的根本宗旨、保持党同人民群众的血肉联系作为加强和规范党内政治生活的根本要求"。

《党章》规定，必须坚持全心全意为人民服务。党除了工人阶级和最广大人民群众的利益，没有自己特殊的利益。

人民是历史的创造者，群众是真正的英雄，这是历史唯物主义的基本观点。全心全意为人民服务是我们党的根本宗旨，是我们一切行动的根本出发点和落脚点。

早在1944年9月5日，毛泽东在中直机关举行的中共中央警卫团战士张思德的追悼会上，作了《为人民服务》的讲话，确立了中国共产党"为人民服务"的根本宗旨;在中国革命即将取得全国性胜利之时,他又谆谆告诫全党坚持"两个务必",继续"赶考"。邓小平也提出了"三个有利于"的标准。

十八届中央政治局常委会于2012年11月15日与中外记者见面。刚当选的中共中央总书记习近平说,全党同志的重托,全国各族人民的期望,这是对我们做好工作的巨大鼓舞,也是我们肩上沉沉的担子。习近平总书记指出,人民对美好生活的向往,就是我们的奋斗目标。

党在长期斗争中创造和发展起来的一切为了群众、一切依靠群众、从群众中来、到群众中去的群众路线,既是我们党的优良传统和政治优势,也是我们党永葆青春活力和战斗力的法宝。《准则》指出:"全党必须牢固树立人民群众是历史创造者的历史唯物主义观点,站稳群众立场,增进群众感情。党的各级组织、全体党员特别是各级领导机关和领导干部要贯彻党的群众路线,做到一切为了群众,一切依靠群众,从群众中来,到群众中去,为群众办实事、解难事,当好人民公仆。"

我们党最大的政治优势是密切联系群众,党执政后最大的危险是脱离群众。坚决反对形式主义、官僚主义、享乐主义和奢靡之风,是习近平总书记在开展党的群众路线教育实践活动工作会议上提出的,赢得了人民群众的衷心拥护。党的十八大后,中央政治局提出关于改进工作作风、密切联系群众的八项规定,就是坚持问题导向,直面和解决这些突出问题。

《准则》要求全党必须坚决反对"四风",这体现了全面从严治党、严格党内政治生活、保持党同人民群众血肉联系的必然要求。

2015年9月9日,时任中共中央政治局常委、中央纪委书记王岐山在人民大会堂会见出席"2015中国共产党与世界对话会"的外方代表。参加会见的有国(境)外前政要及知名学者共60余人。

王岐山指出,执政党的使命决定了必须从严治党,执政党对人民的承诺就是它的使命。要兑现承诺,执政党必须对自身严格要求。中国共产党的合法性源自于历史,是人心向背决定的,是人民的选择。办好中国的事情,就要看人民高兴不高兴、满意不满意、答应不答应。执政党代表人民、服务人民,就要确立核心价值观,坚守在行动上。9月10日晚,微信公号"学习大国"刊文认为,此举为中共话语体系的一次重大突破,这是中共最高层领导亦即政治局常委以上,首次论述中共的合法性问题。

执政党能否合法执政,归根到底在于政绩和民众支持率。政治学上的合法性,是指人们对某种政治权力秩序是否认同及其认同程度如何的问题,也称为"正统性""正当性"。

王岐山谈话不再回避"合法性"这一概念,首先,彰显的是中国共产党执政的自信。其次,从执政党的角度提出"合法性"的问题,背后是对长治久安、生死存亡的现实的、理性的体认与警醒。

【准则解读】在不同的历史时期,党的工作重点和任务虽然不同,但党的全心全意为人民服务的宗旨、代表最广大人民利益却是始终如一的。

坚持全心全意为人民服务的根本宗旨,贯彻《准则》提出的保持党同人民群众的血肉联系的要求,一要站稳群众立场,增进群众感情。人民立场是党的根本政治立场,人民群众是党的力量源泉。我们党来自人民,失去人民拥护和支持,党就会失去根基。《准则》强调广大党员干部在任何时候任何情况下,与人民同呼吸共命运的立场不能忘,全心全意为人民服务的宗旨不能丢,始终把实现好、维护好、发展好最广大人民根本利益作为党的最高利益。

二要贯彻党的群众路线,一切为了群众,一切依靠群众。群众路线是党的生命线和根本工作路线。我们要始终坚持人民主体地位,从最广大人民的根本利益出发,优先解决好人民群众最关心、最直接、最迫切的现实问题,同时处理好眼前利益与长远利益的关系。充分相信群众,紧紧依靠群众,尊重群众的首创精神,从群众中汲取智慧和力量。

三要保持党同人民群众的血肉联系,还要切实改进和创新联系群众的方法。党员干部要深入基层、深入实际,了解群众意见、把握群众关切、密切党群干群关系。同时,拓宽联系群众的渠道,更加全面准确及时了解社情民意,倾听群众呼声,回应群众关切。

四要坚决反对形式主义、官僚主义、享乐主义和奢靡之风,领导干部特别是高级干部要以身作则。《准则》抓住要害、突出重点,明确指出,反对形式主义,重在解决作风飘浮、工作不实、文山会海、表面文章、贪图虚名、弄虚作假等问题。反对官僚主义,重在解决脱离实际、脱离群众、消极应付、推诿扯皮、作风霸道、迷恋特权等问题。反对享乐主义,重在解决追名逐利、贪图享受、讲究排场、玩物丧志等问题。反对奢靡之风,重在解决铺张浪费、挥霍无度、骄奢淫逸、腐化堕落等问题。同时,《准则》强调坚持抓常、抓细、抓长,特别是要防范和查处各种隐形、变异的"四风"问题,把落实中央八项规定精神常态化、长效化。

五要党的各级组织、全体党员特别是领导干部必须提高做群众工作能力，既服务群众又带领群众坚定不移贯彻落实党的理论和路线方针政策，把党的主张变为群众的自觉行动。

六要保持党同人民群众的血肉联系，基本途径是深入实际、深入基层、深入群众，真心实意同群众交朋友。对领导干部调查研究、定期接访、群众满意度测评等，都需要作出相应制度安排。领导干部要多到条件艰苦、情况复杂、矛盾突出的地方解决问题，千方百计为群众排忧解难。领导干部下基层要接地气，轻车简从，了解实情，督查落实，解决问题，坚决反对作秀、哗众取宠。在应对重大安全事件、重大突发事件、重大自然灾害等事件中，领导干部必须深入一线、靠前指挥，及时协调解决突出问题，及时回应社会关切。

七要保持党同人民群众的血肉联系，要处理好管理与服务的关系。《准则》明确指出坚决反对命令主义，坚决反对"尾巴主义"，不允许为了个人政绩、选票和形象脱离实际随意决策、随便许愿。对一切搞劳民伤财的"形象工程"和"政绩工程"的行为，要严肃问责追责，依纪依法处理。

8. 坚持民主集中制原则

【核心要义】《准则》强调，在党的政治生活中必须坚持民主集中制原则，这对严肃党内政治生活、深化全面从严治党具有十分重要的意义。

《准则》规定，民主集中制是党的根本组织原则，是党内政治生活正常开展的重要制度保障。各级党委（党组）必须坚持集体领导制度。凡属重大问题，要按照集体领导、民主集中、个别酝酿、会议决定的原则，由集体讨论、按少数服从多数作出决定。指出："坚持集体领导制度，实行集体领导和个人分工负责相结合，是民主集中制的重要组成部分，必须始终坚持，任何组织和个人在任何情况下都不允许以任何理由违反这项制度。"

民主集中制是马克思主义的认识论和群众路线在党和国家生活中的运用。其主要内容包括：领导机关由民主选举产生；一切方针、政策以及法规的制定，贯彻"从群众中来，到群众中去""集中起来，坚持下去"的原则；个人服从组织，少数服从多数，下级服从上级，地方服从中央；各级领导机关贯彻集体领导、分工负责的原则；禁止任何形式的个人崇拜；各级领导机关必领经常保持与群众的密切联系，倾听下级组织和群众的意见，接受群众的监督。

坚持民主集中制原则必须实行集体领导和个人分工负责相结合，这是民主集中制的重要组成部分，也是党内政治生活正常开展的重要制度保障。《准则》对实行集体领导和个人分工负责相结合的主要内容作出了明确规定。

首先，各级党委（党组）要坚持集体领导。《准则》将各级党委（党组）集体领导摆在坚持民主集中制原则的首位，从三个方面作了强调：一是对什么问题进行集体领导。《准则》指出，各级党委（党组）要善于观大势、抓大事、管全局，及时发现和解决矛盾和难题，不上推下卸，不留后遗症。这就决定了集体领导的内容主要是对重大问题进行决策。二是按什么程序进行集体领导。要坚持集体领导、民主集中、个别酝酿、会议决定的原则，广泛听取各方面的意见建议，凝聚智慧和力量，做到科学决策、完善民主决策、科学决策、依法决策机制。新形势下，必须把维护中央权威、确保政令畅通摆在首要位置，坚决做到"四个服从"，核心是全党各个组织和全体党员服从党的全国代表大会和中央委员会，坚决同以习近平同志为核心的党中央保持高度一致，不折不扣贯彻执行中央的路线方针政策和重大决策部署。三是用什么制度规范集体领导。要按照完善和发展中国特色社会主义制度、推进国家治理体系和治理能力现代化，以及深化党的建设制度改革的要求，加强民主集中制建设的顶层设计、整体规划，努力使各项制度相互补充、相互衔接、相互协调，使制度运行能够涵盖各个领域、兼顾各个方面。要坚持继承和创新相结合、重点突破和整体推进相结合，不断加大制度建设力度，及时将民主集中制建设的理论创新、实践创新成果转化为制度成果。同时，切实抓好各项制度的落实，推动民主集中制建设。

其次，领导班子成员分工负责。集体领导是实行分工负责的基础和前提，领导班子成员分工负责是实现集体领导的有效途径和保证。《准则》从三个方面对加强领导班子成员分工负责作了强调：一是充分发表意见。领导班子成员要切实增强全局观念和责任意识，在集体决策时充分发表意见。特别是对分工负责的工作，要吃透上情、掌握下情，提出具体意见供集体决策。在集体决策过程中，要秉承对党和人民事业高度负责的精神，敢于提出不同意见。二是执行集体决定。要严明党的组织原则和党内政治生活准则，守纪律、讲规矩，集体讨论时可以畅所欲言，一旦作出决定，就必须坚决执行、一抓到底。如有不同意见,可以保留或向上一级党组织提出,但在上级或本级党组织改变决定以前,除执行决定会立即引起严重后果等紧急情况外,必须无条件执行已作出的决定,不得违背集体决定自作主张、自行其是。三是维护班子团结。领导班子成员在对集体负责的同时,必须尊重主要负责同志,积极配合支持工作;领导班子成员之间要相互协作,相互补台。当然,维护班子团结绝不是一团和气、相互包庇,而是坚持讲原则、讲规矩,发现问题和不足及时指出,共同维护坚持党性原则基础上的团结。

【准则解读】《准则》提出,坚持集体领导制度,实行集体领导和个人分工负责相结合,是民主集中制的重要组成部分,必须始终坚持,任何组织和个人在任何情况下都不允许以任何理由违反这项制度。正确理解、执行集体领导和个人分工负责相结合的要求,要注意以下几点。

一是把握好重大问题和日常工作的界限。贯彻执行集体领导和个人分工负责制的一个很重要方面是,重大问题通过党委(党组)集体领导,日常工作通过个人分工负责。但由于各级党委(党组)担负的任务和职权不同,所要集体讨论决定的重大问题,在性质、范围上也会有所不同。因此,要根据党章的规定,对需要集体决策的重大问题作出明确界定,以避免本该由党委(党组)集体讨论决定的问题由个人包办,同时避免党委(党组)将所有的工作包括日常工作不分轻重、事无巨细地拿到党委(党组)会上集体讨论研究。

二是防止名为集体负责实际无人负责的倾向。造成这种倾向,要么是领导班子成员没有明确分工;要么是虽有分工,但由于抓落实的责任不够明确,党内政治生活不正常,个人不敢负责。因此,要在加强集体领导的同时,严格地科学地实行个人分工负责制,切实有效地保证党委(党组)决策得到贯彻执行。

三是理顺关系。如处理好决策时充分发表意见与决策后一抓到底之间的关系。坚决反对和纠正该发表意见时不发表,甚至当面不说、背后乱说,会上不说、会后乱说,当面一套、背后一套等错误言行。又如,处理好集体与个人、主要负责同志与领导班子成员之间的关系。在党的工作和活动中,该以组织名义出面就不能以个人名义出面,该由集体研究就不能个人擅自表态,不允许用个人主张代替党组织的主张、用个人决定代替党组织的决定。集中讨论和决定问题时,主要负责同志要把自己当成班子中平等的一员,既不允许主要负责同志把个人意志凌驾于组织之上、名为集体领导实为个人或少数人说了算，又要避免借口集体领导，降低或抹杀主要负责同志在集体领导中的重要作用。

四是健全并落实好相关制度。如坚持集体领导，健全和完善科学民主依法决策机制，落实党委常委会（或党组）议事规则和决策程序；健全党委常委会向全委会定期报告工作并接受监督的方式和程序，坚决反对和防止独断专行或各自为政；建立征求意见制度，上级组织在作出同下级组织有关重要决策前，要征求下级组织的意见；建立并落实领导班子成员分工按规定向上级党委报备制度，无正当理由、未向上级党委报告不得调整。

五是发挥一把手在执行民主集中制中的关键作用。习近平总书记指出，民主集中制贯彻得怎么样，关键看领导干部做得怎么样。《准则》强调党委（党组）主要负责同志要带头发扬党内民主，带头坚持集体领导，严格按程序决策、按规矩办事，带头开展批评和自我批评，正确对待少数人意见，不搞一言堂甚至家长制；同时，要求党委（党组）主要负责同志要善于集中，在研究讨论问题时要把自己当成班子中平等的一员，注意听取不同意见，正确对待少数人意见，支持班子成员在职责范围内独立负责开展工作。此外，党委（党组）主要负责同志要敢于担责。

9. 发扬党内民主和保障党员权利

【核心要义】《准则》指出，党内民主是党的生命，是党内政治生活积极健康的重要基础，并提出一系列发扬党内民主、保障党员权利的重要举措。

党内民主是党内政治生活的重要内容。党的十八大以来，以习近平同志为核心的党中央深入推进从严治党，党内民主和党内政治生活出现了许多新气象。当然，推进党内民主，解决党内政治生活、政治生态中出现的问题绝非一朝一夕之功，必须锲而不舍地抓。《准则》提出，要坚持和完善党内民主各项制度，提高党内民主质量，党内决策、执行、监督等工作必须执行党章党规确定的民主原则和程序，任何党组织和个人都不得压制党内民主、破坏党内民主。

发扬党内民主必须推进决策民主化。《准则》提出，决策民主化是发扬党内民主的重要内容。中央委员会、中央政治局、中央政治局常委会和各级党委作出重大决策部署，必须深入开展调查研究，广泛听取各方面意见和建议，凝聚智慧和力量，做到科学决策、民主决策、依法决策。

发扬党内民主，关键是尊重党员主体地位和保障党员权利。《准则》要求，"保障全体党员平等享有党章规定的党员权利、履行党章规定的党员义务，坚持党内民主平等的同志关系"；重申"党内一律称同志"，要求"任何党员都不能游离于党的组织之外，更不能凌驾于党的组织之上"；强调"坚持纪律面前一律平等，遵守纪律没有特权，执行纪律没有例外，党内决不允许存在不受纪律约束的特殊组织和特殊党员"。

《党章》明确规定了党员享有的八项基本权利。《准则》强调，必须尊重党员主体地位、保障党员民主权利，重点是抓好党员知情权、参与权、选举权、监督权的落实。

对落实党员的知情权，《准则》要求"健全党内情况通报制度"，"推进党务公开，发展和用好党务公开新形式，使党员更好了解和参与党内事务"。

对落实党员的参与权方面，《准则》要求创造民主参与的有利条件："畅通党员参与讨论党内事务的途径，拓宽党员表达意见渠道，营造党内民主讨论的政治氛围"。一是指出，"党员有权在党的会议上发表不同意见"。二是提出，"健全党内重大决策论证评估和征求意见等制度。党的各级组织对重大决策和重大问题应该采取多种方式征求党员意见"。"建立上级组织在作出同下级组织有关重要决策前征求下级组织意见的制度"。三是畅通平时民主参与的渠道，强调健全党内"情况反映制度"，"畅通党员表达意见"的渠道。四是坚持和完善党的代表大会制度，要求"落实党代表大会代表任期制，实行代表提案制，健全代表参与重大决策、参加重要干部推荐和民主评议、列席党委有关会议、联系党员群众等制度"。

对落实党员的选举权和被选举权，《准则》进一步重申，"党内选举必须体现选举人意志，规范和完善选举制度规则，党的任何组织和个人不得以任何方式妨碍选举人依照规定自主行使选举权，坚决反对和防止侵犯党员选举权和被选举权的现象，坚决防止和查处拉票贿选等行为"。

对落实党员的监督权，《准则》指出："营造党内民主监督环境，畅通党内民主监督渠道。党的各级组织和全体党员要增强监督意识，既履行监督责任，又接受各方面监督。"强调"党员有权在党的会议上有根据地批评党的任何组织和任何党员"，"有权向党负责地揭发、检举党的任何组织和任何党员违法乱纪的事实"，畅通党员"要求撤换不称职基层党组织领导班子成员的渠道"。

【准则解读】发扬党内民主，很重要的方面是尊重党员主体地位和保障党员权利，而党员的主体地位是权利主体与义务主体的统一。没有无义务的权利，也没有无权利的义务。党章规定党员享有八项基本权利，同时规定党员必须履行八项基本义务。应当认识到，任何权利都是有边界的。按照《准则》的要求，要注意处理好以下几个关系。

第一，处理好权利保障与权利规范行使的关系。《准则》规定"在党的会议上"，党员有权发表不同意见、有权有根据地批评党的任何组织和任何党员；指出"涉及全党全国性的重大方针政策问题，只有党中央有权作出决定和解释。各部门各地方党组织和党员领导干部可以向党中央提出建议，但不得擅自作出决定和对外发表主张"；要求党员"有根据地"行使批评权，"批评必须出于公心，不主观武断，不发泄私愤"；"提倡实名举报"，要求"负责地揭发、检举"等。

第二，党组织既要严肃处理对举报者的歧视、刁难、压制行为特别是打击报复行为，又要严肃追查处理诬告陷害行为；既保障党员知情权和监督权，又保障监督对象的申辩权、申诉权等相关权利。党员、干部反映他人的问题，应该出于党性，通过党内正常渠道实名进行，不准散布小道消息，不准散发匿名信，不准诬告陷害等；对通过正常渠道反映问题的党员，任何组织和个人都不准打击报复，不准擅自进行追查，不准采取调离工作岗位、降格使用等惩罚措施。党组织应提倡署真实姓名反映违纪事实，党组织应当为检举控告者严格保密。对干扰妨碍监督、打击报复监督者的，依纪严肃处理；对受到诽谤、诬告、严重失实举报的党员，党组织要及时为其澄清和正名；对以监督为名侮辱、诽谤、诬陷他人的，依纪严肃处理；涉嫌犯罪的移送司法机关处理。监督对象对处理决定不服的，可以依照党章规定提出申诉。有关党组织应当认真复议复查，并作出结论。

第三，党员的民主监督不仅是权利，更是不容推卸的义务，是对党应尽的责任。基层党组织和党员要加强对党的领导干部的监督，督促其正常参加组织生活、履行党员义务。在党的会议上，党员要勇于对违反党章党规和政治生活准则的行为提出意见，有根据地批评党的任何组织和任何党员，负责地向党反映党的任何组织和党员违纪违法的事实。各级党组织要保障党员知情权和监督权，鼓励和支持党员在规范党内政治生活和强化党内监督中发挥积极作用。

10. 坚持正确选人用人导向

【核心要义】《准则》强调,坚持正确选人用人导向是严肃党内政治生活的组织保证。必须严格标准、健全制度、完善政策、规范程序,使选出来的干部组织放心、群众满意、干部服气,形成能者上、庸者下、劣者汰的选人用人导向。

如何坚持正确选人用人导向?《准则》从加强和规范党内政治生活的角度提出了明确要求。

一是要严格执行党章规定的干部条件和好干部标准。用人标准与用人导向紧密相连,是干部工作的首要问题。我们党选人用人的标准,概括地讲就是德才兼备、以德为先,具体地讲就是《党章》所规定的领导干部六个方面基本条件,主要包括理论素养、理想信念、思想作风、履职用权、专业能力、修身自律等要求。这是我们党对九十多年来干部队伍建设历史经验的科学总结,是选拔任用干部的根本依据。

当前,严格执行《党章》规定的干部条件,就是要坚持和落实习近平总书记提出的"信念坚定、为民服务、勤政务实、敢于担当、清正廉洁"好干部标准和"三严三实"、忠诚干净担当等要求。

习近平总书记多次强调,领导干部不担当,就是对党的不忠诚。当前,经济发展进入新常态,深化改革进入深水区,经济转型的任务十分繁重,社会治理的难度正在加大。全面深化改革,需要敢闯敢试的精神、迎难而上的勇气、舍我其谁的气魄。但目前在部分干部中还存在着担当不足、不敢为等问题。必须强化敢于担当的好干部标准,格外关注那些作风正派、勇于任事、锐意进取的干部,把想改革、谋改革、善改革的干部及时用起来,并在工作中旗帜鲜明地为敢于担当的干部担当,为敢于负责的干部负责,激励更多的干部勇挑重担、奋发有为。

二是把公道正派作为干部工作核心理念。习近平总书记指出,用人真正做到了公道正派,其他的都变得简单了。这是说干部工作要让党放心、让人民满意、让干部服气,充分调动各方面积极性。公道正派选人用人,必须坚持任人唯贤的干部路线和德才兼备、以德为先的用人标准。克服一切私心杂念,排除一切干扰阻力,不以私情废公事,不拿原则做交易,公道对待干部、公平评价干部、公正使用干部。坚决防止和克服以个人亲疏好恶划线、以地域行业划线，切实解决搞小山头、小圈子、小团伙等问题。

三是强化党组织的领导和把关作用。党管干部原则是干部工作的根本原则，党组织的领导和把关是贯彻党管干部原则的重要体现和必然要求。过去一段时间，一些地方和单位党委（党组）没有很好地履行选人用人责任，有的简单以票取人、以分取人，有的少数人或个人说了算，使得党管干部原则在一定程度上被弱化。党的十八大以来，习近平总书记多次强调要坚持党管干部原则，强化党组织的领导和把关作用。在选人用人方面赋予党组织更大的权重，这是对党委（党组）集体而言的，必须充分认识、自觉承担起党委（党组）集体管干部、用干部的重大责任。

强化党组织的领导和把关，首先要把好条件关。其次要把好程序关。坚持民主集中制原则，按照"集体领导、民主集中、个别酝酿、会议决定"的要求，健全完善集体讨论决定任用干部的制度和机制，坚决防止个人或少数人说了算。

四是要自觉防范和纠正用人上的不正之风和种种偏向，大力整治用人上的不正之风和种种偏向，努力营造风清气正的用人环境。

根据中央统一部署，2013年11月至12月，中央第十巡视组对湖南省进行了巡视。2014年2月24日，中央第十巡视组向湖南省反馈巡视情况，提出意见，认为湖南在执行党的政治纪律方面，政治敏锐性不够强，没有及时发现和预防某市贿选问题，并明确提出要认真总结、吸取某市破坏选举案教训，提高政治敏锐度，加强监督，严肃纪律，杜绝此类问题的发生。

通报称，针对中央巡视组反馈的执行政治纪律方面存在的问题，湖南省委按照中央要求依法依纪严肃处理某市破坏选举案。已依法终止596人（含具有县人大代表资格的大会工作人员）、749名省、市、县（市区）人大代表资格，分两批给予467人党纪政纪处分。同时，加大司法处理力度，共69人获刑。

2014年下半年以来，四川省委对某市拉票贿选案进行了严肃认真的调查处理。现已查明，2011年10月19日某市市委五届一次全会前，时任某县委书记

杨某某挪用公款80万元，自己出面或安排下属，向部分可能成为市委委员的人员送钱拉票，通过拉票贿选当选市委常委。在查清上述事实的基础上，四川省委根据有关线索进一步组织深入调查，彻底查清了此次党代会之前在该市有关干部民主推荐中存在的送钱拉票问题，以及时任市委书记刘某某和市纪委、市委组织部相关负责人的失职渎职问题。上述问题共涉及人员477人，其中组织送钱拉票的16人，帮助送钱拉票的227人，接受拉票钱款的230人，失职渎职的4人；涉案金额1671.9万元。

根据案件事实和有关党纪政纪、法律法规，四川省对涉案人员全部作出严肃处理。其中，给予开除党籍开除公职处分并移送司法机关处理的33人，给予撤销党内外职务以上处分的77人，给予严重警告并免职、严重警告、警告或行政记大过、记过处分以及免职处理267人，诫勉谈话、批评教育100人。移送司法机关处理人员均被判处相应刑罚，杨某某犯行贿罪、受贿罪、滥用职权罪，判处有期徒刑20年；时任市委书记刘某某犯玩忽职守罪，判处有期徒刑3年。

该市拉票贿选案涉案人员多、涉案金额大，是一宗严重违反党纪国法、严重违反党的政治纪律和政治规矩、严重违反组织人事纪律的恶劣案件，教训极其深刻。值得总结反思的是，一些党员领导干部理想信念和党性原则丧失，纪律意识、法治观念淡漠，导致方向迷失、是非不分、行为失范，在诱惑面前经不起考验；一些党组织管党治党政治责任严重缺位，对干部队伍疏于教育、管理、监督，不敢坚持原则，不敢动真碰硬，致使不正之风和腐败现象蔓延。

辽宁省委换届、省人大常委会换届，以及全国人大代表选举中出现的系统性拉票贿选问题，共查处955人，其中中管干部34人，并通报全党。

总结经验教训，《准则》要求坚决禁止跑官要官、买官卖官、拉票贿选等行为，要求领导干部要带头执行党的干部政策，带头严守组织人事工作纪律，带头坚持原则，带头抵制用人上的不正之风，不准任人唯亲、搞亲亲疏疏，不准封官许愿、跑风漏气、收买人心，不准个人为干部提拔任用打招呼、递条子，不准向党伸手要职务、要名誉、要待遇；还要坚决纠正唯票、唯分、唯生产总值、唯年龄取人等偏向。

【准则解读】"为政之要，莫先于用人"。新形势下，实现"四个全面"协调推进战略布局，关键是要建设一支高素质干部队伍。如果干部队伍素质不高、作风不正，党内政治生活就不会风清气正，党的建设也不可能搞好。

第一，用什么样的标准选人、选什么样的人，不仅决定着干部作风和干部队伍的发展，而且关系到党和国家事业的发展，关系党的作风、党的形象和党的团结，也影响着党内政治生活的开展。只有坚持正确选人用人导向，才能选优配强干部拥护、人民满意的领导班子，才能激发干部为民造福、干事创业的热情，才能营造积极向上、风清气正的选人用人环境和良好政治生态，为全党形成又有集中又有民主、又有纪律又有自由、又有统一意志又有个人心情舒畅的政治局面提供组织保障。

第二，要自觉防范和纠正用人上的不正之风。要加大事前防范力度，把防止干部"带病提拔"作为当前干部工作的攻坚点，坚决挡住那些"带病"的干部。要深刻吸取衡阳破坏选举、四川南充拉票贿选和辽宁系统性拉票贿选等案件的教训，扎实开展专项治理，强化选人用人监督检查，对违反组织人事纪律的坚决不放过，对跑官要官、买官卖官、拉票贿选的决不姑息。

第三，党的各级组织要坚持民主集中制原则，坚决克服由少数人在少数人中选人的倾向。任何人都不准把党的干部当作私有财产，党内不准搞人身依附关系。领导干部特别是高级干部不能搞家长制、要求别人唯命是从，特别是不能要求下级办违反党纪国法的事情；下级应该抵制上级领导干部的这种要求并向更上级党组织直至党中央报告，不应该对上级领导干部无原则服从。规范和纯洁党内同志交往，领导干部对党员不能颐指气使，党员对领导干部不能阿谀奉承。

第四，干部是党的宝贵财富，必须既严格教育、严格管理、严格监督，又在政治上、思想上、工作上、生活上真诚关爱，鼓励干部干事创业、大胆作为。要建立容错纠错机制，宽容干部在工作中特别是改革创新中的失误。坚持惩前毖后、治病救人，正确对待犯错误的干部，帮助其认识和改正错误；不得混淆干部所犯错误性质或夸大错误程度对干部作出不适当的处理，不得利用干部所犯错误泄私愤、打击报复。各级党组织要着力把严肃党内政治生活的成果转化为促进党的事业发展的持续动力，让干净的人有更多干事的机会，让干事的人有更干净的环境，让那些既干净又干事的人能够心无旁骛施展才华、脱颖而出。

第五，各级党组织和领导干部必须牢记空谈误国、实干兴邦，践行正确政绩观，发扬钉钉子精神，力戒空谈，察实情、出实招、办实事、求实效，做到守土尽责。各级领导干部要无私无畏，做到面对矛盾敢于迎难而上，面对危险敢于挺身而出，面对失误敢于承担责任。党的各级组织对不担当、不作为、敷衍塞责的干部要严肃批评，必要时给予组织处理或党纪处分；对失职渎职的要严肃问责，造成严重后果的要严肃追责，依纪依法处理。

11. 严格党的组织生活制度

【核心要义】《准则》明确党的组织生活是党内政治生活的重要内容和载体，是党组织对党员进行教育管理监督的重要形式，强调"必须坚持党的组织生活各项制度，创新方式方法，增强党的组织生活活力"。

《准则》对"严格党的组织生活制度"作了具体规定，提出了基本要求。

一是增强党的意识。《准则》强调："全体党员、干部特别是高级干部必须增强党的意识，时刻牢记自己第一身份是党员。任何党员都不能游离于党的组织之外，更不能凌驾于党的组织之上。每个党员无论职务高低，都要参加党的组织生活。"党员要时刻想到自己是组织的一员，在党言党、在党忧党、在党为党，相信组织、依靠组织、服从组织。

二是强化责任落实。《准则》强调："党组织要严格执行组织生活制度，确保党的组织生活经常、认真、严肃。"各级党委（党组）要把严格党的组织生活制度纳入党建工作责任制，加强领导，明确责任，一级抓一级，层层抓落实。

三是认真落实党的组织生活制度，如"三会一课"制度、民主生活会和组织生活会制度、谈心谈话制度、民主评议党员制度和请示报告制度，特别要求，中央政治局带头开好民主生活会。

党的十八大以来，习近平总书记反复强调要严格落实党内组织生活制度，开好民主生活会，并提出明确具体要求。中共中央政治局2016年11月30日审议通过的《关于县以上党和国家机关党员领导干部民主生活会的若干规定》提出，党的十八届六中全会对开好民主生活会提出了新的要求，要切实贯彻好、落实好。政治局会议指出，要把开好2016年度民主生活会作为贯彻落实党的十八届六中全会精神的重要举措抓紧抓好。要突出主题，对照政治合格、执行纪律合格、品德合格、发挥作用合格要求，进行党性分析，开展批评和自我批评。要把忠诚老实、光明坦荡、公道正派、实事求是、艰苦奋斗、清正廉洁等作为对照检查的重要内容。要加强督促指导，对搞形式主义的要促其纠正，对走过场的要责令重开。

中共中央政治局于2016年12月26日至27日召开民主生活会，中共中央总书记习近平主持会议并发表重要讲话。会前，有关方面作了准备，对贯彻执行中央八项规定精神、落实加强作风建设措施的情况进行了梳理，就中央政治局加强自身建设在一定范围征求了意见，中央政治局的同志同有关负责同志谈心谈话，重点围绕维护党中央权威和党的团结、开展党内政治生活、自觉接受监督、廉洁自律等方面进行查摆，撰写了发言材料。

会议首先审议了《关于贯彻执行中央八项规定精神、落实加强作风建设措施的情况报告》。随后，中央政治局同志逐个发言，按照要求进行对照检查。中央政治局同志的发言，认识深刻，体会真切，查摆严格，意见坦诚，交流充分，进一步统一了思想、明确了方向、凝聚了力量。

会议认为，党的十八大以来，中央政治局结合落实中央八项规定、深入改进作风和开展"三严三实"专题教育，分别召开民主生活会，效果都很好。《准则》规定，中央政治局每年要召开民主生活会。要落实好这一规定，把每次民主生活会都开好、开出高质量，在全党起到示范作用。

习近平总书记在讲话中对中央政治局各位同志的对照检查发言进行了总结，并就中央政治局贯彻落实《准则》和《中国共产党党内监督条例》提出了要求。其中，习近平总书记强调，中央政治局要在开展批评和自我批评方面为全党作表率，做勇于自我革命的战士。要坚持实事求是，勇于批评和自我批评，勇于听取不同意见，及时改正错误。批评和自我批评的武器，不仅对下级要敢用，对同级特别是对上级也要敢用。不能职务越高就越说不得、碰不得。批评和自我批评的武器要多用、常用、用够用好，使之成为一种习惯、一种自觉、一种责任。

2016年12月，中共中央印发了《县以上党和国家机关党员领导干部民主生活会若干规定》（以下简称《若干规定》），并发出通知，要求各地区各部门认真遵照执行。《若干规定》规定民主生活会应当直面问题，领导干部应当在会上把自身存在的突出问题说清楚、谈透彻，开展批评和自我批评，明确整改方向。自我批评应当联系实际、针对问题、触及思想。相互批评应当开诚布公，指出问题，防止以工作建议代替批评意见。对待批评应当有则改之、无则加勉，不搞无原则纷争，也不搞一团和气。

【准则解读】党的组织生活是党内政治生活的重要内容和载体，具有不可替代的重要功能。没有严格的党的组织生活，对党员的教育管理监督，党的路线方针政策和上级党组织决议的贯彻落实，党员先锋模范作用和党组织战斗堡垒作用的发挥，都将失去依托和载体。

应当认为，党的组织生活总体上是好的，但也普遍存在着不经常、不规范、不严肃、随意化、庸俗化、平淡化的问题。有的党组织常年不开展组织生活，一些党员长期游离于组织之外；有的领导干部对过双重组织生活缺乏自觉，没有形成习惯；有的用业务工作会议代替组织生活会，对党的组织生活缺乏正确认识；有的把党的组织生活等同于群团活动或文体活动，追求趣味性、娱乐性；有的民主生活会和组织生活会成了表扬会，批评和自我批评开展不起来，起不到应有作用；等等。这些问题的出现，归根到底，就在于组织生活制度落实不力。为解决这些问题，《准则》提出党的组织生活制度的要求。

落实《准则》的规定，要坚持继承和创新的统一，除了要增强党的意识、强化责任落实外，主要是要严格执行组织生活制度。

一是民主生活会和组织生活会制度。民主生活会是强化党内监督、提高依靠自身力量解决问题和矛盾能力的有效途径。《党章》第八条规定："每个党员，不论职务高低，都必须编入党的一个支部、小组或其他特定组织，参加党的组织生活，接受党内外群众的监督。党员领导干部还必须参加党委、党组的民主生活会。不允许有任何不参加党的组织生活、不接受党内外群众监督的特殊党员"。《准则》要求会前要广泛听取意见、深入谈心交心，会上要认真查摆问题、深刻剖析根源、明确整改方向，会后要逐一整改落实。上级党组织领导班子成员定期、随机参加下级党组织领导班子民主生活会和组织生活会，发现问题及时纠正。中央政治局带头开好民主生活会。

党的十八大以来，习近平总书记反复强调要严格落实党内组织生活制度，开好民主生活会，并提出明确具体要求。中央政治局带头召开专题民主生活会，为全党作出了表率。

二是"三会一课"制度。党员必须参加党员大会、党小组会和上党课，党支部要定期召开支部委员会。"三会一课"要突出政治学习和教育，突出党性锻炼，坚决防止表面化、形式化、娱乐化、庸俗化。领导干部要以普通党员身份参加所在党支部或党小组的组织生活，坚持党员领导干部讲党课制度。每个党员都要按规定自觉交纳党费，党费使用和管理要公开透明。

三是谈心谈话制度。党组织领导班子成员之间、班子成员和党员之间、党员和党员之间要开展经常性的谈心谈话，坦诚相见，交流思想，交换意见。领导干部要带头谈，也要接受党员、干部约谈。

四是民主评议党员制度。基层党组织要坚持每年对党员进行民主评议，督促党员对照《党章》规定的党员标准、对照入党誓词、联系个人实际进行党性分析，使党性分析过程成为党员强化党员意识、增强党的观念、提高党性修养的过程。对党性不强的党员，及时进行批评教育，限期改正；经教育仍无转变的，应劝其退党或除名。

五是请示报告制度。领导干部必须强化组织观念，工作中重大问题和个人有关事项必须按规定按程序向组织请示报告，离开岗位或工作所在地要事先向组织请示报告。有关部门应当加强抽查核实，对无正当理由不按时报告、不如实报告或隐瞒不报的，要严肃处理。

同时，严格党的组织生活制度，必须创新方式方法，增强党的组织生活活力。要根据党面临的形势任务的发展变化，对党的组织生活提出新的内涵和要求，推进党的组织生活制度改革，通过创新内容和形式，使党的组织生活更加贴近党员、贴近实际、贴近工作，更有针对性、实效性和时代气息。

12. 坚持不懈把批评和自我批评这个武器用好

【核心要义】《准则》提出，批评和自我批评是我们党强身治病、保持肌体健康的锐利武器，也是加强和规范党内政治生活的重要手段，必须坚持不懈把批评和自我批评这个武器用好。

中国共产党在长期的革命、建设和改革实践中逐步树立了批评和自我批评的作风。毛泽东在《论联合政府》中指出："房子是应该经常打扫的，不打扫就会积满了灰尘；脸是应该经常洗的，不洗也就会灰尘满面。我们同志的思想，我们党的工作，也会沾染灰尘的，也应该打扫和洗涤。"

任弼时曾多次对自己在"左"倾路线影响下所犯的错误作自我批评。

在1941年9月的中央政治局扩大会议、1944年10月的湘赣工作座谈会上,他都以实事求是的态度作了自我批评,甚至在为党的七大准备的发言稿中,他仍表示,"在过去党内领导犯三次'左'倾错误时期中,我都参与成为积极的执行者,错误的性质都是偏'左'"。他强调,开展自我批评的作用就是要"达到原则上分清是非,达到纠正党内存在的不纯和改善领导作风的目的"。

党的十八大以来,以习近平同志为核心的党中央大力恢复批评和自我批评"利器"本色,并取得明显成效。2014年1月20日,习近平总书记在党的群众路线教育实践活动第一批总结暨第二批部署会议上的讲话中指出,批评和自我批评是清除党内政治灰尘和政治微生物的有力武器,必须以整风精神严格党内生活,着力提高领导班子发现和解决自身问题的能力……要把批评和自我批评作为防身治病的有力武器,通过积极健康的思想斗争,不断洗涤每个党员、干部的思想和灵魂。

《准则》要求,批评和自我批评必须坚持实事求是,讲党性不讲私情,讲真理不讲面子,坚持"团结——批评——团结",按照"照镜子、正衣冠、洗洗澡、治治病"的要求,严肃认真提意见,满腔热情帮同志,决不能把自我批评变成自我表扬、把相互批评变成相互吹捧。批评必须出于公心,不主观武断,不发泄私愤。坚决反对事不关己、高高挂起,明知不对、少说为佳的庸俗哲学和好人主义,坚决克服文过饰非、知错不改等错误倾向。

2014年5月9日习近平总书记在参加河南省兰考县委常委班子专题民主生活会时作《作风建设要立破并举、扶正祛邪》的讲话中,批评在思想政治上,一些人信奉"马列主义对人,自由主义对己","两个嘴巴说话,两张面孔做人";在组织生活中,一些人信奉"自我批评摆情况,相互批评提希望","你不批我,我不批你;你若批我,我必批你","上级对下级,哄着护着;下级对上级,捧着抬着;同级对同级,包着让着"等问题。

《准则》要求,党员、干部必须严于自我解剖,对发现的问题要深入剖析原因,认真整改。对待批评要有则改之、无则加勉,不能搞无原则纷争。

2016年1月12日习近平总书记在第十八届中央纪委第六次全会上的讲话中指出,批评和自我批评存在的普遍性问题是:自我批评难,相互批评更难。难就难在为人情所困、为利益所惑,怕结怨树敌、怕引火烧身,说到底还是私心杂念作怪,缺乏党性和担当。因此,《准则》要求,领导干部特别是高级干部必须带头从谏如流、敢于直言，以批评和自我批评的示范行动引导党员、干部打消自我批评怕丢面子、批评上级怕穿小鞋、批评同级怕伤和气、批评下级怕丢选票等思想顾虑，把发现和解决自身问题的能力作为考核评价领导班子的重要依据。

【准则解读】健全党内政治生活，就要经常、广泛、认真开展批评和自我批评。批评和自我批评是党内政治生活正常化的重要标志和保障，是党的优良传统和作风。

回顾党的历史可以看到，中国共产党和党领导的事业，就是在批评和自我批评中不断发展壮大的。大家知道，党的历史上有两次重要会议具有历史转折意义，都是批评和自我批评的成功典范。1935年初的遵义会议，通过严肃的批评和自我批评，党中央批判了"左"倾教条主义对党和红军带来的危害，恢复了毛泽东同志在红军中的领导地位，在危急关头挽救了党，挽救了红军，挽救了中国革命。1978年底党的十一届三中全会通过严肃的批评和自我批评，彻底否定了"文化大革命"的理论和实践，批判了"两个凡是"，恢复和重新确立了解放思想、实事求是的思想路线，把工作中心转移到社会主义现代化建设上来，开启了改革开放的新征程。我们党正是依靠批评和自我批评，及时解决党内存在的突出矛盾和问题，不断增强自我净化、自我完善、自我革新、自我提高的能力，因而始终保持了高度团结统一和旺盛生机。

新形势下，坚持不懈把批评和自我批评这个武器用好，一是开展批评和自我批评要坚持原则、出于公心；要坦诚相见、开诚布公；坚持实事求是，讲党性不讲私情、讲真理不讲面子，不主观武断，不发泄私愤，要让正常的批评和自我批评成为党内政治空气的清洁剂，让党员、干部习惯在相互提醒和督促中进步。

二是要把批评和自我批评贯穿于党内组织生活中。党内组织生活包括"三会一课"，都要认真开展批评和自我批评。自我批评应当联系实际、针对问题、触及思想。相互批评应当开诚布公、指出问题，防止以工作建议代替批评意见。对待批评应当有则改之、无则加勉，不搞无原则纷争，也不搞一团和气。

三是把批评和自我批评贯穿于领导工作和管理干部队伍中、严肃党的纪律特别是政治纪律和组织纪律之中。《准则》指出："党的领导机关和领导干部对各种不同意见都必须听取，鼓励下级反映真实情况。党内工作会议的报告、讲话以及各类工作总结，上级机关和领导干部检查指导工作，既要讲成绩和经验，又要讲问题和不足；既要注重解决问题，又要从问题中反思自身工作和领导责任。"这个要求十分明确，关键是抓好落实。

13. 加强对权力运行的监督和制约

【核心要义】《准则》指出："监督是权力正确运行的根本保证，是加强和规范党内政治生活的重要举措。必须加强对领导干部的监督，党内不允许有不受制约的权力，也不允许有不受监督的特殊党员。"这是我们党在深刻总结制约和监督权力运行实践经验基础上，针对一些地方、部门、单位党员干部存在的滥用权力、贪污受贿、腐化堕落、违法乱纪等突出问题，进一步提出的新要求。

正确行使权力，让权力更好地为人民服务，历来是中国共产党高度重视的大问题。早在延安时期，毛泽东在《为人民服务》一文中就指出："因为我们是为人民服务的，所以，我们如果有缺点，就不怕别人批评指出。不管是什么人，谁向我们指出都行。"1945年，毛泽东在回答黄炎培提出的历史周期律问题时就提出，只有让人民起来监督政府，政府才不敢松懈；只有人人起来负责，才不会人亡政息。

党的十八大以来，习近平总书记多次强调要健全权力运行制约和监督体系。2012年12月，习近平总书记在首都各界纪念现行宪法公布施行30周年大会上的讲话中指出："要健全权力运行制约和监督体系，有权必有责，用权受监督，失职要问责，违法要追究，保证人民赋予的权力始终用来为人民谋利益。"2013年1月，习近平总书记在十八届中央纪委第二次全会上强调："要加强对权力运行的制约和监督，把权力关进制度的笼子里，形成不敢腐的惩戒机制、不能腐的防范机制、不易腐的保障机制。"

《党章》和党的重要文献也都对正确行使权力作出了明确规定。《党章》总纲提出："加强对党的领导机关和党员领导干部特别是主要领导干部的监督，不断完善党内监督体系。"

为规范和加强党内监督，十八届六中全会对2003年印发的《中国共产党党内监督条例（试行）》进行了全面修订。

我国的权力结构和运行机制，建立在我国社会主义民主政治的基础之上，由我国社会主义政治制度所决定，具有立足于最广大人民根本利益、着眼于长远发展、决策效率高、能够集中力量办大事的独特优势，总体上符合我国国情。特别是随着改革开放和社会主义现代化建设的推进，随着社会主义民主政治建设的深入发展，随着党和国家各项领导制度和工作制度的日益完备，我们党和国家的权力结构和运行机制也日益健全和成熟。

但要看到，在一些具体方面也存在一些不相适应、不够完善的地方，如权力配置和结构不尽科学，决策权、执行权和监督权之间有的没有形成相互制约。

一是有的部门和岗位权力过大，并且随意性比较大。

二是权力往往过分集中于主要领导干部手中，极少数主要领导干部凌驾于组织之上，搞权钱交易、权权交易。

习近平总书记在十八届六中全会二次全会上的讲话中指出，这些年党内政治生活和党内监督存在的种种问题，究其原因，有市场经济大环境的因素，有党的队伍不断发生深刻变化的因素，但一些高级干部发生的问题往往是所在地方和单位各种问题滋生蔓延的主要导因。党的十八大以来查处了近200名高级干部，其中不乏省委书记、省长、部长、中央委员、中央候补委员，特别是有周永康、薄熙来、郭伯雄、徐才厚、令计划等曾经位居高职的人，给我们党的形象和威信造成的损害是特别巨大的。

三是权力边界不清晰。有的政企不分、政事不分；有的部门之间职责交叉；有的领导干部违规插手干预工程建设、干部选拔任用、执法司法活动，为自己或亲属谋取私利。

四是权力缺乏法治约束。有的权力不依法设立，或者不依法行使。

五是权力运行过程不够公开透明，暗箱操作和"潜规则"问题突出。

六是对权力的监督不够有力，各种监督的合力不强，制度不够健全，障碍和漏洞较多，对领导干部的监督管理难以发挥应有的作用。

以上这些问题的存在，使权力没有受到有力有效的制约和监督，以致腐败现象时有发生。

2016年11月辽宁省政协原副主席陈某某犯受贿案，被判处有期徒刑13年9个月，并处没收财产200万元。

曾被称为"东北地区最大商贸项目"的辽宁省某市"万商项目",总投资25亿元,是当时市政府的"一号工程",受到时任市委书记陈某某的主推。

陈某某和多位地产商私交甚密。有的开发商向陈行贿,先靠关系拿地,土地出让金欠付,靠"领导批示"办理国有土地使用证,再拿齐建设用地规划许可证、建设工程规划许可证、建筑工程施工许可证、商品房预售许可证,开始预售后再用预售款来补交土地出让金;后用国有土地使用证抵押给银行,用贷款建房;项目上马初期即涉嫌诸多违规问题,如随意更改规划、未批先建、未经许可便开始预售等,但也从银行贷款数亿元。随官员落马,银行不再续贷,继任为和落马官员划界,对遗留工程唯恐避之不及,项目成为烂尾楼。

2016年10月12日,湖北省汉江中级人民法院一审公开宣判国务院国有资产监督管理委员会原主任蒋某某受贿、巨额财产来源不明、国有公司人员滥用职权案。法庭认定被告人蒋某某犯受贿罪判处有期徒刑十二年,并处没收个人财产人民币100万元;犯巨额财产来源不明罪判处有期徒刑五年;犯国有公司人员滥用职权罪判处有期徒刑五年,决定执行有期徒刑十六年,并处没收个人财产人民币100万元。同时,对蒋某某受贿、巨额财产来源不明的财物和滥用职权使他人获取的非法利益予以追缴,上缴国库。

蒋某某犯国有公司人员滥用职权罪,主要是在担任某央企领导期间,违规帮助他人获得9个油气田区块的合作开采权,致使他人非法获利达30亿元,使国家财产遭受特别重大损失。

油气田合作开采权的审批有一套完整的制度,要经严谨程序,但某央企多名高管都为了满足蒋的要求,把制度抛在了脑后。

某央企原高管王某某说:"我之所以能够有今天,之所以能够到这个地方来,也就是既是作害者,也是受害者。所谓作害者,就是说我参与到这件事情当中了。所谓受害者,因为蒋总经理安排了这件事情,当他的想法和要求与制度发生矛盾的时候,怎么样去防止和监督领导,成为很重大的一个问题。我觉得还是按照党中央提出来的全面依法治国、全面地管好党,从这个角度去根治我们存在的非常多的这些问题和矛盾,去彻底扭转领导一把手权大于法、权大于制度的这种环境。"

某部规划司投资管理处原处长孙某某,于2006年7月起先后担任该部规划司土地计划处调研员、投资管理处调研员。2010年11月,她被任命为投资管理处处长,主要职责是参与国家审批、核准、备案的建设项目土地利用相关前期工作、建设项目用地预审等。她利用负责建设项目土地预审的职务便利,先后为3家企业谋利并收受欧元、美元、卡地亚手表等财物,案值共计33.2万余元。2013年9月3日,她因涉嫌受贿罪被羁押,后法院以受贿罪判处其有期徒刑10年。

党的十八大以来,党中央、中央纪委对制约和监督权力进行了新的探索,明确了一些新思路,采取了一些新举措,如制定实施改进工作作风、密切联系群众的八项规定,开展党的群众路线教育实践活动,着力扫除形式主义、官僚主义、享乐主义和奢靡之风,特别是中央领导同志以身作则、率先垂范,形成强大的示范效应;深入推进行政管理体制改革,进一步转变政府职能,简政放权、放管结合、优化服务;大力加强党的纪律建设,严肃政治纪律和组织人事纪律;修订《中国共产党巡视工作条例》,增强巡视巡察实效性;加大办案工作力度,既打"老虎"又打"苍蝇";强化和规范网络舆论监督,拓宽人民群众参与反腐倡廉渠道;等等。经过全党全国共同努力,反腐败斗争压倒性态势已经形成并巩固发展,不敢腐的目标初步实现,不能腐的制度日益完善,不想腐的堤坝正在构筑,党风政治生活呈现新的气象。

但是,完善对权力运行的监督和制约,是一个涉及面广的艰巨复杂的系统工程,要与深化政治、经济、社会、文化等各方面体制改革相适应、相促进,与加强和规范党内政治生活相结合。

《准则》从加强和规范党内政治生活的高度,对完善权力运行制约和监督机制,对建立健全有权必有责、用权必担责、滥权必追责的体制机制作出制度安排;要求党的各级组织和领导干部必须在宪法法律范围内活动,增强法治意识、弘扬法治精神,自觉按法定权限、规则、程序办事,决不能以言代法、以权压法、逐利违法、徇私枉法。

要求营造党内民主监督环境,畅通党内民主监督渠道。党的各级组织和全体党员要增强监督意识，既履行监督责任，又接受各方面监督；强调党内监督必须突出党的领导机关和领导干部特别是主要领导干部。领导干部要正确对待监督，主动接受监督，习惯在监督下开展工作，决不能拒绝监督、逃避监督。

《准则》强调领导干部特别是高级干部必须加强自律、慎独慎微，自觉检查和及时纠正在行使权力、廉政勤政方面存在的问题，做到可以行使的权力按规则正确行使，该由上级组织行使的权力下级组织不能行使，该由领导班子集体行使的权力班子成员个人不能擅自行使，不该由自己行使的权力决不能行使。

对涉及违纪违法行为的举报，对党员反映的问题，任何党组织和领导干部都不准隐瞒不报、拖延不办。涉及所反映问题的领导干部应该回避，不准干预或插手组织调查。

坚持授权者要负责监督，发现问题要及时处置。强化上级组织对下级组织特别是主要领导干部行使权力的监督，防止权力失控和滥用。

【准则解读】《准则》对加强对权力运行的制约和监督提出明确的要求，要认真贯彻落实。

一是加强制度建设。《准则》提出加强权力运行的制约和监督机制几个关键制度，如权力清单制度、不当用权问责机制、权力公开运行机制等建设。这些制度对于把权力关进笼子，进一步强化权责对应，将会起到重要的作用。制度的生命在于执行。要加大制度执行力度，不能让制度成为摆设、"稻草人"，形成"破窗效应"。

二是增强法治思维和依法办事能力。把权力关进制度的笼子里，就是要依法设定权力、规范权力、制约权力、监督权力。《准则》要求党的各级组织和领导干部必须在宪法法律范围内活动，最重要的就是增强法治思维和依法办事能力。要带头依法办事，带头遵守法律，始终对法律怀有敬畏之心，牢固确立法律红线不能触碰、法律底线不能逾越的观念，依法用权。

三是完善监督机制，形成监督合力。我们党是执政党，领导干部手握权力，掌握大量社会资源，如果缺乏健全完善的法规制度，权力失去约束、不受监督，必然导致权力滥用、潜规则盛行，最终导致腐败。加强权力运行的制约和监督，是对领导干部的最大爱护。

首先要强化党内监督。党内监督的主要内容之一，就是正确行使权力和廉洁自律情况，监督的重点对象是党的领导机关和领导干部特别是主要领导干部。领导干部要正确对待监督,主动接受监督,习惯在监督下开展工作,决不能拒绝监督、逃避监督。其次要努力使外部监督和自我监督相结合。各级党委应当支持和保证同级人大、政府、监察机关、司法机关等对国家机关及公职人员依法进行监督,人民政协依章程进行民主监督,审计机关依法进行审计监督。特别是要推进国家监察体制改革,建立党领导下的国家统一反腐败工作机构,实现党内监督与国家监察有机融合。

舆论监督是人民群众行使监督权的一种直接方式,具有其他监督手段无可替代的作用。新闻媒体应当坚持党性和人民性相统一,按照相关规定加强舆论监督。

四是对党组织和党员、干部行使权力进行监督,必须依纪依法进行。党员、干部反映他人的问题,应该出于党性,通过党内正常渠道实名进行,不准散布小道消息,不准散发匿名信,不准诬告陷害等。对通过正常渠道反映问题的党员,任何组织和个人都不准打击报复,不准擅自进行追查,不准采取调离工作岗位、降格使用等惩罚措施。纪检监察、司法机关严格依纪依法按程序对涉嫌严重违纪违法行为进行调查。任何组织和个人不得自行决定或受指使对党员、干部采取非法调查手段。对违反规定的,要严肃追究纪律和法律责任。

14. 保持清正廉洁的政治本色

【核心要义】《准则》强调要保持清正廉洁的政治本色,并就建设廉洁政治、坚决反对腐败作出部署、提出明确要求。

保持清正廉洁的政治本色,是我们党的优良传统和一贯坚持的鲜明政治立场。

周恩来毕生严于律己,清正廉洁。中华人民共和国成立初期,周恩来搬进了中南海西花厅。西花厅是清朝乾隆年间修建的老式平房,潮湿阴冷。身边工作人员于心不安,多次提出修缮,但他坚决不同意。1959年底,趁他和邓颖超出差外地时间较长,工作人员对西花厅进行了保护性维修。他回京一进门就惊讶地问:"这是怎么回事?谁叫你们修的?"他还说:"我身为总理,带一个好头,影响一大片;带一个坏头,也影响一大片……"按照他的要求,工作人员撤掉了新添置的地毯、沙发、窗帘、吊灯等。

无论是在革命战争年代,还是在社会主义建设时期和改革开放时期,正是因为有广大党员干部的清正廉洁,中国共产党才得到人民群众的衷心拥护和支持，产生强大凝聚力和战斗力，党才能团结带领人民群众不断从胜利走向新的更大胜利。

2015年1月13日在党的十八届中央纪委第五次全会上，习近平总书记强调，全党一定要清楚地认识反腐败的重大意义。

习近平总书记指出，全党同志在思想上一定要搞清楚一个问题，就是为什么要坚定不移反对腐败？人民把权力交给我们，我们就必须以身许党许国、报党报国，该做的事就要做，该得罪的人就得得罪。不得罪成百上千的腐败分子，就要得罪13亿多人民。这是一笔再明白不过的政治账、人心向背的账。

保持清正廉洁的政治本色，也是巩固党的执政基础和执政地位的坚强保证。在新的历史条件下，党所处的历史方位、执政条件和党员队伍组成结构发生了重大变化，党要应对"四大考验"和"四种危险"，关键在于加强执政能力建设，其中很重要的一方面就是建设廉洁政治、坚决反对腐败，有效解决党面临的各种问题，努力实现干部清正、政府清廉、政治清明，确保党始终成为中国特色社会主义事业的坚强领导核心。

保持清正廉洁的政治本色，是永葆党的先进性和纯洁性的内在要求。党章规定，中国共产党党员永远是劳动人民的普通一员。除了法律和政策规定范围内的个人利益和工作职权以外，所有共产党员都不得谋求任何私利和特权。党的干部要正确行使人民赋予的权力，坚持原则，依法办事，清正廉洁，勤政为民，做到自重、自省、自警、自励，反对任何滥用职权、谋求私利的不正之风。面对新的形势和任务，必须始终坚持把清正廉洁作为共产党人的精神追求，作为共产党人政治觉悟、道德品质和工作作风的重要体现，着力增强党员干部保持清正廉洁的思想自觉和行动自觉，永葆党的肌体健康和队伍纯洁。

保持清正廉洁的政治本色，也是适应党风廉政建设和反腐败斗争形势发展的现实需要。以习近平同志为核心的党中央始终坚持把党风廉政建设和反腐败工作作为重中之重，以踏石留印、抓铁有痕的劲头狠抓作风建设，以零容忍的态度正风肃纪、铁腕反腐。

经过全党共同努力，党的纪律建设全面加强，腐败蔓延势头得到有效遏制，反腐败斗争压倒性态势已经形成并巩固发展，不敢腐的目标初步实现，不能腐的笼子越扎越紧，不想腐的堤坝正在构筑，党内政治生活呈现新的气象。

来看一组数据。据中央纪委向党的十九大的报告，党的十八大以来，经党中央批准立案审查的省军级以上党员干部及其他中管干部440人。其中，十八届中央委员、候补委员43人,中央纪委委员9人。全国纪检监察机关共接受信访举报1218.6万件（次）,处置问题线索267.4万件,立案154.5万件,处分153.7万人,其中厅局级干部8900余人,县处级干部6.3万人,涉嫌犯罪被移送司法机关处理5.8万人。

在肯定党风廉政建设和反腐败斗争取得显著成效的同时,也要看到,当前反腐败斗争形势依然严峻复杂,各级国家机关、国有企事业单位中贪污受贿、权力寻租、利益输送等腐败问题依然存在,巩固压倒性态势、夺取压倒性胜利的决心必须坚如磐石。党的十九大报告要求"坚持无禁区、全覆盖、零容忍,坚持重遏制、强高压、长震慑,坚持受贿行贿一起查,坚决防止党内形成利益集团……强化不敢腐的震慑,扎牢不能腐的笼子,增强不想腐的自觉,通过不懈努力换来海晏河清、朗朗乾坤"。

【准则解读】 习近平总书记指出,"为政清廉才能取信于民,秉公用权才能赢得人心",并将"清正廉洁"作为衡量"好干部"的重要标准之一,强调共产党的干部就是要严于律己、廉洁奉公、一身正气、两袖清风,永葆共产党人的浩然正气。

《准则》强调要保持清正廉洁的政治本色,这是加强和规范党内政治生活的重要内容,贯彻《准则》提出的这一要求,首先是要准确把握新形势下保持清正廉洁政治本色的原则要求。《准则》指出,建设廉洁政治,坚决反对腐败,是加强和规范党内政治生活的重要任务;强调必须筑牢拒腐防变的思想防线和制度防线,着力构建不敢腐、不能腐、不想腐的体制机制,保持党的肌体健康和队伍纯洁。

认真贯彻落实这些要求,必须坚持以习近平新时代中国特色社会主义思想为根本遵循,必须把保持清正廉洁作为各级党委纪委履行全面从严治党主体责任和监督责任的重要内容,层层分解任务,逐级落实责任;各级党员领导干部必须发挥"关键少数"作用,切实把责任扛在肩上、抓在手上;必须加强党风廉政制度建设,逐步建立内容科学、程序严密、配套完备、运行有效的党风廉政建设制度体系;必须推动和深化各领域改革,铲除腐败现象滋生蔓延的土壤,不断提升建设廉洁政治、坚决反对腐败的能力和水平。

其次,要切实把新形势下保持清正廉洁政治本色各项部署落到实处。《准则》立足加强和规范党内政治生活的全局,对党员干部清正廉洁提出明确要求，要切实抓好贯彻落实。

一是坚定理想信念，夯实清正廉洁的思想根基。要坚持把理想信念教育作为思想建设的战略任务来抓，教育党员干部自觉成为共产主义远大理想和中国特色社会主义共同理想的坚定信仰者和忠实实践者，自觉践行严以修身、严以用权、严以律己，谋事要实、创业要实、做人要实要求，把"三严三实"作为修身做人的基本遵循、为官用权的警世箴言、干事创业的行为准则，真正做到内化于心、外化于行，自觉经受住权力、金钱、美色的考验。

二是弘扬优良传统，坚守核心价值，夯实廉洁从政从业的道德基础和拒腐防变的道德防线。要树立正确的世界观、人生观、价值观、权力观和事业观，继承发扬党的优良传统作风，自觉弘扬中华民族传统美德，始终保持健康生活情趣和高尚道德情操，保持共产党人的高尚品格和廉洁操守。

三是各级领导干部特别是高级干部要带头贯彻执行中央八项规定精神，坚持公私分明、先公后私；要带头执行《廉洁自律准则》，自觉同特权思想和特权现象作斗争，做到秉公用权、廉洁用权、依法依规用权；时刻保持自重自省自警自励，坚决反对各种形式的潜规则，做到老老实实做人、规规矩矩做事、干干净净用权，始终坚守共产党人的精神高地。

四是加强教育管理，树立良好家风，对亲属子女和身边工作人员严格教育、严格管理、严格监督，发现问题及时提醒、坚决纠正。

15. 全面加强和规范党内政治生活

【核心要义】开展严肃认真的党内政治生活，是中国共产党作为马克思主义政党区别于其他政党的重要特征，是党的光荣传统。长期实践证明，严肃认真的党内政治生活是坚持党的性质和宗旨、保持先进性和纯洁性、解决党内矛盾和问题的重要法宝，是广大党员、干部锤炼党性的"大熔炉"，是纯洁党风的"净化器"。

习近平总书记多次强调要从政治上认识和抓好全面从严治党。2012年11月16日，习近平总书记在十八届中央政治局第一次会议上就强调："大家要带头遵守党的组织原则和党内政治生活准则，懂规矩，守纪律。"

2013年1月22日，习近平总书记在十八届中央纪委二次全会上强调："改进工作作风，就是要净化政治生态，营造廉洁从政的良好环境。"6月25日，中央政治局召开专门会议对照检查中央八项规定落实情况，讨论研究深化改进作风举措，习近平总书记在会上强调："我们要求各级党组织和广大党员、干部特别是主要领导干部自觉遵守党章，自觉按照党的组织原则和党内政治生活准则办事。"

2014年10月8日，习近平总书记在党的群众路线教育实践活动总结大会上提出："党内政治生活是党组织教育管理党员和党员进行党性锻炼的主要平台，从严治党必须从党内政治生活严起。有什么样的党内政治生活，就有什么样的党员、干部作风。""从严治党，最根本的就是要使全党各级组织和全体党员、干部都按照党内政治生活准则和党的各项规定办事。"10月23日，习近平总书记在十八届四中全会上指出了无视政治纪律和政治规矩的"七个有之"：为了自己的所谓仕途，搞任人唯亲、排斥异己的有之，搞团团伙伙、拉帮结派的有之，搞匿名诬告、制造谣言的有之，搞收买人心、拉动选票的有之，搞封官许愿、弹冠相庆的有之，搞自行其是、阳奉阴违的有之，搞尾大不掉、妄议中央的有之。

2015年1月13日，习近平总书记在十八届中央纪委五次全会上强调，遵守政治纪律和政治规矩，要做到"五个必须"：必须维护党中央权威，在任何时候任何情况下都必须在思想上政治上行动上同党中央保持高度一致；必须维护党的团结，坚持五湖四海，团结一切忠实于党的同志；必须遵循组织程序，重大问题该请示的请示，该汇报的汇报，不允许超越权限办事；必须服从组织决定，决不允许搞非组织活动，不得违背组织决定；必须管好亲属和身边工作人员，不得默许他们利用特殊身份谋取非法利益。

习近平总书记在庆祝中国共产党成立95周年大会上和在十八届六中全会第二次全体会议上的讲话中，也都谈到加强和规范党内政治生活的问题。

习近平总书记之所以反复强调严肃党内政治生活问题，就是因为我们党正处在一个关键的历史节点上，党的队伍发生的重大变化和党群干群关系出现的新情况新问题，迫切需要我们首先从政治上把全面从严治党抓紧抓好。

十八届六中全会上，习近平总书记指出，这次全会通过的准则，既是党章规定和要求的具体化，也是近年来全面从严治党实践形成的一系列规定和举措的系统化。准则针对党内存在的突出矛盾和问题，从十二个方面作出规定，既指出了病症，也开出了药方；既有治标举措，也有治本方略。准则管不管用，关键看能不能执行到位。全面加强和规范党内政治生活，一要抓好思想教育这个根本。党内政治生活出现问题，根子还是一些党员、干部理想信念发生了动摇，世界观、人生观、价值观出现了松动。要坚持不懈强化理论武装，毫不放松加强党性教育，持之以恒加强道德教育。还要发挥政治文化的潜移默化地影响作用。二要抓好严明纪律这个关键。纪律严明是加强和规范党内政治生活的内在要求和重要保证。三要抓好选人用人这个导向。选人用人是党内政治生活的风向标，端正用人导向是严肃党内政治生活的治本之策。四要用好组织生活这个经常性手段。党的组织生活是党内政治生活的重要内容和载体，是党组织对党员进行教育管理监督的重要形式。五是党的各级组织和每个党员、干部要自觉用准则对照自己的思想和行动，敢于直面问题，勇于自我解剖。

【准则解读】贯彻执行准则，加强和规范党内政治生活，是全党的共同任务。

第一，各级党委（党组）要全面履行加强和规范党内政治生活的领导责任，党委（党组）主要负责人要认真履行第一责任人责任。党委要肩负起加强和规范党内政治生活的领导责任，做到党委抓、书记抓，班子成员集体抓，各级各部门协力抓，形成一级抓一级、层层抓落实的工作格局。特别是中央委员会、中央政治局、中央政治局常委会要为全党作出表率。

第二，认真落实纪委监督责任，维护《准则》的严肃性权威性。《准则》是党章之下位阶最高的党内法规，在党内具有很高的权威性和约束力。纪委作为党内监督的专责机关和执行党的纪律的职能部门，要严肃查处违反党内政治生活准则的各种行为，让《准则》在全党真正立起来、严到位。

第三，抓住关键少数，使领导干部成为遵守和执行《准则》的表率。《准则》49次提到领导干部、20次提到高级干部，十二个部分都有对领导干部的专门要求。中央将制定高级干部贯彻落实《准则》的实施意见。《准则》明确提出，"新形势下加强和规范党内政治生活，重点是各级领导机关和领导干部"，"高级干部要清醒认识自己岗位对党和国家的特殊重要性，职位越高越要自觉按照党提出的标准严格要求自己，越要做到党性坚强、党纪严明，做到对党始终忠诚、永不叛党。"领导干部特别是高级干部要作学习执行《准则》的带头者、示范者、推动者和捍卫者，凡是《准则》规定做的，领导干部要首先做到；凡是《准则》规定不能做的，领导干部要带头不做，以实际行动树起好样子。

第四,全体党员积极行动起来,共同营造风清气正的政治生态。严肃党内政治生活是每个党员、干部的事。《准则》是面向全党的,党的各级组织和全体党员都要遵守执行。广大党员、干部要严格按照《准则》要求提纯党性、涵养品格、规范言行,自觉接受党内政治生活锻炼、参与党内政治生活建设。要强化党的意识、党员意识、宗旨意识,时刻铭记自己是党的人,第一身份是共产党员,第一职责是为党工作,坚守真理、坚守正道、坚守原则、坚守规矩,对党忠诚、为党分忧、为党担责、为党尽责。

第三讲　学习贯彻《中国共产党廉洁自律准则》

1.《中国共产党廉洁自律准则》的制定背景、主要内容和亮点

【核心要义】国无德不兴，人无德不立。中华民族历来强调德法相依、德治礼序。作为中华民族的先锋队，中国共产党自创立之日起，就高度重视以德治党，这个"德"就是党的理想信念宗旨、道德情操和优良传统作风。

2010年1月中共中央印发的《中国共产党党员领导干部廉洁从政若干准则》，对于促进党员领导干部廉洁从政发挥了重要作用。党的十八大以来，随着全面从严治党实践不断深化，该《中国共产党党员领导干部廉洁从政若干准则》已不能完全适应全面从严治党新的实践需要，党中央决定予以修订。

《中国共产党廉洁自律准则》（以下简称《廉洁自律准则》）于2015年10月18日由中共中央印发，2016年1月1起实施。《廉洁自律准则》贯彻党的十八大和十八届三中、四中全会精神，坚持依规治党与以德治党相结合，重申党的理想信念宗旨、优良传统作风，是党执政以来第一部坚持正面倡导、面向全体党员的规范全党廉洁自律工作的重要基础性法规，是对《党章》规定的具体化，体现了全面从严治党实践成果，展现了共产党人的高尚道德追求，对于深入推进党风廉政建设和反腐败斗争，加强党内监督，永葆党的先进性和纯洁性，具有十分重要的意义。

《廉洁自律准则》共 8 条、281 字,分为导语、党员廉洁自律规范、党员领导干部廉洁自律规范等三部分,可概括为"四个必须""八条规范"。主要内容包括:

一是重申党的理想信念、根本宗旨、优良传统作风、高尚道德情操等"四个必须"原则要求。中国共产党全体党员和各级党员领导干部必须坚定共产主义理想和中国特色社会主义信念,必须坚持全心全意为人民服务根本宗旨,必须继承发扬党的优良传统和作风,必须自觉培养高尚道德情操,努力弘扬中华民族传统美德,廉洁自律,接受监督,永葆党的先进性和纯洁性。

二是围绕正确对待和处理"公与私""廉与腐""俭与奢""苦与乐"的关系,对全体党员提出"四条规范"。

党员廉洁自律规范:第一条,坚持公私分明,先公后私,克己奉公。第二条,坚持崇廉拒腐,清白做人,干净做事。第三条,坚持尚俭戒奢,艰苦朴素,勤俭节约。第四条,坚持吃苦在前,享受在后,甘于奉献。

三是围绕廉洁从政,从公仆本色、权力行使、品行操守、良好家风等方面,对党员领导干部提出"四条规范"。

党员领导干部廉洁自律规范:第五条,廉洁从政,自觉保持人民公仆本色。第六条,廉洁用权,自觉维护人民根本利益。第七条,廉洁修身,自觉提升思想道德境界。第八条,廉洁齐家,自觉带头树立良好家风。

在《中国共产党党员领导干部廉洁从政若干准则》基础上修订的《中国共产党廉洁自律准则》,它有哪些亮点?新《准则》内容从 3600 余字精简至 281 字,原《准则》中的"八个禁止""52 个不准"去哪儿了?

【准则解读】《廉洁自律准则》与 2010 年 1 月印发的《中国共产党党员领导干部廉洁从政若干准则》相比,新《廉洁自律准则》主要有以下四大亮点。

一是《廉洁自律准则》,以《中国共产党章程》作为根本遵循,紧紧围绕着廉洁自律,集中体现党的性质、宗旨。《廉洁自律准则》开篇即围绕理想信念、根本宗旨、优良传统作风、高尚情操提出"四个必须"的原则要求,并将落脚点放在永葆党的先进性和纯洁性上,彰显了党坚持清正廉洁政治本色和建设廉洁政治的鲜明立场,具有思想激励和导向作用。

二是《廉洁自律准则》紧扣"廉洁自律"主题,强调自律,重在立德。《廉洁自律准则》旨在告诉党员和党员领导干部在廉洁自律方面"要做什么"、

"该做什么",从源头上为全党注入"正能量"。因为自律准则是以廉洁的价值观为核心,它把廉洁要求内化为人们普遍崇尚的价值取向和道德观念。习近平总书记强调,全面从严治党,"既要注重规范惩戒、严明纪律底线,更要引导人向善向上,发挥理想信念和道德情操引领作用"。《廉洁自律准则》简洁、好懂、易记,为党员和党员领导干部树立了一个看得见、够得着的高标准。

三是覆盖全体党员。适用对象从少数领导干部扩大到全体党员,做到全覆盖、无例外,体现全面从严治党的要求和共产党人矢志不渝的高尚道德追求。同时,突出"关键少数",抓住领导干部这个重点,提出比一般党员更高的要求。

四是坚持正面倡导。原《中国共产党党员领导干部廉洁从政若干准则》中对党员领导干部提出的"八个禁止"、"52个不准"并非"去无踪",很多内容作为"负面清单"移入同步修订的《中国共产党纪律处分条例》。因此,学习自律准则要和学习《党纪处分条例》结合起来。

中共中央印发通知,要求各级党组织要切实担当和落实好全面从严治党的主体责任,抓好《廉洁自律准则》的学习宣传、贯彻落实,把各项要求刻印在全体党员特别是党员领导干部心上。广大党员要加强党性修养,保持和发扬党的优良传统作风,使廉洁自律规范内化于心、外化于行,坚持理想信念宗旨"高线",永葆共产党人清正廉洁的政治本色。领导干部特别是高级干部加强自律,经常对照党章检查自己的言行,加强党性修养,陶冶道德情操,以上率下做好表率。

2. "四个必须":自律源于自觉,立根方能固本

【核心要义】全面从严治党必然要求依规治党与以德治党相结合。党的十八大以来,党中央突出强调建设廉洁政治,要求做到干部清正、政府清廉、政治清明,并对党员干部廉洁自律提出了一系列正面要求。从党的性质来讲,中国共产党是中国工人阶级的先锋队,同时,是中国人民和中华民族的先锋队,党作为一个先进政治组织,要树立清正廉洁的形象,必须加强正面引领,形成不敢腐、不能腐、不想腐的有效机制,也要对其成员从正面明确廉洁自律行为规范。《廉洁自律准则》开篇即围绕理想信念、根本宗旨、优良传统作风、高

尚情操提出"四个必须"的原则要求，并将落脚点放在永葆党的先进性和纯洁性上，向全党、全社会和全体人民彰显了我们党坚持清正廉洁政治本色和建设廉洁政治的鲜明立场，是共产党人矢志不渝的高尚道德追求。

一是必须坚定共产主义理想和中国特色社会主义信念。理想信念就是共产党人精神上的"钙"，没有理想信念，理想信念不坚定，精神上就会"缺钙"，就会得"软骨病"。理想信念是总开关，是共产党员的精神支柱，也是廉洁自律的根本。

不忘初心、就是要始终坚持中国共产党人的奋斗精神和理想信念。九十多年前中国共产党成立之初，中国人民对争取民族独立和人民解放、实现国家富强和人民幸福的渴望是多么强烈，但前途又是多么渺茫。但中国共产党人依靠理想信念和艰苦奋斗，实现了中华民族的独立和人民的解放。

二是必须坚持全心全意为人民服务根本宗旨。中国共产党从七大开始就把全心全意为人民服务作为党的根本宗旨写入党章。只有坚持根本宗旨，才能真正做到权为民所用，维护而不是损害人民利益，从而使党的执政地位具有广泛、深厚、可靠的群众基础。

三是必须继承发扬党的优良传统和作风。党的优良传统和作风继承和吸收了中华民族的优秀传统文化，是中国共产党在领导各族人民进行革命、建设和改革的历史实践中铸炼出来的，是中国共产党和中国人民伟大创造精神的生动体现，是激励我们不懈奋斗的强大精神力量。继承和发扬这些优良传统和作风，是真正经受住权力、金钱、美色等各种考验的重要保证。

四是必须自觉培养高尚道德情操。思想纯洁是马克思主义政党保持纯洁性的根本，道德高尚是清正廉洁的基础。廉洁自律，内心自我约束才是最管用的。培养高尚的道德情操，就是要提升道德境界，慎独慎微，自觉远离低级趣味，自觉抵制歪风邪气。做到了这些，也就筑牢了廉洁自律的心理防线。

【准则解读】 全面从严治党，必然要求依规治党和以德治党紧密结合。这个"德"，就是理想信念宗旨和道德情操。《廉洁自律准则》开篇对全体党员和各级党员领导干部提出"四个必须"的原则要求，体现了共产党人高尚的道德追求，具有思想激励和导向作用。习近平总书记提出，"信念是本，作风是形"，"保持和发扬党的优良作风，坚定理想信念是根本。我们党以马克思主义为立党之本,以实现共产主义为最高理想,以全心全意为人民服务为根本宗旨,这就是共产党人的本"。

早在2012年12月4日,习近平总书记在首都各界纪念现行宪法公布实施30周年大会上就讲,"法律是成文的道德,道德是内心的法律"。十八届中央纪委七次全会作出"不想腐的堤坝正在构筑"的判断,习近平总书记强调,全面从严治党,"既要注重规范惩戒、严明纪律底线,更要引导人向善向上,发挥理想信念和道德情操引领作用",从不敢、不能到不想,要靠铸牢理想信念这个共产党人的魂。因此,无论是党员还是党的领导干部,不仅仅要自觉接受刚性监督,还要强化自我约束,经常对照党章检查自己的言行,自觉遵守党内政治生活准则、廉洁自律准则,坚定理想信念,践行根本宗旨,发扬优良传统和作风,加强党性修养。

共产党人还要陶冶道德情操。修身立德是为政之基,正心修身、涵养文化,才能守住为政之本。习近平总书记指出,党员、干部要不断提升人文素养和精神境界,去庸俗、远低俗、不媚俗,做到修身慎行、怀德自重、清廉自守,永葆共产党人政治本色。因此,要坚持正确的世界观、人生观、价值观,不断坚定和提高政治觉悟,面对公与私、廉与腐、俭与奢、苦和乐,坚定选择前者而远离后者,真正做到公私分明、崇廉拒腐、尚俭戒奢、吃苦在前,始终保持共产党人的政治本色。

3. 公与私:坚持公私分明

在中华民族历史上,大公无私之说源远流长,大公无私的典型人物层出不穷。

史料记载,北宋时期,博州有位州官,在公烛下阅读上司来信时,发现信中有关于家属的情况,立即换上了自家的蜡烛阅读,他认为这是私事,不能点官家的蜡烛。"苟非吾之所有,虽一毫而莫取。"在古人看来,廉与贪之间的界限,就是公与私之间的红线。

海瑞是明朝名臣,一生敢于直言,坚持正义,刚直不阿,被誉为"不怕死，不爱钱，不扰民"的清官。他处处想着百姓，去农村巡察时，命随从挑着菜和米随行，自己做饭，从不打扰地方官员和百姓，被百姓称为"海青天"。

封建社会的官吏尚能公私分明，中国共产党人则更应当克己奉公。

中国共产党自成立之日起，就把立党为公庄严地写在自己的旗帜上，要求全体党员特别是党的领导干部做到大公无私。

周恩来严于律己，在公私分明方面堪称楷模。有一次，周恩来到上海出差，听说有一些领导同志带着夫人、孩子到地方去，食宿费用都由地方开支后，他非常生气。回到北京后，他在全国第三次接待工作会议上向各省市代表提出："今后无论哪个领导到省里去，吃住行等所有开支，地方一概不要负担，都要给客人出具账单，由本人自付。这要形成一种制度。"周恩来不仅严格要求别人，更严格要求自己，并且身体力行。他带头做到公私分明，绝不占公家一分钱的便宜。

全国道德模范候选人、优秀共产党员、云南保山地委书记杨善洲就是一个先进典型。他1988年退休，但是没有回到省城安享晚年，而是深入基层，深入大凉山，义务植树22年，最后把这个价值3亿元人民币的林场全部捐献给国家。

但当前，个别党员干部将传承几千年的"大公无私"这一价值观和《党章》的要求抛诸脑后，认为用公车办一次私事、花公款请一回朋友、借公权为亲朋安排一份工作，是人之常情，用不着大惊小怪。殊不知，拿一分钱财，就降低一分威信；破一次规矩，就留下一个污点；谋一次私利，就失去一片人心。多少不正之风就是在习以为常中蔓延，在见怪不怪中逞威。个人与公家彼此不分、人情与原则搅和在一起，往往就是导致腐败的重要诱因。

无数经验教训告诉我们，一个真正有远见、有智慧的人必然是大公无私的，也一定能够做到公私分明、克己奉公、严格自律。习近平总书记强调，作为党的干部，就是要讲大公无私、公私分明、先公后私、公而忘私。

我国古代、现代和当代，都有许多这样公私分明的楷模，他们的事迹给我们哪些启示和教育呢？

【准则解读】我国古代、现代和当代这些公私分明的楷模，他们的事迹给我们重要启示和教育。

中国古代比较重视德治。而我们现在提倡以德治党的"德",就是党的理想信念宗旨、道德情操、优良传统作风,其内核与中华民族传统美德一脉相承。在中国五千年的历史长河中,许许多多清官,他们对待公与私的态度受人尊崇。虽然时光流逝,几千年过去了,但他们对待公与私的精神没有过时,仍然值得我们今天加以传承并发扬光大。

中国共产党成立特别是中华人民共和国成立以来,老一辈革命家和许多像杨善洲这样的新时期模范代表人物,给我们树立了光辉的榜样。学习他们的事迹,从而打牢公私分明、先公后私的思想政治基础,具有十分重要的意义。正因为这些革命前辈和普通党员令人敬仰的大公无私的形象,中国共产党才赢得人民群众的衷心拥戴,才得以凝聚人心取得胜利。我们要学习他们的先进事迹,牢固树立正确的世界观、人生观、价值观。

古人说:"见小利,不能立大功;存私心,不能谋公事。"对于党员来说,衡量党性强弱的一个重要尺子就是公私二字,并做到先公后私、克己奉公;每个党员有自己的基本权益和基本需求,但这不能同私心、私利、私欲混为一谈。那些被揭露出来的腐败分子,不都是公私不分吗?

4. 廉与腐:坚持崇廉拒腐

事例故事

中国五千年的传统文化,为我们留下了珍贵的思想财富,其中也传颂着许多的廉政故事。

周礼曰:"以听官府之六计,弊群吏之治,一曰廉善,二曰廉能,三曰廉敬,四曰廉正,五曰廉法,六曰廉辨。"就是说,考察官吏政绩的优劣,要像评判政府那样,从六个方面来进行。这六个方面就是要从善,考察他是否善于办事;从能,就是考察他能否执行政令,使政令畅通;从敬,就是考察他是否恪尽职守、尽职守则;从正,就是考察他是否做到品行端正;从法,就是考察他是否遵纪守法、刚直不阿;从辨,就是考察他能否明辨是非,做到头脑清醒。从这六个方面考察干部的政绩,这六种行为和品德,前面都有一个廉字,也就是廉字为首,意思是说既断以六事,又以廉为本。可见,在中国古代的官德里面,"廉"居于首要的地位,是中国古代对于官员、对于从政者最基本的、最重要的道德要求。

包拯,这位清正廉明、为民请命、铁面无私、伸张正义的清官,他题了一个碑,上面写着家训,他把这个家训放在庐州老家厅堂的门口。家训里说,"如果我的子孙有从政的,而这个从政的子孙贪赃枉法、为政不廉,就要把他从这个包家的家谱里面除名,就不认这个子孙。如果他贪赃枉法、为政不廉,死后不能为他送终"。

中国共产党从革命战争年代开始,一直到社会主义建设时期,都非常重视党员干部的清正廉洁。

"廉者,政之本也,民之表也。"党员干部清正廉洁,则民心汇聚、百姓拥护。

在1947年解放战争尚处于相持阶段时,时任美国驻华大使司徒雷登断言共产党人将全面获胜。他对国民党高级将领说:"共产党人战胜你们的不是飞机大炮,而是廉洁,用廉洁换得的人心。"

毛泽东为中国革命牺牲了六位亲人,却几次拒绝为亲属安排工作,甚至连女儿上学也不准用公车接送。有次毛泽东的生活管理员打听到国外有种带嘴儿的烟,便委托外交部购买了两打,并想从招待费中报销这笔开支。毛泽东知道后严肃地说:"中国不缺我毛泽东一个人吃的花的,可是我要是生活上不检点,随随便便吃了拿了,那这个国家还怎么治理呢?"

1965年5月22日,久别35年的毛泽东重返井冈山,28日离开,前后一共七天时间。这位连喝茶都要交钱的领袖,在这短短七天,一样廉洁自律。收藏在韶山纪念馆的两张收据,就足以证明毛泽东几近严苛的公私分明。临走之前,毛泽东的秘书交纳伙食费。管理干部说井冈山是毛主席打下的,隔了35年回来一趟还要交生活费,不理解。秘书说,如果不结清伙食费毛主席会批评的,也是不允许的。于是,收款员开具了这两张收据。上面写的是,首长生活费七天,每天2.50元,合计17.50元。另一张是首长交粮票23斤。

【准则解读】我国古代、现代和当代这些廉洁的楷模,他们的事迹给我们重要教育和启示。

中国古代比较重视廉政文化。东汉著名学者王逸在《楚辞·章句》中注释说："不受曰廉，不污曰洁。"廉政当中的廉是指人们对于财物的一种正确的态度；而廉政当中的政，就是指的政治、政权、政府。廉的基本要求就是不取不义之财，不贪不义之利。在这种观念的指导下，人们行使公共权力的过程就是廉洁从政的过程，简称廉政。我们现在提倡"廉"，其内核与中华民族传统美德一脉相承。我国历史上的清官廉吏崇尚廉洁、鄙弃贪腐的精神，仍然值得我们今天传承并学习。几千年前的古人尚且能够做到这一点，今天的共产党员又有什么理由做不到呢？

清廉一生平安，实干造福百姓，作为党员干部要坚守崇廉拒腐，清白做人，干净做事。

清白做人，一是作为党员干部要光明磊落，经得起各种考验，并要把好人生观、世界观、价值观这三关，不能被金钱冲昏了头脑。二是作为党员干部要抵制糖衣炮弹的诱惑，否则一旦获得了权力，就容易被贪欲所俘获。为此，我们要对党员干部进行教育引导，不断纠正党员干部队伍中的不良风气，强化和弘扬正气，建立起一支廉洁清白的干部队伍。

干净做事，需筑牢思想防线。任何腐化、腐败行为都是从思想的蜕化开始的，都有一个思想演变的过程。因此，把牢思想关是最有效的预防，加强思想教育也是根本之策。一是干净干事，需要从严自律，管住自己。当前市场经济的趋利性逐步渗入社会生活的方方面面，形形色色的价值观不断充斥人们的思想。如今我们各方面的生活条件有了很大的改善，越是在这种形势下，就越要保持清醒的头脑，越要保持艰苦奋斗的作风，越要从方方面面严格要求自己。否则稍有不慎，就可能犯错误。二是干净干事，需要自觉接受监督。失去监督的权力必然滋生腐败，脱离监督的干部往往会犯错误。每一名领导干部都要正确对待监督。党组织和群众的监督是一面镜子，要时刻对照检查自己的缺点和不足并及时纠正。

作为党员干部要时刻求真务实、真抓实干，做到清清白白做人、干干净净做事、坦坦荡荡为官，始终坚持权为民所用、情为民所系、利为民所谋，决不辜负党和人民对自己的信任和重托。公生明，廉生威。党员讲廉洁，就是要带头执行廉洁自律准则，不利用权力为自己和他人谋取私利，清白做人，干净做事。

5. 俭与奢：坚持尚俭戒奢

中国历史上有许多警世名言，比如"艰难困苦，玉汝于成""由俭到奢易，由奢入俭难""居安思危，戒奢以俭"等，这些对今天的共产党员依然有着重要的警示作用。

回眸近百年来党的奋斗历程，党员干部中从不缺少艰苦朴素、尚俭戒奢的典型。焦裕禄、谷文昌立于时代的精神高地，刻画出优秀领导干部的光辉群像，更为广大党员树立起向上向善的道德标杆。

毛泽东始终保持劳动人民的本色，一生都十分节俭。据毛泽东身边人的回忆，在延安时期，毛泽东就穿着带补丁的衣裤去作报告。革命取得胜利后，他担任了国家主席，仍不改朴实之风，他俭朴得都有些令人惊讶。随着年龄增长，毛泽东身体发胖，许多旧衣服显小不能穿，他便送给他的儿子毛岸英穿。所以毛岸英身上也总是补丁摞补丁，没有光鲜闪亮的时候。直到逝世，毛泽东的两件睡衣，一件上有 67 个补丁，另一件上有 59 个补丁。

勤俭节约和艰苦朴素是我们党的优良传统和作风，也是我们常说常抓的一项工作。1949 年 3 月 5 日至 13 日，毛泽东在西柏坡提出了"两个务必"著名论述。1949 年 10 月 26 日，毛泽东在给延安和陕甘宁边区的信中号召："全国一切革命工作人员永远保持过去十余年间在延安和陕甘宁边区的工作人员中所具有的艰苦奋斗的作风。"

新时期好干部谷文昌和妻子史英萍都出身贫苦农家，在党的培养下成为国家干部。他们一生都保持着农家子弟的本色，简朴持家，不看重物质上的享受。他们的孩子谷豫东说："父母一辈子清贫、朴素，家里从没置办过什么值钱的家具，从河南到福建的东山、福州、宁化、漳州，父母的行囊永远都只是两个樟木箱子，里面是一些简单的工作和生活用品。"

谷豫东告诉记者，在东山工作时，家里甚至没有饭桌，吃饭就在县政府大院宿舍露天的石桌上，遇到下雨，家里人只能端着碗在屋檐下吃饭。

东山县风沙肆虐，气候恶劣，谷文昌全身心扑在了带领干部群众治理风沙上。谷文昌的警卫员潘进程说："谷书记起早摸黑，废寝忘食，下乡时和群众同吃、同住、同劳动,吃的是喂猪的厚叶菜,晚上睡在群众家里,在地板上铺上稻草就打地铺,有时一住就是好几天。"

谷豫东说:"有时父亲好不容易在家,仍然不时有群众找上门来反映困难,父亲总是热情接待,还经常留困难群众吃饭。没有多余口粮,家人就得饿肚子,有时看着群众吃饭,我们几个孩子都会流口水。"

谷文昌的爱人史英萍是一名南下干部,与谷文昌一起来到东山,当时是县民政科科长,1952年定为行政18级,在此后三十多年的工作中,她的职务、工资级别都没有提升过。谷文昌去世后,史英萍依然过着清贫的生活,省吃俭用,热心公益。七年多时间里,她从微薄的离休金中挤出2万元资助了18位特困大学生。

【准则解读】艰苦朴素、勤俭节约是中华民族的传统美德。"历览前贤国与家,成由勤俭败由奢"。古往今来,大量历史事实证明,小至一个家庭,大到一个民族,节俭与否,决定着兴与衰。勤俭节约是国之兴旺的根本,是任何人成就事业的法宝。艰苦朴素的优良传统不能丢。

尚俭戒奢、朴素节俭,是中国共产党的优良传统。将"坚持尚俭戒奢,艰苦朴素,勤俭节约"写入《中国共产党廉洁自律准则》,是对党员干部从严要求的应有之义。2018年修订的《党纪处分条例》第134条规定:"生活奢靡、贪图享乐、追求低级趣味,造成不良影响的,给予警告或者严重警告处分;情节严重的,给予撤销党内警告处分。"

改革开放四十年来,我们一心一意搞建设,艰苦创业,取得了伟大成就。然而,在我们推进事业的征程中,出现了一些干部艰苦朴素、勤俭节约意识淡化,一些领导干部个人主义、拜金主义不同程度存在,形式主义、官僚主义、享乐主义和奢靡之风问题突出。有的搞攀比、讲排场,有的守不住清贫,耐不住寂寞。这些都与我们继承并发扬艰苦朴素、勤俭节约的优良传统和作风的要求背道而驰。

尚俭戒奢、朴素节俭需要各级党组织和党员干部常抓不懈。一些人认为,当前经济发展很快,人民生活显著改善,再谈勤俭节约有些过时了。这是一种错误的认识。发扬艰苦朴素精神,并不是提倡穿草鞋、吃树皮草根,而是一种精神、一种风范、一种追求。

6. 苦与乐：坚持吃苦在前，享受在后

毛泽东在党的七届二中全会上要求全党在胜利面前要保持清醒头脑，在夺取全国政权后要经受住执政的考验，务必使同志们继续地保持谦虚、谨慎、不骄、不躁的作风，务必使同志们继续地保持艰苦奋斗的作风。

中共中央总书记习近平于2013年7月11日在河北省平山县西柏坡旧址调研指导党的群众路线教育实践活动时表示，正是因为始终强调和坚持"两个务必"，党才能保持同群众的血肉联系，团结带领人民战胜了前进道路上的各种风险和挑战，不断从胜利走向胜利。

习近平总书记在西柏坡说，毛泽东同志当年提出的"两个务必"，包含着对我国几千年历史治乱规律的深刻借鉴，包含着对我们党艰苦卓绝奋斗历程的深刻总结，包含着对胜利了的政党永葆先进性和纯洁性、对即将诞生的人民政权实现长治久安的深刻忧思，思想意义和历史意义十分深远。

焦裕禄同志是人民的好公仆、干部的好榜样。1962年冬天，他来到当时内涝、风沙、盐碱"三害"肆虐的兰考担任县委书记，带领全县人民战天斗地，奋力改变兰考贫困面貌。1964年5月14日，积劳成疾的焦裕禄同志因肝病不治不幸逝世，年仅42岁。直到生命的最后一刻，他始终保持人民公仆的本色，想的仍然是人民群众的幸福安康，充分体现了共产党人立党为公、执政为民的崇高风范。焦裕禄同志用自己的实际行动，塑造了一个优秀共产党员和优秀县委书记的光辉形象，铸就了亲民爱民、艰苦奋斗、科学求实、迎难而上、无私奉献的焦裕禄精神。

焦裕禄精神集中体现在亲民爱民、艰苦奋斗、科学求实、迎难而上、无私奉献五个方面。其中，艰苦奋斗是焦裕禄精神的精髓。

焦裕禄同志始终保持艰苦奋斗的作风。他长期有病，家里人口又多，生活比较困难，可是他坚决拒绝接受救济。他说："兰考是个重灾县，人民的生产、生活都很困难，我们应该首先想到他们。要把这些钱用到改变兰考面貌的伟大事业上去，用到改善兰考人民的生活上去。"焦裕禄还经常教育子女做脏活，到最困

难的地方去，穿衣要朴素，生活要节俭。有一次，焦裕禄同志发现大儿子去看戏，问道："戏票哪来的?"孩子说："收票叔叔向我要票，我说没有。叔叔问我是谁，我说焦书记是我爸爸，收票叔叔没有收票就让我进去了。"焦裕禄听了非常生气，当即把一家人叫来训了一顿，命令孩子立即把票钱如数送给戏院。后来，他又专门起草了一个"干部十不准"的文件，规定任何干部不准特殊化。

"干部十不准"的具体内容是：不准用国家的或集体的粮款或其他物资大吃大喝、请客送礼；不准参加或带头搞封建迷信活动；不准赌博；不准用粮食做酒做糖，挥霍浪费；不准拿生产队现有的粮款或向社员派粮派款；业余剧团只能在本乡本队演出，不准到外地营业演出，更不准借春节演出为名大买服装道具，大肆铺张浪费；各机关、学校、企事业单位和党员干部都要以身作则，勤俭过年，一律不得请客送礼，一律不准拿国家物资或到生产队提取国家统购统派物资，一律不准用公款组织晚会，一律不准送戏票；坚决反对利用职权贪污盗窃国家的或生产队的物资，坚决禁止利用封建迷信欺骗和剥削社员的破坏活动；积极搞好集体的副业生产，增加收入，改善生活，反对弃农经商，反对投机倒把；不准借春节之机大办喜事（不是不准结婚），做寿吃喜，大放鞭炮，挥霍浪费。

这个"十不准"的通知，是一份既平常又不平常的通知。说它平常，是因为通知所规定的每一条，都是每个共产党员、革命干部时刻应该想到、做到的起码准则；说它不平常，是因为通知所规定的每一条准则，都闪耀着共产主义的思想光辉，都是对特权思想的有力批判。

焦裕禄把职位看作是为人民服务的岗位，把职权看作是受人民的委托，为人民服务。这是一个共产党员无私的崇高精神的表现。

【准则解读】 焦裕禄离开我们五十多年了，但他的崇高精神却跨越时空历久弥新，无论过去、现在还是将来，都是鼓舞我们艰苦奋斗、执政为民的强大思想动力，是激励我们求真务实、开拓进取的宝贵精神财富，永远不会过时。

我们今天加强作风建设、改进干部作风，就要深入学习、大力弘扬焦裕禄精神，结合新的实际把焦裕禄精神发扬光大。焦裕禄秉承全心全意为人民服务的宗旨，吃苦在前，享乐在后，心里装着群众；他实事求是，脚踏实地，艰苦奋斗；他清正廉洁，无私奉献，为人民利益鞠躬尽瘁，死而后已。焦裕禄精神的影响已远远超越了兰考，超越了河南，催生了一批又一批焦裕禄式的好干部。

经过改革开放四十年的不懈奋斗，我国经济社会发展取得了举世瞩目的成就，人民生活总体达到了小康水平。但我们要保持清醒的头脑，要保持艰苦奋斗的优良传统。那种认为艰苦奋斗是老套、已经过时的看法是错误的、有害的。艰苦奋斗的精神永远不能丢。

我们学习和弘扬焦裕禄精神，就要像焦裕禄同志那样，在任何时候、任何情况下都自觉践行艰苦创业、厉行节约、勤俭办事的优良作风，发扬自强不息、与时俱进、开拓创新的时代精神，保持不畏困难、坚忍不拔、奋发有为的精神状态，为推进党和人民的事业努力奋斗。

中国共产党作为执政党，要不断提高执政能力、保持和发展先进性和纯洁性，需要从吃苦在前、享受在后的宝贵精神财富中不断汲取力量。我们要深刻认识吃苦在前、享受在后的时代意义和现实意义，紧密结合廉洁自律教育活动，树立吃苦在前、享受在后、甘于奉献的思想品德和作风，改造客观世界和主观世界。

7. 从政：保持人民公仆本色

党员领导干部廉洁自律规范要求党员干部要廉洁从政，自觉保持人民公仆本色。

清正廉洁、服务于民是对党员干部的基本要求，是应有的政治品格，是从政的道德原则和底线，需要每一名党员干部持之以恒地加以坚守。

习近平总书记强调："要坚持不懈强化宗旨意识，解决好党员、干部是人民公仆的角色定位问题，党员、干部只有为人民服务的责任和义务，必须严格要求自己。"他还说："各级国家机关及其工作人员，不论做何种工作，说到底都是为人民服务。这一基本定位，什么时候都不能含糊、不能淡化。"

廖俊波，生前是福建省南平市委常委、副市长、武夷新区党工委书记。2017年3月18日傍晚，廖俊波出差途中遭遇车祸，经抢救无效因公殉职，年仅49岁。2017年6月6日，中共中央追授廖俊波同志"全国优秀共产党员"

称号；20日，中宣部追授廖俊波"时代楷模"荣誉称号，廖俊波荣获全国优秀县委书记、全国优秀共产党员等称号。

廖俊波入党25年来，始终信念坚定、不忘初心，对党和人民无限忠诚，在每一个工作岗位都倾心尽力为党和人民事业奋斗。他当事不推责、遇事不避难，时刻想着如何让老区人民尽快脱贫增收，常年奔忙在项目建设、园区开发、脱贫攻坚工作一线，从不利用权力、地位为自己和亲属谋取私利，以良好的形象和口碑赢得了党员、干部和群众的广泛赞誉。在县乡两级当过主要领导，在产业园区等经济建设主战场经过磨砺，工作勤奋努力，对群众充满感情。在政和县工作的几年，在群众最关切的脱贫攻坚、教育医疗、基础设施等方面都交出了一份出色的答卷，全县贫困人口减少了3万多人，脱贫率达69.1%。短短4年，政和县山乡巨变，财政总收入、GDP、固定资产投资、规模以上工业产值等都实现了很大的增长，一个全新的生机勃勃的政和展现在人们面前。

廖俊波把"肝胆干事、干净做人"作为座右铭。只要"朋友关系"、不要"利益关系"，是他做人和交友的原则。他到武夷新区任职后公开表态："谁要是打着我的旗号搞工程，你们要马上拒绝，我没有这样的亲戚！"生活中，他始终廉洁自守，加班熬夜是常态，却从不给自己开小灶。他十分注重家风家教，爱人工作27年，至今仍然在教学第一线。一家人都住在普通居民楼里，家中装修简朴、陈设简单。同事朋友们都说，他浑身阳光、清澈透亮，满满的都是正能量。

2017年3月31日，习近平总书记对廖俊波同志先进事迹作出重要指示强调，廖俊波同志任职期间，牢记党的嘱托，尽心尽责，带领当地干部群众扑下身子、苦干实干，以实际行动体现了对党忠诚、心系群众、忘我工作、无私奉献的优秀品质，无愧于"全国优秀县委书记"的称号，广大党员、干部要向廖俊波同志学习，不忘初心、扎实工作、廉洁奉公，身体力行把党的方针政策落实到基层和群众中去，真心实意为人民造福。

【准则解读】坚持立党为公、执政为民，保持先进性和纯洁性，不仅是党在革命战争时期的法宝，也是党在改革开放和社会主义现代化建设新时期应对和经受各种考验、化解和战胜各种危险的重要法宝。廖俊波的事迹都给了我们重要启示和教育。

我们党来自人民、植根人民、服务人民。坚持立党为公、执政为民的本质要求，是党和人民事业不断发展的重要保证。党的干部都是人民公仆，自当按本色做人、按角色办事，在其位谋其政，既廉又勤，既干净又干事。廖俊波心系百姓，始终坚持为人民服务的宗旨，直到生命的最后一刻。他树立了一个共产党人的品德风范，他在人民心里树立起一座勤政务实、公正廉洁、为民服务的丰碑。

对各级领导干部而言，为了人民是本质，服务人民是天职，人民对美好生活的向往就是我们的奋斗目标。2015年9月11日，中共中央政治局就践行"三严三实"进行了第二十六次集体学习。习近平总书记在主持学习时强调，凡是有利于党和人民事业的，就坚决干、加油干、一刻不停歇地干；凡是不利于党和人民事业的，就坚决改、彻底改、一刻不耽误地改。因此，必须坚持全心全意为人民服务，坚持执政为民，真正做到为人民用权、为人民履职，用实际行动为人民谋利益、谋幸福，不断实现好、维护好、发展好最广大人民的根本利益。

党员干部，包括党员领导干部是否廉洁，对全社会有很强的示范作用。一个党员领导干部廉洁从政、为政清廉，就可以带动全社会，起到榜样的作用；如果党员领导干部特别是高级领导干部为政不廉，甚至贪赃枉法、违法乱纪，就会对整个社会产生极坏的影响，损害党和政府的形象。因此，党员干部带头执行《廉洁自律准则》，要向许许多多廖俊波式的优秀党的领导干部学习，做廉洁自律的表率，自觉同特权思想和特权现象作斗争。

8. 用权：维护人民根本利益

我国古代和当代都有许多廉洁用权、为民服务的楷模，他们的事迹给我们重要启示和教育。

汉代杨震一生清正廉洁，而"暮夜却金"的故事最为历代朝野推崇——县令王密为了报答杨震的知遇之恩，趁着夜色，以十斤黄金相赠。杨震坚辞不受。王密说："暮夜无人知晓。"杨震答道："天知、地知、你知、我知，怎么能说没人知道呢?"杨震严格自律的君子之风,让王密惭愧而退。

中国共产党无论在革命战争年代还是在改革开放的今天,一刻也没有放松对于党员干部的廉洁用权的要求。《党章》规定,中国共产党党员永远是劳动人民的普通一员。除了法律和政策规定范围内的个人利益和工作职权以外,所有共产党员都不得谋求任何私利和特权。

在这方面,许多新时期党的领导干部为我们树立了榜样。

郑培民,1969年加入中国共产党。1983年至1992年,先后担任湘潭市委副书记、书记,湘西土家族苗族自治州州委书记。之后,又先后担任湖南省副省长、省委副书记、省人大常委会副主任。2002年3月11日,郑培民同志因突发心肌梗死在北京逝世,享年59岁。

1990年5月,湘潭市委书记郑培民被调往湘西土家族苗族自治州,出任州委书记。两年多时间,郑培民跑遍了全州218个乡镇,住过30多个乡镇。1998年,郑培民在安乡指挥了三大战役:赶在洪水扑到之前,抢修了一条11千米的隔堤,保住了安乡县城;指挥堵塞书院洲溃口,用血肉之躯扼住了洪水之喉;黄金大垸溃决后,统率抗洪大军进行了一场惊心动魄的北大堤保卫战,拒千里洪峰于湖南重镇常德市之外……抗洪期间,郑培民平均一天只睡两个小时。郑培民在大堤上整整待了六十多天,400千米的长堤在他脚下踏过不止一遍。回到家里,掉了20多斤肉的郑培民对妻子说了实话:"这次抗洪,是对我生命极限的挑战。"

水灾过后,郑培民提出,让老百姓从水窝子里搬出来,住到山上去。

中央提出移民建镇后,郑培民从方案到资金的落实都一一过问。他一遍又一遍地叮嘱:那是中央给农民的钱,不许坑农民的钱!

几十年中,郑培民的职位一直在变动,而他的妻子杨力求的工作单位只变动过一次,就是从湘潭市新华书店调到了省新华书店,职务仍然是一名普通职工。

妻子敬重郑培民的为人,更注重维护丈夫的形象。杨力求有个"三不":不帮人向郑培民带任何信,不传口信,不接受任何礼品。他们的儿子说:"在廉政问题上,爸爸把前门,妈妈守后门。"

郑培民1960年9月18日写了一篇日记:"约法三章。一、树雄心,立大志,争寸阴,惜分秒,把青春和生命献给共产主义事业。二、艰苦朴素的生活作风。一切用品因陋就简,不铺张浪费。三、吾日三省吾身。力求举止稳健,言谈大方幽默,待人谦虚谨慎,处事坚韧果断。"

另一篇日记写于1991年3月13日:"晚上看电影《焦裕禄》,影片再现了县委书记的好榜样焦裕禄同志的光辉形象,人民呼唤焦裕禄式的共产党员、干部,'心中装着全体人民,唯独没有他自己'。我要向他学习,永远做一个全心全意为人民服务的党员干部。"

郑培民同志生前要求自己"做官先做人,万事民为先",他是这样说的,也是这样做的。

【准则解读】郑培民以自己的高尚品德和模范行为,实践了党的全心全意为人民服务的宗旨,体现了立党为公、执政为民的本质要求,不愧为新时期领导干部的优秀代表。

党员干部要廉洁用权,维护人民根本利益。党员领导干部廉洁自律很重要的一个方面,就是要求各级领导干部必须严以用权,用党和人民赋予的权力为人民服务。在这方面,郑培民为我们树立了典范。

党中央反复强调,作为共产党员,作为领导干部,一定要始终保持同群众的血肉联系,一定要做到权为民所用、情为民所系、利为民所谋。我们手中的权力是党和人民赋予的,如何对待群众、如何对待自己、如何使用权力,关系到党的形象,关系到党的事业的发展,关系到人民群众利益的实现。郑培民同志事迹的感人至深之处,正是在于他身上所具有的这种精神和作风。

郑培民提出"做官先做人,万事民为先",这是郑培民作为新时期领导干部的特别优秀之处。以"做官先做人,万事民为先"为核心的世界观、人生观、价值观和权力观,不仅体现了"先天下之忧而忧,后天下之乐而乐"的忧乐情怀,也诠释了中国共产党全心全意为人民服务的宗旨。从郑培民的世界观、人生观、价值观和权力观之中,我们可以看出他的鲜活个性,感受郑培民的风范和平凡中见出的崇高。

9. 修身:提升思想道德境界

提升思想道德境界,简单地说,就是要提高修养。什么是修养呢?修养就是指人们在道德品质、思想情操、精神境界等方面进行的自我修炼和自我培养，强调的是"自我"，重点的是"修炼"。中华民族自古以来就注重个人修养，古人把"修身、齐家、治国、平天下"作为个人修养的最高境界。这句话最初出自于被誉为"四书"之首的《大学》，两千多年来，中国古代文人志士一直把修身、养性作为求学、为人、做事的出发点和最终的落脚点。

中国共产党人同样把党性修养摆在十分重要的位置。1939年，刘少奇在延安马列学院作了一篇题为《论共产党员的修养》的著名演讲，第一次比较全面、系统地阐述了共产党员的修养问题。半个多世纪以来，它以丰富而深刻的内涵，哺育了一代又一代共产党员。

1943年3月18日，是周恩来45岁生日。这天，南方局的同事们为他准备了茶点祝寿，但他并未出席，而是在办公室写下了一份《我的修养要则》以明心志：（1）加紧学习，抓住中心，宁精勿杂，宁专勿多。（2）努力工作，要有计划，有重点，有条理。（3）习作合一，要注意时间、空间和条件，使之配合适当，要注意检讨和整理，要有发现和创造。（4）要与自己的他人的一切不正确的思想意识作原则上坚决的斗争。（5）适当地发扬自己的长处，具体地纠正自己的短处。（6）永远不与群众隔离，向群众学习，并帮助他们。过集体生活，注意调研，遵守纪律。（7）健全自己身体，保持合理的规律生活，这是自我修养的物质基础。

中华人民共和国成立后，作为总理，周恩来以身作则，从自己家里做起。他的作为是一面明镜，告诫党员领导干部如何把好权力关；更是一把戒尺，标明了各级领导干部必须时刻心存敬畏、行有所止的刻度。"凡个人生活上能做的事，不要别人代办；生活要艰苦朴素……"

在新的历史时期，习近平总书记强调："严以修身，就是要加强党性修养，坚定理想信念，提升道德境界，追求高尚情操，自觉远离低级趣味，自觉抵制歪风邪气。"领导干部一定要始终坚持慎独慎微，时刻从小事微处着手，防微杜渐，做到意志品质坚如磐石，耐得住清贫寂寞，顶得住歪风邪气，经得起金钱美色诱惑，始终保持共产党人的政治本色。

习近平总书记于2017年2月13日在省部级主要领导干部学习贯彻十八届

六中全会精神专题研讨班开班式上发表重要讲话指出，对领导干部特别是高级干部来说，加强自律关键是在私底下、无人时、细微处能否做到慎独慎微，始终心存敬畏、手握戒尺，增强政治定力、纪律定力、道德定力、抵腐定力，始终不放纵、不越轨、不逾矩。因此，各级党员领导干部要发挥表率作用，以更高更严的要求，带头践行廉洁自律规范。

【准则解读】做官先做人，做人必修身。党员领导干部一言一行都有极强的示范作用，须时刻严格要求自己，择善而从、博学于文、约之以礼，自觉提升思想道德境界。

修身就是修养身心。习近平总书记所讲的"加强党性修养，坚定理想信念，提升道德境界，追求高尚情操，自觉远离低级趣味，自觉抵制歪风邪气"，就是修身的内涵、修身的标准，也是党员领导干部保持本色的必然要求。

党员领导干部修身就要修品德，要以德修身、以德服众、对党忠诚；修身就要修素养，自觉远离低级趣味，始终保持高尚的道德情操和健康的生活情趣；修身就要修言行，要讲诚信、守规矩、严操守，做到言行一致、表里如一、知行合一，自觉抵制歪风邪气。

党员领导干部要把塑造高尚的道德品格作为毕生追求，不断提高道德认识，陶冶道德情操，锤炼道德意志，提升道德境界，践行为民服务宗旨，做到忠诚、干净、担当。

以德修身、以德立威、以德服众，是干部成长成才的重要因素。每一名党员干部都要坚守"三严三实"，拧紧世界观、人生观、价值观这个"总开关"，做到心中有党、心中有民、心中有责、心中有戒，把为党和人民事业无私奉献作为人生的最高追求。

10. 齐家：带头树立良好家风

古人云，"修身、齐家、治国、平天下"。良好的家风是治平的基础。

汉书说，"遗子黄金满籯，不如一经"。历史上有许多贤臣名相、清官廉吏，在治家、教子方面留下了许多宝贵的精神财富。

两千年前,杨震在五十岁时为大将军邓骘所赏识,步入仕途。他先后当过县令、刺史、太守,后入朝担任太仆、太常、司徒以至太尉。他始终以"清白吏"为座右铭,秉公办事、恪尽职守,从不接受别人的宴请和贿赂,从不请客送礼。不论官职如何升迁,他家从来不修豪华宅府,他的子孙也是素食、布衣、徒步简行。有人劝他为子孙置办家业,杨震坚决不肯。他说,让后代成为"清白吏"子孙,把这个清名馈赠给他们,不也是一笔丰厚的遗产吗?杨震的风范和品行,成为杨氏后裔效仿和遵从的典范。杨氏清白家风通过杨震的身体力行、率先垂范延及子孙。在他的言传身教下,他的子孙个个生活简朴、为官清廉。

中华人民共和国成立以来,我们党崇尚廉洁,老一辈革命家更是树立了光辉的榜样。回顾历史,正家风是共产党的优良传统,在中国共产党人不断"赶考"的峥嵘岁月里,那些不忘初心的优良家风也一直为人称颂。

毛泽东对家属子女的要求一向严格谨慎,他教育家人要不搞特殊。1949年进城后毛岸英被安排到政务院工作,毛泽东对此坚决不同意。他认为毛岸英不够资格进政务院工作,而应当到农村、工厂、部队去锻炼。由此可见毛泽东坚持党性原则,不占国家便宜、不失原则、不搞特权谋职位的优良作风。

中华人民共和国成立初期,陈云担任中财委主任,夫人于若木也在中财委机关工作。于若木本来完全可以搭乘陈云的汽车上下班,但她一直坚持骑自行车去机关,没搭过一次车。后来,于若木骑车时被人撞倒导致脚面骨折。从此,陈云再也不让于若木骑车,将自行车没收交给了二女儿陈伟华。陈伟华骑了十几年后,这辆车实在骑不了了才"退休"。

新时期人民的好公仆、干部的好榜样——福建省东山县原县委书记谷文昌尽管已去世多年,但谷家"清白持家、简朴本分、为民奉献"的家风仍在当地干部群众中传颂。习近平总书记多次提过谷文昌,在一篇题为《"潜绩"与"显绩"》的文章中,称赞他"在老百姓心中树起了一座不朽的丰碑"。

谷文昌对待子女一贯严格,甚至显得有些"不近人情"。他的五个子女在工作、生活上没有得到过任何特殊照顾,甚至政策允许的事,他也不为子女"争取"。

1976年,谷文昌的小儿子谷豫东高中毕业,最大的愿望是到工厂当一名工人。当时谷文昌夫妇已经是花甲之年,子女都不在身边,按照政策可以留一个子女在身边工作。谷豫东向时任地区革委会副主任的谷文昌提出留在父母身边,谷文昌沉默许久,还是劝他下乡接受贫下中农再教育。谷文昌说:"我是领导干部,不能向组织开口给自己孩子安排工作,不然以后工作怎么做呢?"1963年,谷哲慧高中毕业进了县财政科当临时工,直到1979年才转正。

习近平总书记自己就是在一个有着良好家风的革命家庭长大的。"我是农民的儿子",这是习仲勋在家里常说的一句话。习仲勋经常教育孩子要靠自己的本事吃饭,鼓励子女到艰苦的地方去,到基层去,到祖国建设最需要的地方去。1978年初他到广东工作,每天都要到凌晨后才肯休息,当年盛夏冒着酷暑一连跑了23个县。这些无疑都对习近平产生了巨大的影响。

习近平总书记曾在给习仲勋的一封拜寿信中详细列举:一是学父亲做人,二是学父亲做事,三是学父亲对信仰的执着追求,四是学父亲的赤子情怀,五是学父亲的俭朴生活。习近平总书记坦言,"从父亲这里继承和汲取的高尚品质很多"。

父辈所传承的家风对习近平总书记影响深远。抱着一颗为人民做事情的心,习近平总书记把千千万万个家庭的美好生活作为自己的奋斗目标。他担任领导干部后,每到一处工作,都会告诫亲朋好友:"不能在我工作的地方从事任何商业活动,不能打我的旗号办任何事,否则别怪我六亲不认。"

党员领导干部的家风,是党风廉政建设的"晴雨表"。相反的例子我们也要看到。近年来,倒在家风问题上的党员领导干部并不少见。例如,刘某某父子"老子办事、儿子收钱"的贪腐"二人转",苏某"家就是权钱交易所"的悔恨,还有周某某"家风败坏、对配偶子女放任纵容"等违纪问题;等等。

为此,2018年修订的《党纪处分条例》,在第十一章"对违反生活纪律行为的处分"中,增加规定"党员领导干部不重视家风建设,对配偶、子女及其配偶失管失教,造成不良影响或者严重后果的,给予警告或者严重警告处分;情节严重的,给予撤销党内职务处分。"

习近平总书记在2016年12月12日召开的第一届全国文明家庭表彰大会上指出:"各级领导干部要带头抓好家风,做家风建设的表率。"

按照《廉洁自律准则》的规定,领导干部要廉洁齐家,自觉带头树立良好家风。那么,"廉洁齐家"的故事对我们有什么启示呢?

【准则解读】 无论我国古代历史上的清官还是老一辈无产阶级革命家和新时期共产党人的典范，他们的家风各有时代特色，但都体现了艰苦朴素、清白为官、为民奉献的传统和作风。不论时代发生多大变化，也不论生活格局发生多大变化，我们都要重视家庭建设，注重家庭、注重家教、注重家风，要借鉴传统文化精华，把这些优良传统继承好、发扬好。谷文昌等人的家风内涵丰富、特色鲜明，事例生动、可信，集中体现了一代共产党人的优良作风，是我们党的建设宝贵的精神财富，全面从严治党，应当让谷文昌式的好家风成为我们党永不褪色的"传家宝"。

家庭是社会的细胞，公务员和领导干部工作以外的时间是待在家里，所以推动家风建设非常重要。家风和党风、政风密切相关，党员干部如何对待家庭、对待爱人和子女，能不能将公权和私利区分开来，反映了领导干部的价值观和权力观。从不少查处的腐败案件看，一些领导干部的奢靡之风、享乐主义等不良风气正是从家庭生活中开始的，进而演变为将公权用作"私器"，为自己和家人大肆敛财，走上犯罪道路。家风差，难免殃及子孙、贻害社会。这要深刻吸取教训。

对于党的领导干部而言，家风亦是作风、党风。家风好，就能家道兴盛、和顺美满；良好家风能在潜移默化中影响人们的价值观，生成时代新风尚，凝聚起强大的正能量。领导干部更应带头注重家庭、家教、家风，廉洁修身、清正齐家，作家风建设的表率。要教育亲属子女树立遵纪守法、艰苦朴素、自食其力的良好观念，明白见利忘义、贪赃枉法都是不道德的事情，要为全社会作表率。

第四讲 学习贯彻《中国共产党党内监督条例》

1. 修订《中国共产党党内监督条例（试行）》的背景

【核心要义】 2016年10月24日至27日，在北京召开了中国共产党第十八届中央委员会第六次全体会议。六中全会审议制定了《关于新形势下党内政治生活的若干准则》（以下简称《准则》），修订了《中国共产党党内监督条例（试行）》（以下简称《党内监督条例（试行）》）。《准则》和《中国共产党党内监督条例》（以下简称《党内监督条例》）已于2016年11月2日正式发布实施。

早在2003年12月31日，中共中央就印发了《党内监督条例（试行）》，它的颁布实施，对于加强党内监督、维护党的团结统一发挥了重要作用。但是随着形势任务发展变化，《党内监督条例（试行）》与新实践、新要求不相适应的问题显现出来，因此，中共中央2013年决定对《党内监督条例（试行）》进行修订。

党的十八届三中、四中、五中、六中全会对强化党内监督提出了明确的要求。党的十八大以来，以习近平同志为核心的党中央坚定不移推进全面从严治党，在强化党内监督方面提出新理念新思想新战略，并积极探索；各地方、各部门落实党委主体责任和纪委监督责任积累了一些经验，为修订《党内监督条例（试行）》奠定了实践的基础。可以说，修订工作时机成熟、条件具备、要求迫切、意义重大。

2016年7月26日召开的中央政治局会议指出，党的执政地位决定了党内监督在党和国家的各种监督形式中，是最基本、第一位的。只有以党内监督带动其他监督，完善监督体系，才能为全面从严治党提供有力的制度保证。中央政治局9月27日召开会议，听取《党内监督条例（试行）》修订稿在党内外一定范围内征求意见的情况报告。会议认为，党内监督的任务是确保党章党规党纪在全党得到有效实施，维护党的团结统一。

中央纪委机关先后七次召开专题会议，分二十多个专题进行研究，形成十本研究材料，并多次征求各方面的意见。

在六中全会上修订《党内监督条例（试行）》，突出全面从严治党主题，明确新形势下加强党内监督的方向、目标、原则、任务和举措，推动全党增强从严治党意识，落实管党治党责任，坚持以党章为根本依据和根本遵循，全面贯彻习近平总书记系列重要讲话精神，并且主要把握以下原则。

一是坚持党的领导、强化责任担当，努力做到有权必有责、有责要担当、用权受监督、失责必追究；二是坚持问题导向，不贪大求全，有什么问题就解决什么问题，增强现实针对性；三是坚持信任不能代替监督，强调党内监督没有禁区、没有例外，同时抓住"关键少数"，将党的领导机关和领导干部特别是主要领导干部作为监督的重点对象；四是坚持民主集中制，强化自上而下组织监督，改进自下而上民主监督，加强同级相互监督，实现党内监督与外部监督结合、依法治国与依规治党统一；五是坚持务实管用，兼顾必要性和可行性，总结实践经验，提炼管用的实招。

习近平总书记在十八届六中全会上对修订《党内监督条例（试行）》的说明中指出："长期以来，党中央高度重视党内监督，采取了有力措施，取得了显著成绩。同时，也出现一些突出矛盾和问题，主要是一些地方和部门党的领导弱化、党的建设缺失、全面从严治党不力，一些党员、干部党的观念淡漠、组织涣散、纪律松弛，一些党组织和党员、干部不严格执行党章，漠视政治纪律、无视组织原则。一个时期以来党内发生的种种问题，与管党治党宽松软有密切关系。全面从严治党，必须从根本上解决主体责任缺失、监督责任缺位、管党治党宽松软的问题，把强化党内监督作为党的建设重要基础性工程，使监督的制度优势充分释放出来。"

【条例解读】习近平总书记的说明，既指出了强化党内监督的重要性，也说明了六中全会修订《党内监督条例（试行）》的背景和意义。可以说，修订《党内监督条例（试行）》，主要是为了适应全面从严治党、解决党内突出问题的需要。通过修订条例，从根本上解决主体责任缺失、监督责任缺位、管党治党宽松软的问题，有利于强化党内监督、全面从严治党、依规从严治党。

修订《党内监督条例（试行）》是完善原《党内监督条例（试行）》的需要。2003年12月31日，中共中央印发了《党内监督条例（试行）》，它的颁布实施，发挥了重要作用。但是随着形势任务发展变化，条例与新实践、新要求不相适应的问题显现出来，如监督主体比较分散、监督责任不够明确、监督制度的可操作性和实效性还不够强等。因此，需要对条例进行修订，做到责任明确、主体明晰、制度管用、行之有效。

修订《党内监督条例（试行）》，也是总结全面从严治党理论和实践创新成果的需要。党的十八大以来，以习近平同志为核心的党中央在强化党内监督方面提出新理念新思想，并作出积极探索，如制定并出台《关于改进工作作风密切联系群众的八项规定》，中央政治局以身作则，引领全党抓落实，切实担负起全面从严治党主体责任；坚持把纪律挺在前面，实践监督执纪"四种形态"等。通过修订《党内监督条例（试行）》，对从严治党的理论和实践创新成果进行总结，把思想建党和制度建党结合起来，加强党内监督制度建设，有利于确保管党治党、从严治党有章可循、有规可依。

2. 党内监督是永葆党的肌体健康的生命之源

【核心要义】加强党内监督是马克思主义政党的基本要求。马克思在总结巴黎公社经验教训时指出，必须使公社的官吏置于公社的监督之下，才能防止人民的公仆蜕变为主人。

加强党内监督，是中国共产党的优良传统和政治优势。早在党成立之初，党的一大通过的《中国共产党纲领》就把"党内监督"作为加强党建的重要内容，并明确体现在"地方委员会的财务、活动和政策，应受中央执行委员会的监督"等条款中，奠定了党内监督的基础；党的五大修订的《党章》规定党内专设"监察委员会"，并赋予中央监察委员会权力。

在党的七届二中全会上，毛泽东同志提出"两个务必"，强调"我们有批评和自我批评这个马克思列宁主义的武器。我们能够去掉不良作风，保持优良作风"。革命战争时期形成的民主集中制、批评和自我批评、集体领导和个人分工负责相结合等党内监督思想和制度，为党执政后开展党内监督打下了坚实基础。

党的八大规定，任何党员和党的组织都必须受到自上而下的和自下而上的监督。党的十一届三中全会以后，中国共产党开始探索在改革开放和社会主义市场经济条件下加强党内监督的方式方法。邓小平同志提出，"对领导人最重要的监督是来自党委会本身"，党内监督"最重要的是要有专门的机构进行铁面无私的监督检查"。在此期间，党的纪律检查机关恢复重建并与行政监察机关合署办公，党中央探索建立派驻制度和巡视制度，重申党内监督五项制度（即集体领导和分工负责、重要情况通报和报告、述职述廉、民主生活会以及谈话和诫勉等制度），颁布《党内监督条例（试行）》，党内监督体制和制度体系逐步完善，监督渠道不断拓宽。

党的十八大以来，以习近平同志为核心的党中央坚持马克思主义政党建设基本原理，并紧密结合新时期党建工作实际，深入探索党长期执政条件下强化党内监督的有效途径。

习近平总书记在党的十八届六中全会第二次全体会议上的讲话中强调，"全党要深刻认识到，党内监督是永葆党的肌体健康的生命之源，要不断增强向体内病灶开刀的自觉性，使积极开展监督、主动接受监督成为全党的自觉行动"。

【条例解读】加强党内监督的重要性，可以从以下几方面来认识。

第一，党内监督是中国共产党的优良传统和政治优势。我们党执政以后，没有采取西方国家的做法搞多党制、两党制，或者是搞三权分立，而是建立了人民代表大会制度、共产党领导的多党合作和政治协商制度，实行党内监督和外部监督相结合的方式。中国共产党从1921年成立走到今天，历经坎坷而不衰、千锤百炼更坚强，其中强有力的党内监督发挥了重要作用。

第二，加强党内监督，是党的建设的重要内容和全面从严治党的重要保障。无论是以周永康、薄熙来、郭伯雄、徐才厚、令计划等人严重违纪违法案件为代表的大案要案，还是"党的领导弱化、党的建设缺失、全面从严治党不力，党的观念淡漠、组织涣散、纪律松弛，管党治党宽松软"等带有普遍性的问题，无不暴露出党内监督存在的漏洞。比如，监督的系统性、经常性、有效性不够，监督有盲区；党委（党组）履行主体责任缺乏硬性规定，有的没有把监督作为分内之事、应尽之责；监督一把手有效管用的办法措施不多，有的一把手成了脱离监督甚至监督不了的"特殊人"；对监督发现问题的纠正和整改刚性约束不足，发现问题、纠正偏差的机制尚未完全建立；等等。

党的十八大以来，党中央把全面从严治党纳入战略布局，中央政治局带头严肃党内政治生活，每年召开民主生活会进行党性分析，开展批评和自我批评，加强内部监督。同时，创新党内监督制度和方式，不断增强党内监督实效。加强党内监督，成为推动全面从严治党的重要抓手。

第三，强化党内监督，根本上是为了坚持党的领导、加强党的建设。新的历史条件下，中国共产党正在进行具有许多新的历史特点的伟大斗争，肩负着实现"两个一百年"奋斗目标的历史重任。同时，党也面临着执政的考验、改革开放的考验、市场经济的考验和外部环境的考验，面临着精神懈怠的危险、能力不足的危险、脱离群众的危险和消极腐败的危险。而且这些考验和危险是长期的、复杂的、严峻的。要战胜这些考验、克服这些危险，就必须不断增强党自我净化、自我完善、自我革新和自我提高的能力。其中很重要一个方面，就是要强化党内监督，确保党始终成为中国特色社会主义事业的坚强领导核心。

3.《中国共产党党内监督条例》的主要特点

【核心要义】《党内监督条例》共八章四十七条。第一章总则，即第一板块，共九条，主要明确条例的目的、依据、党内监督的指导思想、基本原则、监督内容、监督对象、监督方式，以及强化自我监督、构建党内监督体系等；第二章到第五章，即第二板块，是条例的主体部分，共二十七条，分别就党的中央组织、党委（党组）、党的纪律检查委员会、党的基层组织和党员的监督职责及相应监督制度作出规定；第六章到第八章，即第三板块，共十一条，规定党内外监督结合、整改保障和附则。

《党内监督条例》既深入总结了党内监督方面的经验和教训，继承了党在长期的监督实践中形成的制度规定，又全面总结了党的十八大以来全面从严治党的理论和实践创新的成果，针对当前党内监督存在的薄弱环节，提出了明确的措施，形成了新的制度规定，而且顺应了新形势新任务对强化党内监督的新要求。

《党内监督条例》规定贯彻民主集中制、依规依纪进行监督、信任不能代替监督等基本原则，规定了有权必有责、有责要担当、用权受监督和失责要问责等要求，但是，从不敢到不能，再到不想，既要注重惩戒、纪律和制度的规范作用，同时还要引导人们向上向善，发挥理想信念和道德情操的教化功能，为此，《党内监督条例》规定信任激励与严格监督相结合，以及惩前毖后、治病救人、抓早抓小、防微杜渐等基本原则。

《党内监督条例》在总结经验的基础上，规定党内监督必须把纪律挺在前面，运用监督执纪"四种形态"，经常开展批评和自我批评、约谈函询，让"红脸出汗"成为常态；党纪轻处分、组织调整成为违纪处理的大多数；党纪重处分、重大职务调整成为少数；严重违纪涉嫌违法立案审查的成为极少数。同时规定，党的领导干部应强化自我约束，经常对照党章检查自己的言行，自觉遵守党内政治生活准则、廉洁自律准则，加强党性修养，陶冶道德情操，永葆共产党人政治本色。

针对监督一把手有效管用的措施办法不多、有的一把手成为脱离监督甚至监督不了的特殊人的问题，《党内监督条例》强调抓住关键少数，把党的领导机关、领导干部，特别是主要领导干部，作为党内监督的重点对象。

按照《党内监督条例》的规定，党委负责全面监督；纪委履行监督执纪问责职责；党的工作部门加强对本部门本单位内部监督，强化对本系统的日常监督；党的基层组织发挥战斗堡垒作用，履行日常监督职责；党员积极行使党员权利，履行监督义务，进行民主监督。《党内监督条例》明确各级党组织书记是第一责任人，还专门就党的中央组织的监督单设一章，强调中央委员会成员必须严守政治纪律和政治规矩，中央政治局每年召开民主生活会进行对照检查和党性分析。中央政治局委员应严格遵守中央八项规定，自觉参加双重组织生活，如实向党中央报告个人有关重要事项，带头树立良好家风，加强对亲属和身边工作人员的教育和约束。

针对监督发现问题的纠正和整改刚性约束不足，发现问题、纠正偏差的机制尚未完全建立等问题，《党内监督条例》还专章对整改问题作了规定。

【条例解读】《党内监督条例》主要有以下六个特点。

一是坚持继承和创新统一,既继承了党在长期的监督实践中形成的制度规定,又系统地总结十八大以来在党内监督方面的有效实践经验和成功做法,做到既一脉相承又与时俱进。

二是按照领导意味着教育、管理和监督,权力就是责任、责任就要担当的要求,针对不同主体明确监督职责,规定具体制度措施,实现监督主体、监督职责、监督制度的有机统一。

三是突出"关键少数",重点盯住一把手。把"党的领导机关和领导干部特别是主要领导干部"作为重点对象,加强对党组织主要负责人和关键岗位领导干部的监督,特别是专章规定"党的中央组织的监督",充分体现党中央和中央领导同志以身作则、以上率下。

四是着力建立健全党中央统一领导下的党内监督体系,五种监督覆盖全面,即党委全面监督、纪委专责监督、党的工作部门职能监督、党的基层组织日常监督和党员民主监督,构建了强大的监督体系。

五是在监督方式方法上,强调加强党组织的日常管理和监督,把纪律挺在前面,运用监督执纪"四种形态",以惩前毖后、治病救人,抓早抓小、防微杜渐。

六是在监督成果的运用上,强调条条要整改、件件有着落,以严肃的责任追究倒逼党组织和党的领导干部更好地履行党内监督职责,倒逼监督发现的问题得到切实整改。

4. 信任不能代替监督

【核心要义】《党内监督条例》第三条规定,信任不能代替监督。各级党组织应当把信任激励同严格监督结合起来,促使党的领导干部做到有权必有责、有责要担当,用权受监督、失责必追究。

党组织选任干部,体现了党的信任、人民群众的重托,但信任决不能代替监督。特别是在改革开放和社会主义市场经济条件下,党员干部特别是领导干部都掌握一定的权力,如果不加强监督,就有可能违纪违法甚至滑进犯罪的深渊。从这个意义上说,没有监督的信任就等于放任,权力越大更应当受到严格的监督。这是无数案例给出的前车之鉴，亦是此次修订《党内监督条例》的重要逻辑起点。

"当一把手以后没有制约了，没有人管你……"电视专题片《永远在路上》里，原某央企党委书记、董事长邓某某这样剖析自己。

曾经谦逊低调的工作狂，在成为一把手之后，渐渐变成了容不下反对声音的一言堂主，进而走上不受监督的贪腐之路，这样的经历并非邓某某独有。不少落马的领导干部在反思和忏悔中谈道："组织提醒得太少、处理得太晚，使自己走向罪恶的深渊。"这其中虽有为己开脱之意，但也足以说明组织监督不足后果的严重性，说明组织监督对干部健康成长的特殊重要性。

解决党自身存在的问题，根本要靠强化党内监督。《党内监督条例》围绕党内监督明确责任、完善制度、构建体系，旨在从制度上保证党员干部权力行使受到党和人民监督，可以说，这既是对历史经验和实践经验的传承吸收，又具有极强的现实针对性。

加强党内监督是马克思主义政党的一贯要求，是我们党的优良传统和政治优势。尤其是党的十八大以来，以习近平同志为核心的党中央深入探索党长期执政条件下强化党内监督的有效途径，积累了丰富而宝贵的经验。

党中央始终保持清醒认识，明确提出全面从严治党永远在路上。党的十八届六中全会进一步提出"完善权力运行制约和监督机制""把信任激励同严格监督结合起来"等具体要求。

习近平总书记强调，各级领导干部要纠正那种监督就是不信任的观念，增强主动接受监督的意识和依法依规保护监督的意识，自觉把自己置于党和人民事业所要求的各种监督之下。

十八届六中全会的要求和习近平总书记讲话精神充分体现在《党内监督条例》中。

【条例解读】《党内监督条例》明确提出"信任不能代替监督""信任激励同严格监督结合"，这是对党的历史经验的深刻总结，也是党的监督理念的重大创新。

对党的领导干部监督和信任是有机统一的。信任是党员干部干事创业的必要前提，而监督又是党员干部正常履职尽责的重要保证，两者相辅相成、并行不悖。事实证明，基于监督的信任才是真正可靠的信任，基于信任的监督才是真正的关爱。如果盲目信任、透支信任，就会对党员干部疏于监督，甚至放手不管、放任自流，就容易造成失规失矩甚至违纪违法现象的发生。

贯彻好《党内监督条例》的规定，对各级党组织来说，就应把"信任不能代替监督"的理念贯穿于选人用人和干部管理的全过程，把信任激励同严格监督有机结合起来，做到政治上激励、思想上关心、工作上支持干部，又要强化日常管理监督，及时掌握领导干部的思想、工作和作风，抓早抓小、防微杜渐，综合运用批评教育、提醒谈话、诫勉、组织处理或组织调整、纪律处分等方式，教育、管理、监督党的领导干部，使之心有所畏、言有所戒、行有所止。

从领导干部自身来说，要自觉克服"被怀疑就是受委屈""被监督就是不信任"的思想认识，克服将监督当作"找茬"和"整人"的错误观念，坚决防止透支信任和排斥监督的现象，倍加珍惜组织和人民的信任，主动接受组织和人民的监督，切实做到对党忠诚、个人干净、敢于担当，全心全意为党和人民干事创业。

5. 坚决维护党的团结统一

【核心要义】《党内监督条例》第五条第一款指出："党内监督的任务是确保党章党规党纪在全党有效执行，维护党的团结统一，重点解决党的领导弱化、党的建设缺失、全面从严治党不力，党的观念淡漠、组织涣散、纪律松弛，管党治党宽松软问题，保证党的组织充分履行职能、发挥核心作用，保证全体党员发挥先锋模范作用，保证党的领导干部忠诚干净担当。"

这是中国共产党从所处的中国特色社会主义新时代的历史方位、所面临的内外形势、所肩负的使命任务出发，着眼于坚持党的领导、加强党的建设、全面从严治党、保持党的先进性和纯洁性而提出的一项重大任务。

"党面临的形势越复杂、肩负的任务越艰巨，就越要加强纪律建设，越要维护党的团结统一。"2013年1月22日，习近平总书记在十八届中央纪委二次全会上发表重要讲话时强调："确保全党统一意志、统一行动、步调一致前进。"

形势决定任务，团结铸就辉煌。当前，中国共产党正在进行具有许多新的历史特点的伟大斗争，肩负着实现"两个一百年"奋斗目标和中华民族伟大复兴中国梦的历史使命。同时，中国共产党面临着"四大考验""四种危险"，而且这些考验、危险是长期的、严峻的、复杂的，这就更要维护党的团结统一，确保党始终成为中国特色社会主义事业的坚强领导核心，把全国各族人民紧密团结起来，形成万众一心、无坚不摧的磅礴力量。

团结和统一，是党的力量所在。维护党的团结和统一是党在长期革命、建设和改革中形成的优良传统，也是战胜敌人取得胜利的重要保障，更是党章的明确规定。

应当说，在遵守党章党规党纪、维护党的团结统一方面，绝大多数党组织和党员干部是自觉的，做得是好的。但是，一些突出矛盾和问题也不容忽视，突出表现为党的领导弱化、党的建设缺失、全面从严治党不力，党的观念淡漠、组织涣散、纪律松弛，管党治党宽松软。

从周永康、薄熙来、郭伯雄、徐才厚、令计划等严重违纪违法案件，到中央巡视组查找出的一个个政治病灶；从到湖南衡阳破坏选举案、四川南充拉票贿选案，到辽宁系统性拉票贿选案……一段时期以来，党内发生的种种问题，都与上述突出矛盾和问题密切相关，给党造成巨大伤害，教训极其深刻。

《党内监督条例》的有关规定，为实现党内监督的任务指明了方向。

【条例解读】《党内监督条例》关于党内监督任务的条款，主要由"一个重点""三个保证""一个确保"构成。

首先，《党内监督条例》针对党内存在的主要问题，提出解决问题的办法和举措，有什么问题就解决什么问题，什么问题突出就重点解决什么问题，《党内监督条例》将"一个重点"即重点解决突出问题，列为党内监督的任务之一，坚持了问题导向，聚焦了突出问题，增强了党内监督的针对性。

其次，及时了解、督促解决党的领导弱化、党的建设缺失、全面从严治党不力等问题，有利于"保证党的组织充分履行职能、发挥核心作用，保证全体党员发挥先锋模范作用，保证党的领导干部忠诚干净担当"，即实现"三个保证"。

最后，实现了"三个保证"，就能够焕发党组织的凝聚力战斗力，推动广大党员干部始终同以习近平同志为核心的党中央保持高度一致，实现"一个确保"即"确保党章党规党纪在全党有效执行，维护党的团结统一"，进而为实现"两个一百年"奋斗目标和中华民族伟大复兴中国梦提供坚强的政治保证。

上述三者之间密切相连，构成一个有机整体。因此，要重点解决突出问题，着力实现"三个保证"，确保党章党规党纪在全党有效执行，坚决维护党的团结统一。

6. 准确把握党内监督的内容和要点

【核心要义】 2016 年 11 月 20 日，中共广东省纪委曝光了 6 起执纪审查中发现的省管干部严重违反中央八项规定精神问题，包括某市委原常委、市委政法委原书记吴某，某市政协原主席钱某某在内的多人均被点名道姓通报曝光。

"落实中央八项规定精神，加强作风建设，密切联系群众，巩固党的执政基础情况"，是《党内监督条例》第五条规定的党内监督八项主要内容之一。中共广东省纪委的做法，正是严格执行《党内监督条例》的实际行动。

除了上述作风建设的内容外，《党内监督条例》明确的其他监督内容，一是监督遵守党章党规，坚定理想信念，践行党的宗旨，模范遵守宪法法律情况；二是监督维护党中央集中统一领导，牢固树立政治意识、大局意识、核心意识、看齐意识，贯彻落实党的理论和路线方针政策，确保全党令行禁止情况；三是监督坚持民主集中制，严肃党内政治生活，贯彻党员个人服从党的组织、少数服从多数、下级组织服从上级组织、全党各个组织和全体党员服从党的全国代表大会和中央委员会原则情况；四是监督落实全面从严治党责任，严明党的纪律特别是政治纪律和政治规矩，推进党风廉政建设和反腐败工作情况；五是监督坚持党的干部标准，树立正确选人用人导向，执行干部选拔任用工作规定情况；六是监督廉洁自律、秉公用权情况；七是监督完成党中央和上级党组织部署的任务情况。

这些监督内容源于党中央要求，出自形势的发展和实践的需要，是党内监督的着力点和落脚点。

需要注意的是，在这八项内容中，坚持民主集中制、执行干部选拔任用工作规定、密切联系群众、廉洁自律等内容沿用了《党内监督条例（试行）》的规定，其他内容则体现了党的十八大以来的新实践和新探索。

党章党规和习近平新时代中国特色社会主义思想中关于党内监督的要求，是确定这八项监督内容的根本依据。党章规定的"坚持民主集中制"是党的建设必须坚决实现的四项基本要求之一。习近平总书记强调，党要管党必须从党内政治生活管起，从严治党必须从党内政治生活严起。据此，《党内监督条例》把"坚持民主集中制、严肃党内政治生活"等情况列为党内监督的内容。

监督八项内容中"贯彻落实党的理论和路线方针政策""完成党中央和上级党组织部署的任务情况"等内容，也体现了党章规定"贯彻执行党的基本路线和各项方针、政策"的党员义务。

【条例解读】《党内监督条例》不仅将党章有关要求细化，体现了习近平新时代中国特色社会主义思想中关于党内监督的要求，同时，《党内监督条例》规定的许多监督内容，是以《党纪处分条例》规定的"六项纪律"为尺子，围绕"六项纪律"展开的。

例如，针对组织软弱涣散、违反民主集中制原则、不严格执行干部选拔任用规定等问题，《党内监督条例》把"贯彻党员个人服从党的组织，少数服从多数，下级组织服从上级组织，全党各个组织和全体党员服从党的全国代表大会和中央委员会原则情况""执行干部选拔任用工作规定情况"纳入监督内容，进一步严明组织纪律。

又如，着眼于当前依然严峻复杂的党风廉政建设和反腐败斗争形势，《党内监督条例》把"推进党风廉政建设和反腐败工作""廉洁自律、秉公用权情况"纳入监督内容，督促党员领导干部做到清正廉洁。

再如，针对侵害群众利益、损害党群干群关系等问题，《党内监督条例》要求对"密切联系群众，巩固党的执政基础情况"进行监督，督促各级党组织和党员密切党同人民群众血肉联系。

而在所有纪律中，政治纪律最重要、最根本、最关键。《党内监督条例》特地将"落实全面从严治党责任，严明党的纪律特别是政治纪律和政治规矩，推进党风廉政建设和反腐败工作情况"单列为八项内容的重要方面，体现了对严明政治纪律和政治规矩的强调；而其中的"落实全面从严治党责任"，也是对工作纪律的要求。

党内监督的八项内容，既是刚性任务，也是行动指南。各级党组织应准确把握监督内容，聚焦监督要点，推动管党治党从宽松软走向严紧硬。

7. 抓住"关键少数",紧盯"一把手"

【核心要义】《党内监督条例》一大亮点,是突出领导干部这个"关键少数"。在6600余字的《党内监督条例》全文中,提到领导干部多达29处;"关键少数"出镜频率之高,令人印象深刻。

《党内监督条例》明确把"党的领导机关和领导干部特别是主要领导干部"作为党内监督的重点对象,要求重点监督党组织主要负责人和关键岗位领导干部"政治立场、加强党的建设、从严治党,执行党的决议,公道正派选人用人,责任担当、廉洁自律,落实意识形态工作责任制情况"。

加强党内监督必须从领导干部特别是主要领导干部做起,这是党章的明确规定和党的一贯要求。党章不仅在总纲中明确"加强对党的领导机关和党员领导干部特别是主要领导干部的监督,不断完善党内监督制度",而且在有关条款中提出了加强对党员领导干部监督的要求。

回顾过往,无论是十八大报告中强调"加强对领导干部特别是主要领导干部行使权力的监督",十八届三中全会决定中重申"加强和改进对主要领导干部行使权力的制约和监督",还是习近平总书记在十八届中央纪委六次全会上和十九大报告中强调抓住"关键少数",都表明突出"关键少数"始终是党内监督的重点,也是全面从严治党的必然要求。

此前热播的电视专题片《永远在路上》中,就有不少惨痛教训——某省委原常委、秘书长聂某某自己带头跑官、买官、卖官,把整个班子和队伍都带坏了,那些向他行贿的官员,同时也在收受自己下属的贿赂;时任某央企一把手的蒋某某为谋私利乱开"绿灯",他的下属则睁一只眼闭一只眼,成了同谋……"什么都要抓一把手才行,管住了一把手,就管住了问题的绝大部分。"蒋某某的话,是对自身教训的沉痛反思,也是对全面从严治党的警示提醒。

党要管党,首先是管好干部;从严治党,关键是要抓住领导干部这个"关键少数"。党的十八大以来,中央政治局率先垂范、行之以躬,带头落实中央八项规定精神、召开民主生活会,自上而下激扬清风正气;反腐败无禁区、零容忍,坚持"老虎""苍蝇"一起打,将巡视工作从中央向地方推进,层层落实全面从严治党。领导干部的约束多了、特权少了,公仆意识增强、官僚习气消退,党内监督没有禁区、没有例外,逐步成为广大党员干部的共识。

习近平总书记在十八届六中全会上指出，加强党的建设必须抓好领导干部特别是高级干部，而抓好中央委员会、中央政治局、中央政治局常委会的组成人员是关键。把这部分人抓好了，能够在全党作出表率，很多事情就好办了。

【条例解读】有权必有责，用权受监督。党内监督要抓住领导干部这个"关键少数"，是由其示范作用与引领地位所决定的，同时也是防止权力腐败的必要手段和解决当前党内问题的关键。

与广大党员相比，领导干部虽居少数，但身处关键岗位、重要环节，对所在地区和部门、单位的发展起着至关重要的作用。领导干部以身作则、率先垂范，就能以点带面、以上率下。反之，则可能给党的形象和威信造成损害。

《党内监督条例》的出台，不仅意味着对权力运行的监督更加规范化、制度化，也意味着对党员领导干部的要求更高、更严了。

习近平总书记在十八届六中全会上指出，这些年……党内监督存在的种种问题，究其原因，有市场经济大环境的因素，有党的队伍不断发生深刻变化的因素，但一些高级干部发生的问题往往是所在地方和单位各种问题滋生蔓延的主要导因。党的十八大以来查处了近200名高级干部，其中不乏省委书记、省长、部长、中央委员、中央候补委员，特别是有周永康、薄熙来、郭伯雄、徐才厚、令计划等曾经位居高职的人，给我们党的形象和威信造成的损害特别巨大。

这就要求领导干部特别是高级领导干部必须清醒地认识自己岗位的特殊重要性，增强自律意识、标杆意识，认真贯彻《党内监督条例》，既积极开展监督，也把自己摆进去，自觉接受监督，习惯在监督的环境下工作，真正发挥领导作用，带动全体党员。

8. 强化各级纪委专责监督

【核心要义】《党内监督条例》第四章专章规定"党的纪律检查委员会的监督"。其中《党内监督条例》第二十六条明确规定，党的各级纪律检查委员会是党内监督的专责机关，履行监督执纪问责职责。这是在全面从严治党条件下，对纪律检查委员会职责的高度凝练和准确定位。《党内监督条例》将"专门"改为"专责",虽是一字之差,实则反映了实践的发展和认识的深化,体现了权责统一、政治责任和使命担当。监督执纪问责相互联系、相互促进,形成了从发现问题到执行纪律再到责任追究的完整链条。履行好"专责机关"的监督执纪问责职责,各级纪委才能真正成为党章党纪的维护者、党的路线方针政策的捍卫者、党风廉政建设和反腐败斗争的推进者。

日常监督要从严。监督是纪委的首要职责。《党内监督条例》围绕日常监督设计制度,规定了纪委在党内监督中承担的三项具体任务,并对派驻监督、信访举报受理、严把"党风廉洁意见回复"关等提出明确要求。在三项具体任务中,首先明确了纪委的监督对象,即同级党委特别是常委会委员、党的工作部门和直接领导的党组织、党的领导干部共四类,既包括领导机关,也包括领导干部特别是主要领导干部。同时,把党章和党的十八届三中全会决定中关于纪律检查工作双重领导体制的要求具体化,提出强化上级纪委对下级纪委领导的具体举措。比如,要求下级纪委至少每半年向上级纪委报告一次工作,每年向上级纪委进行述职等。派驻机构是党组织设在被监督单位的"哨兵"和"探头",必须伸长耳朵、瞪大眼睛,时刻关注干部的思想、工作、作风和生活情况,监督驻在单位领导班子及其成员特别是主要负责人,不断增强发现问题、解决问题的能力,真正发挥"派"的权威和"驻"的优势。信访举报是党内监督和群众监督结合的重要方式,要认真负责地处理信访举报线索,对重要检举事项集体研究、分析研判,对典型性、普遍性问题提出有针对性的处置意见;对信访举报比较集中的地方和部门,督促查找原因、认真整改。选对人、用好人关系党的事业成败,严把干部选拔任用"党风廉洁意见回复"关是纪委的重要职责,要及时核查掌握的反映领导干部问题线索,实事求是评价干部廉洁情况,防止"带病提拔""带病上岗"。

执行纪律要从严。执纪是纪委履职的重要手段。要把纪律挺在前面,以纪律为尺子衡量党员干部的行为,有错即纠、违纪即查,维护党的肌体健康和队伍纯洁。《党内监督条例》总结党风廉政建设和反腐败斗争新实践,把监督执纪"四种形态"写入条文,明确了执纪重点和方式方法。维护纪律贵在日常,谈话提醒、约谈函询都是党内监督的重要方式。纪委要在实践第一种形态即"红红脸、出出汗"上做足功课、下足功夫,发现违纪问题就及时批评诫勉、督促纠正。这种警示和训诫,可以避免问题小变中、中变大、一变多、个人问题变成全家问题，违纪问题最后演变成违法犯罪问题，实践证明是行之有效的。执纪审查是纪委的重要职责，要体现审查的政治性，把维护党的政治纪律和政治规矩放在首位，坚决纠正和查处上有政策、下有对策，有令不行、有禁不止，口是心非、阳奉阴违，搞团团伙伙、拉帮结派，欺骗组织、对抗组织等行为，这是拥护党的领导核心、维护党的团结统一、巩固党的执政基础、实现党的正确领导的必然要求。要突出重点，把不收敛不收手，问题线索反映集中、群众反映强烈，现在重要岗位且可能还要提拔使用的领导干部作为审查重点，三类情况同时具备的作为重中之重。要坚持惩前毖后、治病救人方针，发挥思想教育功能，让审查对象重温党章，从理想信念宗旨、党性原则、作风纪律上反省错误，真心悔过，回到正确的人生轨道上来。

实施问责要从严。问责是监督执纪的保证，监督执纪的效果最终要靠问责来强化。《党内监督条例》把责任作为贯穿始终的主线，要求以问责作为落实责任的保障。纪委在履行自身监督职责的同时，要拿起问责这个利器，对履行主体责任不力，导致党内监督弱化，造成严重后果的严肃问责；纪委（纪检组）应加强对履行党内监督责任和问题整改落实情况的监督检查，对不履行或不正确履行党内监督职责，以及纠错、整改不力的，依照《党纪处分条例》《问责条例》等规定处理；对纪委、纪检组监督作用没有发挥，能发现的问题没有发现，发现问题不报告不处置的，也要严肃追究责任。

作为党内监督专责机关，各级纪委应采取什么措施，加强对条例贯彻落实情况的监督检查呢？

【条例解读】党内法规与国家法律一样，它的权威和生命力在于实施。好的法规制度得不到实施，就会形同虚设；好的法规制度执行不到位，就是一纸空文。关于纪委监督责任，《党内监督条例》规定党的各级纪委是党内监督的专责机关，将"专门"改为"专责"，体现了对各级纪委权责统一、政治责任和使命担当的要求。《党内监督条例》规定各级纪委履行监督执纪问责职责，加强对所辖范围内党组织和领导干部遵守党章党规党纪、贯彻执行党的路线方针政策情况的监督检查。在这里，监督执纪问责相互联系、相互促进，形成了从发现问题到执行纪律再到责任追究的运行机制。

纪委承担的具体任务中，对四类对象的监督，即对同级党委常委、党的工作部门和直接领导的党组织、党的领导干部履行职责、行使权力情况的监督，与各级党委的监督相互配合又各有侧重。

落实纪律检查工作双重领导体制,是指党的地方纪委接受同级党委和上级纪委领导,但执纪审查工作以上级纪委领导为主,线索处置和执纪审查情况在向同级党委报告的同时向上级纪委报告;各级纪委书记、副书记的提名和考察以上级纪委会同组织部门为主。

《党内监督条例》明确纪委发现同级党委主要领导干部的问题,可以直接向上级纪委报告;下级纪委至少每半年向上级纪委报告一次工作,每年向上级纪委进行述职,这强化了上级纪委对下级纪委的领导。按照党的十九大修订的《党章》第四十六条规定,维护党的章程和其他党内法规,检查党的路线、方针、政策和决议的执行情况,协助党的委员会推进全面从严治党、加强党风建设和组织协调反腐败工作,是纪委的三项主要任务,《党内监督条例》第二十六条也明确规定,各级纪委加强对所辖范围内党组织和领导干部遵守党章党规党纪、贯彻执行党的路线方针政策情况的监督检查。可以看出,加强对条例贯彻落实情况的监督检查是各级纪委的应尽之责。各级纪委要在同级党委和上级纪委领导下,将《中国共产党党内监督条例》的督促执行与《中国共产党章程》《中国共产党廉洁自律准则》《关于新形势下党内政治生活的若干准则》《中国共产党纪律处分条例》《中国共产党问责条例》等党内法规衔接起来,加强监督检查,严格执行纪律,强化责任追究,坚决查处违规违纪行为,切实维护党章党规党纪的严肃性和权威性。

一是强化日常监督。督促抓好党内监督条例的学习、教育和宣传,提高广大党员领导干部贯彻落实的自觉性。督促各级党组织发挥巡视巡察、民主生活会、党内谈话、干部考察考核、述责述廉、领导干部个人有关事项报告、领导干部插手干预重大事项记录等党内监督制度作用,全面掌握条例贯彻执行情况,坚决纠正不落实、落而不实的问题,尤其对整改情况要跟踪督办。在日常监督检查中要坚持把纪律挺在前面,伸长耳朵、瞪大眼睛,抓早抓小,防微杜渐。

二是开展专项检查。各级纪委应适时对条例贯彻落实情况开展专项检查,及时发现和督促解决工作中存在的问题。重点了解党内监督中发现问题和线索办理、整改落实、保障党员权利的情况,看问题和线索有没有如实记录、集中管理,有没有建立台账、分类处置,有没有及时核实并交相应部门处理,有没有制定整改方案,对发现的问题有没有做到条条整改、件件着落,存在不存在打击报复监督者的情况,有没有保障监督对象的合法权益。各级纪委也要组织开展相关检查,推动工作落实。专项检查后,要汇总有关情况,提出下一步开展工作的意见建议,及时向党中央报告。

三是严格执纪问责。对不履行或者不正确履行党内监督职责、纠错整改不力,对发现的问题该整改不整改、该查处不查处甚至隐瞒包庇的,要依照有关规定严肃执纪问责,采取通报、诫勉、组织调整或组织处理、纪律处分等方式妥当处置。对在问题和线索处置中通风报信、泄露秘密,大事化小、小事化了,搞以权谋私、权钱交易的,尤其要严肃处理。既要追究直接责任、主体责任、监督责任,又要追究领导责任、党组织的责任。要坚持"一案双查",既追究当事人的责任,又倒查追究相关领导的责任,主要负责人不管是现职还是已经调离或者升迁,都要倒查追究责任,通过问责一个,达到警醒一片的效果。适时将监督检查中发现的普遍性问题在党内进行通报,选择一些典型案例点名道姓向全社会曝光,释放违纪必究、执纪必严的信号,形成有力震慑。

9. 落实党委主体责任

【核心要义】习近平总书记在 2013 年十八届中央纪委第三次全会上指出,党委党组落实主体责任,在于选好用好干部、纠正损害群众利益的行为、从源头上防止腐败、支持执法执纪机关工作和主要负责同志作好廉洁从政的表率等五个方面。

在 2016 年 1 月十八届中央纪委第六次全会上,习近平总书记进一步指出,从党委廉政建设主体责任到全面从严治党主体责任,不只是字面上的变化,更是实践的发展和认识的深化。党的十八大以来,一些党政领导干部因为履行党委主体责任不力被问责。如衡阳破坏选举案中,涉嫌违反党政纪律被立案调查的有 466 人,给予纪律处分的有 409 人。又如,四川南充市拉票贿选案,是一起严重违反党纪国法、严重违反党的政治纪律和政治规矩、严重破坏组织纪律的恶性案件,相关人员被问责、追责。再如,辽宁省委换届、省人大常委会换届以及全国人大代表选举中出现的系统性拉票贿选问题,共查处 955 人,其中中管干部 34 人,并通报全党。这些都体现了中央对党委在党内监督和全面从严治党中要起到主体责任的要求。

《党内监督条例》明确了党委或党组在党内监督中负主体责任,明确书记是第一责任人,党委常委或党组成员和党委委员在职责范围内履行监督职责。

党委（党组）的监督职责：一是领导本地区本部门本单位党内监督工作，组织实施各项监督制度，抓好督促检查；二是加强对同级纪委和所辖范围内纪检工作的领导，检查其监督执纪问责工作情况；三是对党委常委（党组成员）、党委委员，同级纪委、党的工作部门和直接领导的党组织领导班子及其成员进行监督；四是对上级党委、纪委工作提出意见和建议，开展监督。

【条例解读】落实主体责任是党委责无旁贷的职责。根据新修党章的规定，各级党委要"坚持党要管党、全面从严治党，加强党的长期执政能力建设、先进性和纯洁性建设，以改革创新精神全面推进党的建设新的伟大工程，以党的政治建设为统领，全面推进党的政治建设、思想建设、组织建设、作风建设、纪律建设，把制度建设贯穿其中，深入推进反腐败斗争，全面提高党的建设科学化水平"。习近平总书记多次强调，各级党委要把抓好党建作为最大政绩，这是中央对全面从严治党党委主体责任提出的明确要求，更是党委工作的本职回归。

《党内监督条例》关于党委主体责任的规定，有以下几个看点需要注意。

一是党的十八大以来，针对有的地方、单位党委（党组）主体责任缺失等问题，中央狠抓主体责任落实，各地逐级传导压力，强化措施，强力推进，有效促进了"两个责任"的落实。但分析党委主体责任缺失等问题的根源，除了落实不力等因素外，主体责任缺乏硬性规定，也是一个重要原因。

二是《党内监督条例》将主体责任进行分解，科学划分领导班子、书记和班子成员等责任主体之间的责任界限，明确了书记是第一责任人，促使"一把手"真正把责任担起来，把从严治党第一责任人责任履行好；明确党委常委或党组成员和党委委员在职责范围内履行监督职责，促使班子成员履行责任尽心、尽情、尽力；同时明确党委（党组）履行四个方面的监督职责，体现了集体责任和党委（党组）自上而下的组织监督、对同级的相互监督和对上级的民主监督。

三是明确了监督对象，是对党委常委（党组成员）、党委委员，同级纪委、党的工作部门和直接领导的党组织领导班子及其成员进行监督。

10. 党的中央组织的监督

【核心要义】《党内监督条例》突出了领导机关和高级干部这个重点，对领导机关和高级干部提出了更高的标准、更严的要求。可以说，这是《党内监督条例》的鲜明特色。其中加强党的中央组织的监督，具有特别重要的意义。

1989年，邓小平同志曾说："只要有一个好的政治局，特别是有一个好的常委会，只要它是团结的，努力工作的，能够成为榜样的，就是在艰苦创业反对腐败方面成为榜样的，什么乱子出来都挡得住。"

为此，《党内监督条例》规定，党的中央委员会、中央政治局、中央政治局常委会全面领导党内监督工作。中央委员会全体会议每年听取中央政治局工作报告，监督中央政治局工作，部署加强党内监督的重大任务。

中央政治局、中央政治局常委会定期研究部署在全党开展学习教育，以整风精神查找问题、纠正偏差；听取和审议全党落实中央八项规定精神情况汇报，加强作风建设情况监督检查；听取中央纪委常委会工作汇报；听取中央巡视情况汇报，在一届任期内实现中央巡视全覆盖。中央政治局每年召开民主生活会，进行对照检查和党性分析，研究加强自身建设措施。

中央委员会成员必须严格遵守党的政治纪律和政治规矩，发现其他成员有违反党章、破坏党的纪律、危害党的团结统一的行为应当坚决抵制，并及时向党中央报告。对中央政治局委员的意见，署真实姓名以书面形式或其他形式向中央政治局常委会或中央纪委常委会反映。

中央政治局委员应严格执行中央八项规定，自觉参加双重组织生活，如实向党中央报告个人重要事项。带头树立良好家风，加强对亲属和身边工作人员的教育和约束，严格要求配偶、子女及其配偶不得违规经商办企业，不得违规任职、兼职取酬。

习近平总书记在关于《中国共产党廉洁自律准则》和《党内监督条例》的说明中，指出要加强党的中央组织的监督，这有什么重要意义呢？

【条例解读】党的中央组织的监督是党章赋予的重大职责。《党内监督条例》将党的中央组织的监督列为专章，全面规定了党的中央委员会、中央政治局、中央政治局常委会的监督职责，这是对《党章》要求的具体化。如《党内监督条例》规定中央委员会全体会议每年听取中央政治局工作报告，监督中央政治局工作，部署加强党内监督的重大任务。这是将《党章》第二十二条规定的"中央政治局向中央委员会全体会议报告工作，接受监督"的细化。

加强党的中央组织监督，是贯彻民主集中制原则、强化自上而下监督的必然要求。如《党内监督条例》规定，党的中央委员会、中央政治局、中央政治局常委会全面领导党内监督工作，并规定中央政治局、中央政治局常委会定期研究部署在全党开展学习教育，听取有关汇报等。党的中央组织带头履行监督职责，这是推动落实全面从严治党的主体责任、强化自上而下监督、提高监督的权威性和有效性的关键所在。

加强党的中央组织监督，也是抓好高级领导干部关键少数的需要。《党内监督条例》强调以领导干部为监督重点，而抓好中央委员会、中央政治局、中央政治局常委会的组成人员是关键。《党内监督条例》分别对中央委员、中央政治局委员的自身监督职责作出了规定，强调中央委员会成员必须严格遵守党的政治纪律和政治规矩；中央政治局每年召开民主生活会，进行对照检查和党性分析；中央政治局委员应严格执行中央八项规定，自觉参加双重组织生活会，如实向党中央报告个人重要事项，带头树立良好家风，加强对亲属和身边工作人员的教育和约束等。这有利于加强党的中央组织的自身建设。

加强党的中央组织的监督，对全党各级组织和领导干部具有重要的示范表率作用。《党内监督条例》分别对中央委员、中央政治局委员的自身监督职责作出了规定。从近年来查处的周永康、薄熙来、徐才厚、郭伯雄、令计划等严重违纪违法案件中可以看出，破坏党内政治生活准则、党内监督不力的问题突出，严重损害党的集中统一领导，严重损害中央权威，教训极其深刻。

11. 巡视是党内监督的重要方式

【核心要义】《党内监督条例》明确指出："巡视是党内监督的重要方式。中央和省、自治区、直辖市党委一届任期内，对所管理的地方、部门、企事业单位党组织全面巡视。"这一规定，是《党章》关于巡视制度要求的具体化。

《党内监督条例》明确巡视针对党的组织和党的领导干部尊崇党章、党的领导、党的建设和党的路线方针政策落实情况，履行全面从严治党责任、执行党的纪律、落实中央八项规定精神、党风廉政建设和反腐败工作以及选人用人情况。发现问题、形成震慑，推动改革、促进发展，发挥从严治党利剑作用。

党的十八大以来，以习近平同志为核心的党中央高度重视巡视工作，领导坚强有力，全面推进巡视实践、理论和制度创新。中央政治局会议、中央政治局常委会会议23次研究巡视工作，习近平总书记身体力行、率先垂范，每次都发表重要讲话，提出一系列新理念新思想新战略，为巡视工作深化发展提供了根本保障和基本遵循。中央巡视工作领导小组召开115次会议，组织开展12轮巡视，共巡视277个党组织，完成对省区市、中央和国家机关、中管企事业单位和金融机构、中管高校等的巡视，在党的历史上首次实现一届任期内巡视全覆盖；对16个省区市开展"回头看"，对4个中央单位进行"机动式"巡视。中央纪委审查的案件中，超过60%的线索来自巡视。巡视的力度和效果不断增强，利剑作用彰显。

《党内监督条例》要求，中央巡视工作领导小组应加强对省、自治区、直辖市党委，中央有关部委，中央国家机关部门党组（党委）巡视工作的领导。省、自治区、直辖市党委应当推动党的市（地、州、盟）和县（市、区、旗）委员会建立巡察制度，使从严治党向基层延伸。

巡视利剑所指之处，一些腐败分子被清除出党员干部队伍，大批违反中央八项规定精神的党员干部受到党纪国法的严惩。

中央纪委网站的数据显示，已经完成的十八届中央巡视，仅巡视中央和国家机关就累计受理信访10万多件次，与干部群众谈话近2万人次。这充分证明了巡视是"坚持党内监督和群众监督相结合"的重要形式。

新修订的《中国共产党巡视工作条例》（以下简称《巡视工作条例》）于2017年7月14日正式发布。这是继2009年7月发布的《巡视工作条例（试行）》和2015年8月修订发布的《巡视工作条例》之后，对巡视工作条例的再次修订。这次修订，主要包括五个方面的内容：一是根据习近平总书记系列重要讲话精神，明确政治巡视定位。二是根据中央新要求，明确一届任期内巡视全覆盖任务。三是根据党内监督条例规定，明确巡视监督内容。四是根据实践发展需要，明确中央、国家部门的巡视。五是根据全面从严治党向基层延伸的要求，明确市县巡察制度。

【条例解读】实践证明，巡视工作是治标之举，也是治本之策，必须在坚持中深化、在深化中坚持，发挥标本兼治作用，不断推动巡视工作走向纵深。中央决定修改《巡视工作条例》，这是总结巡视制度理论和实践创新成果的需要。

党的十八大以来，以习近平同志为核心的党中央把巡视作为推进全面从严治党的重大举措，坚持党内监督和群众监督相结合，赋予巡视制度以新的活力；十八届六中全会后，巡视工作聚焦坚持党的领导、加强党的建设、全面从严治党，深化政治巡视，突出严肃党内政治生活，净化党内政治生态，同时，巡视工作不断创新组织制度和方式方法，中央和省、自治区、直辖市党委巡视工作如期实现一届任期内全覆盖，中央单位巡视工作不断规范，市县巡察工作不断延伸，巡视巡察监督格局不断完善。这些理论和实践创新成果，需要通过修改《巡视工作条例》提炼归纳、全面总结吸纳，为深入推进巡视工作奠定坚实基础。

对《巡视工作条例》进行修改，也是推进依规管党治党的需要。党中央坚持思想建党和制度治党紧密结合，不断扎牢制度笼子。巡视利剑经过五年磨砺，威力更加彰显，《巡视工作条例》成为党内监督制度化的重要成果。修改《巡视工作条例》，严格遵照党章和《党内监督条例》等党内法规，及时把政治巡视、一届任期内巡视全覆盖、中央和国家机关巡视工作、市县巡察工作等实践创新固化为制度成果，有利于依纪依规开展巡视，进一步提高依规管党治党水平。

12. 依规依纪规范信访举报

【核心要义】信访举报工作是监督执纪问责的第一道程序，是党内监督和群众监督相结合的重要途径，在全面从严治党中发挥着重要作用。

《中国共产党章程》《中国共产党党员权利保障条例》等，明确党员有权向党组织负责地揭发、检举党的任何组织和任何党员的违法违纪事实，向所在党组织或上级党组织提出处分有违法违纪行为党员的要求，向所在党组织或上级党组织提出罢免或撤换不称职党员领导干部职务的要求。

1996年中央纪委、监察部《关于保护检举、控告人的规定》明确，任何单位和个人有权向纪检监察机关检举、控告党组织、党员以及国家公职人员违纪违法的行为。任何单位和个人不得以任何借口阻拦、压制检举、控告人依法进行的检举、控告。任何单位和个人不得擅自追查检举、控告人。

按照《党内监督条例》的规定，党员应本着对党和人民事业高度负责的态度，积极行使党员权利，履行监督义务，加强对党的领导干部的民主监督，及时向党组织反映群众意见和诉求；向党负责地揭发、检举党的任何组织和任何党员违纪违法的事实，坚决反对一切派别活动和小集团活动，同腐败现象作坚决斗争。党组织应当保障党员知情权和监督权,鼓励和支持党员在党内监督中发挥积极作用。提倡署真实姓名反映违纪事实,党组织应当为检举控告者严格保密,并以适当方式向其反馈办理情况。对干扰妨碍监督、打击报复监督者的,依纪严肃处理。

同时,根据《党章》第四十条的规定,党内严格禁止用违反党章和国家法律的手段对待党员,严格禁止打击报复和诬告陷害。违反这些规定的组织或个人必须受到党的纪律和国家法律的追究。

为此,《党内监督条例》规定党组织应当保障监督对象的申辩权、申诉权等相关权利。经调查,监督对象没有不当行为的,应当予以澄清和正名。对以监督为名侮辱、诽谤、诬陷他人的,依纪严肃处理;涉嫌犯罪的移送司法机关处理。监督对象对处理决定不服的,可以依照党章规定提出申诉。有关党组织应当认真复议复查,并作出结论。

2016年8月29日中央办公厅印发的《关于防止干部"带病提拔"的意见》提出:对一时存疑、暂未使用的干部,要及时查清问题、作出结论,为那些受到诬告、诽谤、陷害的干部澄清正名,严肃处理打击报复、诬告陷害行为。

案 例 故 事

2017年1月14日,中央纪委监察部网站发布消息:日前,经中共沈阳市委批准,中共沈阳市纪委对某经济开发区管委会常务副主任李某某严重违纪问题进行了立案审查。2017年1月3日,沈阳市纪委发布消息说,依据《中国共产党纪律处分条例》等有关规定,经中共沈阳市纪委常委会议审议并报中共沈阳市委批准,决定给予李某某开除党籍处分;由市监察局报市政府批准给予其开除公职处分;将其涉嫌犯罪问题及线索移送司法机关依法处理。

在李某某所涉的诸多问题中,"违反组织纪律,为谋个人职务晋升诬告他人"一条尤为引人关注,之前并不多见。但经搜索发现,近年来,因"诬告他人"落马的官员,李某某并不是第一个。

2016年10月,福建省龙岩市纪委对某市人大常委会党员干部朱某某严重违纪问题进行了通报。通报中称,2012年7月至2016年1月,朱某某收集了某市人大常委会原主任原所征所谓"贪腐"问题,拉拢唆使不明真相者签名,搞"联名告状",接连到上级人大常委会、纪委以及信访局等单位上访,还找人将反映原所征"贪腐"问题的举报信带到香港发布在网上。但实际上，这属于诬告行为。2016年5月13日，该市纪委给予朱某某开除党籍处分，同时将其有关涉嫌违法犯罪问题移送司法机关处理。

2015年5月，山西省临汾市某县县长张宏志被公示拟任县委书记，当地官场就有人给山西省委书记王儒林等高层写信举报他，称其为了当县委书记给市委书记和市委常委们行贿。山西省纪委经查实后，认定该举报纯属诬告。诬告者为临汾市某局原局长常某某，随后，常被双开并移送司法机关。

【条例解读】随着反腐败斗争的深入推进，党员群众信访举报热情日益高涨，信访举报工作面临错综复杂的情况。各级纪检监察机关要依规依纪规范信访举报，营造良好政治生态。

首先，要落实党员知情权、参与权、选举权、监督权，保障全体党员平等享有党章规定的党员权利、履行党章规定的党员义务，以尊重党员主体地位。对涉及违纪违法行为的举报，对党员反映的问题，任何党组织和领导干部都不准隐瞒不报、拖延不办。涉及所反映问题的领导干部应该回避，不准干预或插手组织调查。党组织要严肃处理对举报者的歧视、刁难、压制行为特别是打击报复行为。对通过正常渠道反映问题的党员，任何组织和个人都不准打击报复，不准擅自进行追查，不准采取调离工作岗位、降格使用等惩罚措施。

同时，要规范信访举报。党员、干部反映他人的问题，应该出于党性，通过党内正常渠道实名进行，不准散布小道消息，不准散发匿名信，不准诬告陷害等。

纪检监察机关对检举、控告不实的，必须分清是诬告还是错告。对诬告的，应依照有关规定予以处理，但对因情况了解不全面或认识偏差而导致的错告、检举失实行为，要进行提醒教育，不作为诬告陷害处理。

诬告陷害人如是中共党员，党组织可根据《党纪处分条例》有关规定予以党纪处分。按照《刑法》的规定，捏造事实诬告陷害他人，意图使他人受刑事追究，构成犯罪的，依法追究刑事责任；对国家机关工作人员从重处罚。

此外，要完善澄清保护机制，对所反映问题失实或受到诬告的单位或个人，对查无实据或轻微违纪但不够追究纪律责任的信访问题，可以通过约谈函询、召开会议和通报等适当方式，及时澄清事实，消除负面影响。

13. 织密党内监督之网

【核心要义】《党内监督条例》规定建立健全党中央统一领导，党委（党组）全面监督，纪律检查机关专责监督，党的工作部门职能监督，党的基层组织日常监督，党员民主监督的党内监督体系。

在党内监督体系中，党委（党组）负主体责任，书记是第一责任人，党委常委会委员（党组成员）和党委委员在职责范围内履行监督职责。

各级纪委是党内监督专责机关，履行监督执纪问责职责。

党的工作部门是党委（党组）主体责任在不同领域的载体和抓手，要做好职责范围内的党内监督工作。

习近平总书记2016年10月27日在党的十八届六中全会第二次全体会议上的讲话中指出，分析这些年来查处的典型腐败案件，都有一个量变到质变、小节到大错的过程。如果在刚发现问题时组织就及时拉一把，一些干部也不至于在错误的道路上越滑越远。

根据《党内监督条例》规定，党的基层组织要严格党的组织生活，开展批评和自我批评，监督党员切实履行义务，保障党员权利不受侵犯；要了解党员、群众对党的工作和党的领导干部的批评和意见，定期向上级党组织反映情况，提出意见和建议；要维护和执行党的纪律，发现党员、干部违反纪律问题及时教育或者处理，问题严重的应当向上级党组织报告。

党员应当加强对党的领导干部的民主监督，及时向党组织反映群众意见和诉求；在党的会议上有根据地批评党的任何组织和任何党员，揭露和纠正工作中存在的缺点和问题；参加党组织开展的评议领导干部活动，勇于触及矛盾问题、指出缺点错误，对错误言行敢于较真、敢于斗争；向党负责地揭发、检举党的任何组织和任何党员违纪违法的事实，坚决反对一切派别活动和小集团活动，同腐败现象作坚决斗争。

习近平总书记2016年10月27日在党的十八届六中全会第二次全体会议上的讲话中指出，党员民主监督是党内监督的基本方式。党员的民主监督不仅是权利，更是不容推卸的义务，是对党应尽的责任。

他还指出，只要我们把上上下下、条条块块都抓起来，就能织密党内监督之网。

【条例解读】 在党中央领导下，构建了强大的监督体系。既有党委（党组）全面监督、纪律检查机关专责监督和党的工作部门职能监督，又有党的基层组织日常监督，还有党员的民主监督。

贯彻《党内监督条例》和党的十九大报告，要强化自上而下的组织监督，改进自下而上的民主监督，发挥同级相互监督作用，加强对党员领导干部的日常管理监督。各级党委（党组）要多了解党员、干部日常的思想、工作、作风、生活状况，多注意干部群众的反映，抓早抓小，防微杜渐。要把党内监督体现在时时处处事事上，敦促党员、干部按本色做人、按角色办事。

各级纪委要把维护政治纪律和政治规矩放在首位，加强对所辖范围内遵守党章党规党纪情况的监督，检查党的路线方针政策和决议的执行情况。要落实纪律检查工作双重领导体制，强化上级纪委对下级纪委的领导；加强对派驻纪检组工作的领导，督促被监督单位党组织和派驻纪检组落实管党治党责任。

党的工作部门既要加强对本机关本单位的内部监督，又要强化对本系统的日常监督，出现问题要及时了解处置，不能都等着党委、纪委去处理。

党的基层组织应当发挥战斗堡垒作用，履行监督职责，监督党员切实履行义务，保障党员权利不受侵犯，反映党员群众意见、建议，维护和执行党的纪律。

党员要本着对党和人民事业高度负责的态度，积极行使党员权利，履行监督义务，加强对党的领导干部的监督。在党的会议上，党员要勇于对违反党章党规的行为提出意见，有根据地批评党的任何组织和任何党员，负责地向党反映党的任何组织和党员违纪违法的事实。

14. 提高民主生活会质量

【核心要义】 民主生活会是党内政治生活中的一项重要制度，是加强党的建设、强化党内监督、提高依靠自身力量解决问题和矛盾能力的有效途径。《党章》明确规定："每个党员，不论职务高低，都必须编入党的一个支部、小组或其他特定组织，参加党的组织生活，接受党内外群众的监督。党员领导干部还必须参加党委、党组的民主生活会。不允许有任何不参加党的组织生活、不接受党内外群众监督的特殊党员。"

党的十八大以来，习近平总书记反复强调要严格落实党内组织生活制度，开好民主生活会，并提出明确具体要求。中央政治局带头召开专题民主生活会，为全党作出了榜样。为了使中央要求落到实处，充分发挥民主生活会在党内监督中的作用，《党内监督条例》第二十条专门就如何开好民主生活会作出了规定："严格党的组织生活制度，民主生活会应当经常化，遇到重要或者普遍性问题应当及时召开。民主生活会重在解决突出问题，领导干部应当在会上把群众反映、巡视发现、组织约谈函询的问题说清楚、谈透彻，提出整改措施，接受组织监督。上级党组织应当加强对下级领导班子民主生活会的指导和监督，提高民主生活会质量。"

中共中央政治局2016年11月30日，审议通过的《关于县以上党和国家机关党员领导干部民主生活会的若干规定》（以下简称《若干规定》）提出，党的十八届六中全会对开好民主生活会提出了新的要求，要切实贯彻好、落实好。会议指出，要把开好2016年度民主生活会作为贯彻落实党的十八届六中全会精神的重要举措抓紧抓好。要突出主题，对照政治合格、执行纪律合格、品德合格、发挥作用合格要求，进行党性分析，开展批评和自我批评。要把忠诚老实、光明坦荡、公道正派、实事求是、艰苦奋斗、清正廉洁等作为对照检查的重要内容。要加强督促指导，对搞形式主义的要促其纠正，对走过场的要责令重开。

2016年12月，中共中央印发了《若干规定》，并发出通知，要求各地区各部门认真遵照执行。《若干规定》规定民主生活会应当直面问题，领导干部应当在会上把自身存在的突出问题说清楚、谈透彻，开展批评和自我批评，明确整改方向。自我批评应当联系实际、针对问题、触及思想。相互批评应当开诚布公，指出问题，防止以工作建议代替批评意见。对待批评应当有则改之、无则加勉，不搞无原则纷争，也不搞一团和气。

按照党的十九大修订的《党章》的要求，党在自己的政治生活中正确地开展批评和自我批评，在原则问题上进行思想斗争，坚持真理，修正错误。努力造成又有集中又有民主，又有纪律又有自由，又有统一意志又有个人心情舒畅生动活泼的政治局面。

【条例解读】提高民主生活会质量，充分发挥民主生活会在党内监督中的作用，必须严格贯彻《党章》《党内监督条例》和有关规定的要求，着力突出以下五个方面。

一是民主生活会应当经常化。民主生活会应定期召开，遇到重要或普遍性问题，需要集体批评和自我批评的，就要及时召开专题民主生活会，把事情说清楚、谈透彻。

二是要坚持问题导向，重在解决突出问题。要以整风精神开好民主生活会，开展积极健康的思想斗争，让每个党员、干部都在思想和灵魂上受到触动，真正解决问题。通过广泛征求群众意见，结合巡视、党组织日常管理监督等发现的问题，以及本地区本部门本单位工作和领导班子实际，找准突出问题，确定主题。有了群众反映，接到揭发检举，经查核确有轻微违规违纪行为，就要让犯错误的同志在民主生活会上自我检讨，对巡视反馈的问题、组织约谈函询提出的问题，要在民主生活会上进行剖析批评。

三是要真正把自己摆进去，严肃认真开展批评和自我批评。批评和自我批评是我们党保持肌体健康的锐利武器，也是加强和规范党内政治生活的重要手段。开好民主生活会，必须运用批评和自我批评的武器，这是提高民主生活会质量、搞好党内监督的关键。每个领导成员都要以对党的事业、对同志高度负责的态度，严肃认真地开展批评和自我批评，分清是非，团结同志，坚持真理，修正错误。要按照"照镜子、正衣冠、洗洗澡、治治病"的要求，严肃认真提意见，满腔热情帮同志，打消自我批评怕丢面子、批评上级怕穿小鞋、批评同级怕伤和气、批评下级怕丢选票等顾虑，真正做到触及思想和灵魂。无论批评还是自我批评，都要实事求是、出于公心、与人为善。领导干部特别是高级领导干部必须带头从谏如流，敢于直言，在批评和自我批评中做出表率示范。

四是要制定切实可行的整改措施。对民主生活会上提出的问题，要逐一分析原因，找准症结，在此基础上提出整改措施、落实整改责任、明确整改时限。抓整改要动真碰硬。

五是上级党组织应当加强对下级领导班子民主生活会的指导和监督。加强对下级党组织民主生活会的指导和监督是上级党组织的重要职责。要坚持一级抓一级的原则，切实加强督促指导和监督，提高民主生活会质量和水平。

15. 插手干预重大事项记录报告制度

【核心要义】坚持用制度管权管事管人,让人民监督权力,让权力在阳光下运行,是把权力关进制度笼子的根本之策。2004年2月3日中央纪委、监察部印发了《关于领导干部利用职权违反规定干预和插手建设工程招标投标、经营性土地使用权出让、房地产开发与经营等市场经济活动,为个人和亲友谋取私利的处理规定》。党的十八届四中全会提出,建立领导干部干预司法活动、插手具体案件处理的记录报告和责任追究制度。十八届中央纪委五次全会提出,要重点查处发生在领导机关和重要领导岗位领导干部插手工程建设、土地出让、侵吞国有资产、买官卖官、以权谋私、腐化堕落、失职渎职的案件。为落实四中全会要求,2015年3月中央办公厅、国务院办公厅印发了《领导干部干预司法活动、插手具体案件处理的记录、通报和责任追究规定》。2015年3月中央政法委印发了《领导干部干预司法活动、插手具体案件处理的记录、通报和责任追究规定》和《司法机关内部人员过问案件的记录和责任追究规定》。在十八届中央纪委六次全会上,习近平总书记提出要建立领导干部插手重大事项记录制度,对违规过问下级有关事项如实登记和问责。

《党政领导干部选拔任用工作条例》和《关于加强干部选拔任用工作监督的意见》也严禁领导干部私自干预下级或原任职单位干部任用。

在此基础上,《党内监督条例》第二十五条规定,建立健全党的领导干部插手干预重大事项记录制度,发现利用职务便利违规干预干部选拔任用、工程建设、执纪执法和司法活动等问题,应及时向上级党组织报告。

《党纪处分条例》对党员领导干部违反有关规定干预和插手市场经济活动、司法活动、执纪执法活动,以及党员领导干部违反有关规定干预和插手干部选拔任用、公共财政资金分配、项目立项评审、政府奖励表彰等活动,造成重大损失或者不良影响的,给予从警告到开除党籍的处分。

2016年6月21日,中央纪委监察部网站通报,经中共中央批准,中共中央纪委对浙江省某市委原副书记、市长卢某某严重违纪问题进行了立案审查。通报指出,卢某某严重违反工作纪律,干预和插手市场经济活动,干预和插手

司法活动。

2016年1月19日,中央纪委监察部网站通报,经中共中央批准,中央纪委对某局原党组成员、副局长周某某严重违纪问题进行了立案审查。通报指出,周某某严重违反组织纪律,利用职务上的便利在干部选拔任用方面为他人谋取利益并收受财物,违规插手相关单位人事安排。

2015年6月6日,中央政法委公开通报几起领导干部干预司法活动、插手具体案件处理的典型案件。如北京市高级人民法院某庭原庭长陈某某过问案件案。2015年6月,时任北京市高级人民法院某庭长陈某某违反规定,就请托人的请托事项,向不属于自己职权范围的相关办案人员打招呼。陈某某受到行政警告处分,并调离审判岗位。又如,云南省某市维稳办副主任彭某某干预司法活动、插手具体案件处理案。

【案例解读】上述几类典型案件主要涉及领导干部利用职务便利违规干预干部选拔任用、市场经济活动和司法活动等问题。《中国共产党党内监督条例》明确规定建立健全党的领导干部插手干预重大事项记录和发现问题及时向上级党组织报告的制度。

党的领导干部插手干预重大事项的记录报告制度,有以下几点意义。

一是落实了党章相关要求。《党章》规定,"党必须在宪法和法律的范围内活动。党必须保证国家的立法、司法、行政、监察机关,经济、文化组织和人民团体积极主动地、独立负责地、协调一致地工作",党的各级领导干部要"正确行使人民赋予的权力,坚持原则,依法办事"。干部选拔任用、工程建设、执纪执法、司法活动等工作都由相关部门依规依法组织开展。对这些工作不负领导职责的领导干部,非因履行职责需要,而是利用职务便利违规干预相关工作,就是违背党章相关要求。为保证党和国家机关及其工作人员按照法定权限和程序行使权力,防止正常履职行为受到干扰,《党内监督条例》规定了插手干预重大事项记录制度和向上级党组织报告义务,这是落实党章相关要求的具体体现。

二是坚持问题导向,有利于解决突出问题。实践中,一些领导干部出于个人私利或地方利益、部门利益,行使不该由自己行使的权力,干预有关工作,甚至直接发号施令,不仅妨碍了有关工作的正常开展,而且很多情况下存在利益冲突或者涉嫌利益输送,滋生腐败问题。如选人用人是关系党和人民事业的关键性、根本性问题，工程建设是发展经济、改善民生、增强国力的全局性、基础性事业，严格执纪执法是推进依法治国、依规治党的必然要求，司法公正对社会公正具有重要引领作用，领导干部违规干预这些领域的工作，影响恶劣、后果严重，必须坚决防止。

三是有利于领导干部正确行使权力。领导干部手中的权力是党和人民赋予的，只能用来为党分忧、为国尽责、为民谋利。习近平总书记反复强调，要正确行使权力、依法用权、秉公用权、廉洁用权。因此，一方面，领导干部要加强自律，严格按照规定办事，谨慎用权；另一方面，党组织必须强化监督，加强他律，从制度层面作出相应设计，保证权力正确运行。建立健全领导干部插手干预重大事项记录通报制度，使权力行使全程留痕，促进权力行使公开透明，有利于强化对领导干部行使权力的监督，减少权力寻租行为的发生。

当然，建立健全领导干部插手干预重大事项记录通报制度，要与领导干部插手干预重大事项的责任追究制度结合起来。

16. 领导干部个人有关事项报告制度

【核心要义】领导干部向组织如实报告个人有关事项和其他重要情况，是接受组织监督的重要方式，是对党忠诚的重要体现。

1997年，中央办公厅、国务院办公厅就印发了《关于领导干部报告个人重大事项的规定》。2003年中共中央印发的《党内监督条例（试行）》在"重要情况通报和报告"制度中规定，"各级党员领导干部应当向党组织如实报告个人重大事项，自觉接受监督"。为落实此项要求，2006年中央办公厅修订印发了《关于党员领导干部报告个人有关事项的规定》，2010年再次修订为《关于领导干部报告个人有关事项的规定》，将报告的主体由党员领导干部扩大为领导干部。习近平总书记在十八届中央纪委三次全会上专门强调了组织纪律，要求领导干部严格执行请示报告制度。

《党内监督条例》第二十四条规定，坚持和完善领导干部个人有关事项报告制度，领导干部应当按规定如实报告个人有关事项，及时报告个人及家庭重大情况，事先请示报告离开岗位或者工作所在地等。有关部门应当加强抽查核实。对故意虚报瞒报个人重大事项、篡改伪造个人档案资料的，一律严肃查处。根据2018年修订的《党纪处分条例》，违反个人有关事项报告规定，隐瞒不报的，要给予党纪处分。

2017年2月《领导干部报告个人有关事项规定》，对2010年《关于领导干部报告个人有关事项的规定》进行修订，报告范围仍然是十四项，其中"家事"六项、"家财"八项。同日还印发实施了《领导干部个人有关事项报告查核结果处理办法》。

【条例解读】执行好领导干部有关事项报告制度，一是要如实报告个人有关事项。根据2017年2月中办、国办印发的《领导干部报告个人有关事项规定》，填报内容上的新变化，一是明确了有单独产权证书的车库、车位、储藏间等情况需要报告，明确了金融投资方面，主要报告股票、基金、投资型保险三大类。二是增加了领导干部"子女的配偶"从业情况和经商办企业情况，增加了配偶、子女虽未移居国（境）外，但连续在国（境）外工作生活一年以上的情况；增加了领导干部本人、配偶、共同生活的子女在国（境）外的存款和投资情况。

二是要及时报告个人及家庭重大情况。及时报告个人及家庭重大情况，是我们党长期以来形成的重要规矩，领导干部应当自觉遵守。

三是离开岗位或工作所在地要事先请示报告，否则往往容易出问题。

四是有关部门应当加强抽查核实。2017年2月中办、国办《领导干部个人有关事项报告查核结果处理办法》明确了抽查核实工作的原则、项目、对象范围、方法、结果处理和纪律要求等。

五是要严肃查处故意虚报瞒报个人重大事项等行为，凡属漏报，情节较轻的，应给予批评教育、责令作出检查、限期改正等处理；情节较重的，应给予诫勉、取消考察对象（后备干部人选）资格、调离岗位、改任非领导职务等处理；凡属瞒报，应给予诫勉、取消考察对象（后备干部人选）资格、调离岗位、改任非领导职务、免职、降职等处理。

17. 运用好监督执纪的"四种形态"

【核心要义】2015年9月24日至26日，时任中央纪委书记王岐山在福建调研并主持召开座谈会，听取党员和群众代表对修订廉政准则和党纪处分条例的意见建议。他强调,把纪律和规矩挺在前面,把握运用监督执纪"四种形态",以严明的纪律推进全面从严治党。

王岐山强调,从严治党要靠纪律管全党,把纪律挺在前面要靠坚强的党性和责任担当。发挥党的领导核心作用,落实管党治党主体责任,严明政治纪律和政治规矩、组织纪律,要运用好批评和自我批评、党纪轻处分和组织处理、重处分重大职务调整和立案审查这四种监督执纪的形态。

十八届中央纪委六次全会工作报告中,提出"监督执纪问责,必须坚持惩前毖后、治病救人的方针","全面从严治党,要运用监督执纪'四种形态'"。

《党内监督条例》第七条规定,党内监督必须把纪律挺在前面,运用监督执纪"四种形态",经常开展批评和自我批评、约谈函询,让"红红脸、出出汗"成为常态;党纪轻处分、组织调整成为违纪处理的大多数;党纪重处分、重大职务调整的成为少数;严重违纪涉嫌违法立案审查的成为极少数。

2017年1月十八届中央纪委七次全会通过的《纪律检查机关监督执纪工作规则(试行)》和2018年12月中央政治局通过的《纪律检查机关监督执纪工作规则》,也要求把纪律挺在前面,运用监督执纪"四种形态"。

党的十九大修订的《党章》第四十条规定,党的纪律主要包括政治纪律、组织纪律、廉洁纪律、群众纪律、工作纪律、生活纪律。坚持惩前毖后、治病救人,执纪必严、违纪必究,抓早抓小、防微杜渐,按照错误性质和情节轻重,给以批评教育直至纪律处分。运用监督执纪"四种形态",让"红红脸、出出汗"成为常态,党纪处分、组织调整成为管党治党的重要手段,严重违纪、严重触犯刑律的党员必须开除党籍。2018年修订的《中国共产党纪律处分条例》将"四种形态"写入了第五条。

"四种形态"写入《中国共产党章程》《中国共产党纪律处分条例》《中国共产党党内监督条例》和《中国共产党纪律检查机关监督执纪工作规则》,固化为党内法规,为党组织落实主体责任和监督责任提供了基本遵循。

根据中央纪委有关规定,第一种形态包括谈话函询了结、"面对面"初步核实了结等两种情形,经纪律审查后仅给予提醒谈话、警示谈话、批评教育、纠正或责令停止违纪行为、责成退出违纪所得、限期整改、责令作出口头或书面检查、召开民主生活会批评帮助、责令公开道歉(检讨)、通报(通报批评)、诫勉(诫勉谈话)、其他批评教育类措施等12项组织措施。

第二种形态，包括党内警告、党内严重警告等两项党纪轻处分；警告、记过、记大过、降级等四项政纪（务）轻处分；取消荣誉称号、撤销政协委员资格、终止（罢免、撤销、责令辞去）人大代表资格、取消预备党员资格、取消（罢免）当选资格、终止党代表资格、停职（停职检查）、调整（调离）职务（岗位）、免职、引咎辞职、责令辞职、改任非领导职务（后改为"职级"）、安排提前退休、降低退休待遇、其他组织调整类措施等15项组织措施。

第三种形态，包括撤销党内职务、留党察看、开除党籍等三项党纪重处分，撤职、开除等两项政纪（务）重处分；降职、取消退休待遇、解聘、解除劳动合同、辞退、组织除名（劝退）、其他重大职务调整类措施等七项组织措施。

第四种形态，包括纪检监察机关立案审查后移送司法机关，司法机关判处刑罚后移送纪检监察机关作出开除党籍、开除公职处分等情形。

"四种形态"是一个有机整体，环环相扣、科学有效。每一种形态都是严格依据纪律的尺子进行衡量划分的，涵盖了所有违纪问题，覆盖了每一个党组织和全体党员，并针对各种形态层层设置防线，综合运用批评教育、诫勉谈话、组织调整、党纪处分等各种方式，处理措施逐级递进，发现苗头及时提醒，触犯纪律立即处理，真正体现了对党员的严格要求和关心爱护。

【条例解读】运用好监督执纪的"四种形态"，对党员干部的要求不是松了，而是更严了；执纪的力度不是小了、而是更大了。实践"四种形态"绝不意味着反腐败减缓、"收兵"。事实证明，实践"四种形态"绝不是"放水"或"收兵"，恰恰相反，是纪法分开、纪严于法，抓早抓小，使红脸出汗成为常态，组织处理或组织调整、党纪处分经常运用，该立案审查的立案审查，该移送司法机关的移送司法机关，体现了"全面"和"从严"两个方面的要求。

把握运用监督执纪"四种形态"，关键在用好第一种形态。第一种形态落实不下去，实践"四种形态"就是一句空话，全面从严治党也就无从谈起。谈话提醒、约谈函询，作为第一种形态，各级纪委要做足功课，重在日常，把纪律挺在前面，对党员干部身上存在的小问题，做到早发现早批评早纠正，使党员干部受到教育警醒。

要区别不同情况，分类处置。发现领导干部有思想、作风、纪律等方面苗头性、倾向性问题的，有关党组织负责人应当及时对其提醒谈话；发现轻微违纪问题的，上级党组织负责人应当对其诫勉谈话，并由本人作出说明或者检讨。接到对干部一般性违纪问题的反映，应当及时找本人核实，谈话提醒、约谈函询，让干部把问题讲清楚。

对谈话函询要根据不同情形作出相应处理。反映不实，或者没有证据证明存在问题的，予以了结澄清；问题轻微，不需要追究党纪责任的，采取谈话提醒、批评教育、责令检查、诫勉谈话等方式处理；反映问题比较具体，但被反映人予以否认，或者说明存在明显问题的，应当再次谈话函询或者进行初步核实。谈话函询材料应当存入个人廉政档案。

落实好第一种形态，重要在认识，关键在担当。这方面党委承担的责任很重，党委更要加强日常教育、管理和监督，注重日常，使党员干部时时感受到纪律的约束。党委、纪委把握运用第一种形态，要靠每年的民主生活会，更要靠开展日常批评与自我批评，促其改正缺点、纠正错误，真正起到惩前毖后、治病救人的效果。

18. 实现党内监督和国家监察有机融合

【核心要义】根据《党内监督条例》第三十七条的规定，各级党委应当支持和保证同级人大、政府、监察机关、司法机关等对国家机关及公职人员依法进行监督，人民政协依章程进行民主监督，审计机关依法进行审计监督。

这里的监督包括人大监督、政府监督、人民政协监督、民主党派监督、审计监督和司法机关监督等。还有一个很重要的方面，就是监察机关的监督。这实际上是说，要建立一个与政府、司法机关平行的国家监察体系，实现党内监督和国家监察的有机融合。

习近平总书记在十八届中央纪委七次全会上指出，全面落实党的十八届六中全会精神，要加强党内监督，推进标本兼治，要全面加强纪律建设，持之以恒抓好作风建设，不断加强全面从严治党的系统性、创造性和时效性。他还强调，要积极稳妥推进国家监察体制改革，加强统筹协调，做好政策把握和工作衔接。习近平总书记在这里强调了要加强全面从严治党的系统性，他还提到了要加强统筹协调，实际上也是强调党内监督和国家监察的有机融合。

虽然经过全党共同努力，反腐败斗争压倒性的态势已经形成并巩固发展，但是当前反腐败斗争依然严峻复杂，各级国家机关、国有企事业单位中，贪污寻租、贪污受贿、权力寻租和利益输送等腐败问题依然存在。仅有党内监督还是不够的，还必须使党内监督和国家监察相互促进、相辅相成。

2016年11月中办印发了在北京市、浙江省、山西省开展国家监察体制改革试点方案，部署在三省市设立各级监察委员会，从体制机制、制度建设上先行先试，探索实践，为在全国推广积累经验。2016年10月25日十二届全国人大常委会第25次会议决定授权在北京、山西、浙江开展国家监察体制改革试点。2017年11月十二届全国人大常委会第30次会议通过决定，将国家监察体制改革试点向全国各地推开。

按照1997年制定、2010年修改的《中华人民共和国行政监察法》的规定，行政监察机关是政府的一个部门，行政监察机关的监督对象，主要是行政机关和行政机关任命的公务员和其他人员，范围有限。而《中华人民共和国监察法》把监察对象扩大到党的机关、人大机关、行政机关、监察机关、政协机关、审判机关、检察机关、民主党派和工商联机关的公务员和参公管理人员，而且还包括法律授权或委托行使公共事务职权的工作人员、国有企业事业单位的工作人员、基层群众自治组织人员以及其他依法行使公共职务的人员，实现监察全覆盖。

监察委员会主要有监督、调查和处置等三项职权。为履行这三项职权，监察委员会可以采取谈话、讯问、询问、查询、冻结、调取、查封、扣押、搜查、勘验检查、鉴定、留置等措施。习近平总书记在中央政治局会议审议国家监察体制改革方案时指出，要坚持宽打窄用，调查手段要宽，调查决策要严，必须有非常严格的审批程序。

【条例解读】 过去对履行公职的人员的监督比较分散，各级纪委机关、行政监察机关、预防腐败局和检察院的职能中，有的重叠、边界不清，难以形成合力。而且，根据1982年宪法和地方组织法的规定，国务院领导和管理监察工作；县级以上地方人民政府管理本行政区域内的监察工作。因此，监察机关行使的是行政监察权，是政府下的一个部门。

各级纪检机关和监察机关1993年1月开始实行合署办公，但还不能真正实现对行使公权力公职人员的监察全覆盖。因此，要建立集中统一、权威高效的国家监察组织，改革国家监察权的配置方式，把行政监察、腐败预防、查处贪污贿赂及失职渎职，以及预防职务犯罪等相关职能进行整合，由专门的监察机关统一行使。

深化国家监察体制改革的目标，是建立党统一领导下的国家反腐败工作机构。推进国家监察体制改革，是人民代表大会制度下国家机构的改革和完善。各级人大产生监察委员会，而且人大及其常委会监督监察委员会的工作。监察委员会对人大及其常委会负责，作为行使监察职能的专责机关，各级监察委员会和党的纪律检查委员会合署办公，并且和司法机关协调衔接。

国家监察体制改革是事关全局的重大政治改革。按照四中全会"重大改革要于法有据"的要求，要按照依法治国、依宪治国的原则，修改相关的法律，引领、保障国家监察体制改革依法进行。首先，修改了《宪法》，明确监察权的性质、国家监察机关的宪法地位、职权、产生、组成和与人大及其常委会的关系以及监察委员会之间上下级的关系，并在宪法第三章国家机构中单设一节监察委员会。另外，对宪法的相关条款进行了修改。

同时，制定了《监察法》，修改了《刑事诉讼法》《人民检察院组织法》，还要修改地方组织法、检察官法和各级人大常委会监督法等相关法律，制定各级监察委员会组织法。

19. 做好问题线索分类处置

【核心要义】信访举报是党员、群众民主监督的重要渠道。根据《党内监督条例》第二十九条的规定，要认真处理信访举报，做好问题线索分类处置。第三十一条规定，接到对干部一般性违纪问题的反映，应当及时找本人核实，谈话提醒、约谈函询，让干部把问题讲清楚。约谈被反映人，可以与其所在党组织主要负责人一同进行；被反映人对函询问题的说明，应当由其所在党组织主要负责人签字后报上级纪委。谈话记录和函询回复应当认真核实，存档备查。没有发现问题的应当了结澄清，对不如实说明情况的给予严肃处理。《党内监督条例》还要求党组织保障监督对象的申辩权、申诉权等相关权利。经调查，监督对象没有不当行为的，应予以澄清和正名。

党的十八大以来，中央纪委推进理念和实践创新，开展问题线索大起底，加强线索集中管理，分类处置问题线索。在梳理、总结这些创新成果的基础上，《纪律检查机关监督执纪工作规则（试行）》规定，纪检机关信访部门归口受理同级党委管理的党组织和党员干部违反党纪的信访举报，统一接收执下一级纪委和派驻纪检组报送的相关信访举报，分类摘要后移送案件监督管理部门。执纪监督部门、执纪审查部门、干部监督部门发现的相关问题线索，属本部门受理范围的，应当送案件监督管理部门备案；不属本部门受理范围的，经审批后移送案件监督管理部门，由其按程序转交相关监督执纪部门。案件监督管理部门统一受理巡视工作机构和审计机关、行政执法机关、司法机关等单位移交的相关问题线索。

《纪律检查机关监督执纪工作规则》将线索处置标准调整为谈话函询、初步核实、暂存待查、予以了结等四类处置方式，并把"谈话函询"单列一章，明确了具体方式和相关程序。2018年12月中央政治局审议通过的《纪律检查机关监督执纪工作规则》总结试行经验，在此基础上进行了完善。

山东省某市纪委接到一个举报，反映市职业教育中心校长刘某某在教学设备招标过程中存在暗箱操作行为。

收到信访件后，市纪委按程序及时处置，决定对刘某某进行函询。经市纪委主要负责同志批准后，以市纪委办公室名义发函给刘某某本人，并抄送该市教育局局长李某某。

刘某某在5个工作日后写出说明材料，就相关问题进行了详细说明，表明没有参与整个招标过程，所反映的问题不属实，经李局长签署意见后发函回复市纪委。

市纪委根据函询及调查情况写出函询情况报告，经市纪委负责人批准后，对该信访件予以了结，并将函询回复等材料存入刘某某个人廉政档案。

【案例解读】本案涉信访举报问题，有以下几个看点。

一是纪委是党内监督的专责机关，要及时发现问题、及时纠正问题。纪委要对问题线索负责任地提出处置意见和建议。《纪律检查机关监督执纪工作规则（试行）》对信访举报的处置，明确为谈话函询、初步核实、暂存待查、予以了结等四类处置方式。本案中，纪检机关在"第一种形态"上下功夫，对有问题反映的刘某某及时函询，是对监督执纪"四种形态"的正确运用。2018年

12月中央政治局审议通过的《纪律检查机关监督执纪工作规则》，总结试行经验，在此基础上进行了完善。

二是接到对干部一般性违纪问题的反映，市纪委及时找刘某某本人核实，约谈函询，让刘某某把问题讲清楚。刘某某对函询问题的说明由其所在单位的上级党组织主要负责人签字后报上级纪委。谈话记录和函询回复存档备查。

三是纪委机关对查无实据的信访问题及时澄清了结。按照规定，对于受到错告或诬告的刘某某澄清了事实，这也符合有关规定。

第五讲　学习贯彻《中国共产党纪律处分条例》

1. 《中国共产党纪律处分条例》的特色和看点

【核心要义】 党的纪律是全体党员和党组织必须遵循的行为准则。作为规范党组织和全体党员行为的基础性法规，《中国共产党纪律处分条例》（以下简称《党纪处分条例》）在我国的党内法规体系中发挥着重要作用，20多年来一脉相承又与时俱进。2018年修订的《党纪处分条例》已经是第四代"4.0版"或原《党纪处分条例》的"升级版"。

早在1997年2月，中央就发布了《中国共产党纪律处分条例》（试行）。试行的《党纪处分条例》共172条。2013年12月31日中共中央印发《中国共产党纪律处分条例》。条例共178条。

此后十余年间，《党纪处分条例》未再作修改。党的十八大以后，随着全面从严治党深入推进，原有《党纪处分条例》已不再适应新形势的要求。一个突出表现是，党内法规混同于一般法律，党规党纪的许多规定与法律条文重复。

2015年10月18日，中央印发了新修订的《党纪处分条例》，修订后的《党纪处分条例》发生了较大幅度的变化：从原来的3编、15章、178条、24000余字缩减为3编、11章、133条、17000余字；把《党章》和其他党内法规的纪律方面的要求整合为政治纪律、组织纪律、廉洁纪律、群众纪律、工作纪律和生活纪律；坚持纪严于法、纪在法前，去除与法律重复的内容，实现纪法分开；把政治纪律细化、具体化，把落实中央八项规定精神的要求转化为纪律条文。

2015年《党纪处分条例》印发后，党中央先后制定或修订了《关于新形势下党内政治生活的若干准则》《中国共产党党内监督条例》等重要党内法规。党的十九大把纪律建设纳入党的建设总体布局，摆在更加突出位置，十九大党章提出新时代党的建设新任务，充实了坚持党要管党、全面从严治党的基本要求，完善了党的纪律建设内容。

因此，需要站在新的历史起点上，针对新情况、根据新形势，对《党纪处分条例》进行修订，对全面加强党的纪律建设作出新的部署，体现《党纪处分条例》的政治性、时代性、针对性。

根据党中央决策部署，中央纪委着手《党纪处分条例》修订工作。2018年7月31日中央政治局会议审议通过了修订的《党纪处分条例》。同年8月18日修订的《党纪处分条例》公布，10月1日起实施。

此次修订的《党纪处分条例》共142条，与原《条例》相比新增11条，修改65条，整合了2条。修订的《党纪处分条例》既一脉相承，保留了2015年《党纪处分条例》中原来大部分的内容，同时，修订的《党纪处分条例》又与时俱进，将党的十八大以来党的纪律建设的理论、实践和制度创新成果以党规党纪形式固化下来。

修订后《党纪处分条例》，主要有以下几点看点：

一是，把坚决维护以习近平同志为核心的党中央权威和集中统一领导作为修订《党纪处分条例》的出发点和落脚点。

此次修订，总则部分增加了以习近平新时代中国特色社会主义思想为指导，坚持和加强党的领导，坚决维护习近平总书记党中央的核心、全党的核心地位，坚决维护党中央权威和集中统一领导，牢固树立政治意识、大局意识、核心意识、看齐意识等内容；政治纪律部分，增加了对在重大原则问题上不同党中央保持一致，搞山头主义、拒不执行党中央确定的大政方针，落实党中央决策部署打折扣、搞变通等行为的处分规定。

修订《党纪处分条例》，把坚决维护以习近平同志为核心的党中央权威和集中统一领导作为出发点和落脚点，作为根本的政治纪律和政治规矩，对管党治党中的突出问题，特别是习近平总书记反复强调的"七个有之"问题作出更有针对性的规定，以确保全党令行禁止。

二是，突出政治纪律和政治规矩。

《党纪处分条例》分则政治纪律部分共26条，新增5条，修改12条，新增和修改条款数在六项纪律中居于首位。如增加对搞山头主义、制造传播政治谣言等危害党的团结统一行为的处分规定，增加对搞两面派、做两面人等对党不忠诚不老实行为的处分规定，增加干扰巡视巡察工作或者不落实巡视巡察整改要求的处分规定，对组织、利用宗教活动破坏民族团结的首要分子从严处理等等。

在党的纪律中，政治纪律最重要、最根本、最关键。党的十八大以来发现的管党治党的所有问题，从本质上看都是政治问题。此次修订《党纪处分条例》，把政治建设摆在首位，严明政治纪律和政治规矩，以不断巩固党执政的政治基础。

三是，把《党章》和《准则》等党内法规的要求细化具体化。

《党章》是党内的根本法，是管党治党的最高规则，其他法规制度从属于《党章》，是《党章》要求的延伸和具体化。《准则》是对全党政治生活、组织生活和全体党员行为作出的基本规定，在党内法规体系中位阶比较高，仅次于《党章》。此次修订《党纪处分条例》，以《党章》为根本遵循，将《党章》的新规定新要求细化具体化，切实维护党章权威性和严肃性。同时，注重落实《准则》要求，注重与其他党内法规衔接，增强制度合力，把制度优势转化为治理效能。

四是，坚持问题导向，针对突出问题和新型违纪行为扎紧制度篱笆。

《党纪处分条例》将一些新型违纪行为列入"负面清单"。如将故意规避集体决策、借集体决策名义集体违规等违反民主集中制原则行为列入违反组织纪律范畴；以学习培训、考察调研为名变相公款旅游，进行股票内幕交易，借用管理和服务对象钱款、通过民间借贷等金融活动获取大额回报等被列入违反廉洁纪律范畴；利用黑恶势力欺压群众、充当黑恶势力"保护伞"等行为被纳入违反群众纪律范畴；贯彻党中央决策部署只表态不落实、热衷于搞舆论造势等形式主义、官僚主义等行为被列入违反工作纪律范畴；不重视家风建设，对配偶、子女及其配偶失管失教等行为纳入违反生活纪律范畴。

从党的十八大以来立案查处的党员领导干部严重违纪违法案例看，有的一手遮天、违规决策，违反民主集中制原则；有的变换手法公款旅游，"四风"问题隐形变异；有的通过股票内幕交易非法获利；有的涉黑涉恶，充当"保护伞"；有的作风飘浮，形式主义、官僚主义问题严重；有的家风不正，家族式腐败问题突出等等。《党纪处分条例》坚持问题导向，针对管党治党的突出问题和监督执纪中发现的新型违纪行为，举一反三、以案明纪，扎紧制度篱笆，促使广大党员懂法纪、明规矩、知敬畏、存戒惧，筑牢不可触碰的底线。

五是，把党的十八大以来纪律建设理论、实践、制度创新成果总结提炼为党规党纪。

如《党纪处分条例》增加规定"三个重点"，即重点查处党的十八大以来不收敛、不收手，问题线索反映集中、群众反映强烈，政治问题和经济问题交织的腐败案件，违反中央八项规定精神的问题等；坚持有权必有责、有责要担当、失责必追究，推动各级党组织落实全面从严治党主体责任、监督责任；驰而不息纠正"四风"；坚持把纪律挺在前面，运用监督执纪"四种形态"，抓早抓小，防微杜渐；始终保持惩治腐败高压态势，持续形成强大震慑；整治群众身边腐败问题，为脱贫攻坚提供有力保障等。

六是，把执纪和执法贯通起来，坚持纪严于法、纪在法前。

党员是有着特殊政治职责的公民，不仅要模范遵守国家法律，还必须接受更加严格的纪律约束。此次修订《党纪处分条例》，突出党纪特色，坚持纪严于法、纪在法前，对各级党组织和全体党员，特别是党员领导干部提出了更为严格的纪律要求。

同时，《党纪处分条例》做好纪法衔接，规定党组织在纪律审查中发现党员严重违纪涉嫌违法犯罪的，原则上先作出党纪处分决定，并按照规定给予政务处分后，再移送有关国家机关依法处理；明确党组织在纪律审查中发现党员有贪污贿赂、滥用职权、玩忽职守、权力寻租、利益输送、徇私舞弊、浪费国家资财等违反法律涉嫌犯罪行为的，应当给予撤销党内职务、留党察看或者开除党籍处分，与《监察法》做好有效衔接。

七是，释放出"越往后越严"的政治信号。

修订《党纪处分条例》本身再次宣示了反腐败斗争不会变风转向的顽强意志和坚定决心，营造出不断加强纪律建设的浓厚氛围。

同时，在总则中增加规定拒不上交或者退赔违纪所得，而且在分则中增加规定搞有组织的拉票贿选或用公款拉票贿选，扶贫领域侵害群众利益，贯彻新发展理念不力、对职责范围内的问题失察失责，在上级检查、视察工作或向上级汇报、报告工作时纵容、唆使、暗示、强迫下级说假话、报假情等，应从重或加重处分，释放出"越往后越严"的政治信号。

【条例解读】 2015年《党纪处分条例》共3编、17章、133条。2018年修订后的《党纪处分条例》共3编、11章、142条，仍分为"总则""分则"和"附则"三部分。对照《党纪处分条例》修订前后的内容变化，不难发现，与2015年10月18日印发的《中国共产党纪律处分条例》相比，新修订的《党纪处分条例》政治性更强、内容更科学、逻辑更严密、指导性和可操作性更强。

各级党委（党组）要切实抓好《党纪处分条例》的学习宣传、贯彻落实。各级纪委（纪检组）要认真履行监督执纪问责职责，加大查处违反《党纪处分条例》行为的力度。党员领导干部要以身作则，带头增强党章党规党纪意识，敢于担当、敢于较真、敢于斗争，确保把党章党规党纪落实到位。广大党员要牢固树立党章党规党纪意识，严格遵守国家法律法规，守住纪律底线，自觉做守纪律、讲规矩的模范。各级党委（党组）和纪委（纪检组）要适时对《党纪处分条例》实施情况进行专项检查，确保各项规定落到实处。

2. 什么是纪律处分和纪律处理

【核心要义】 按照《党纪处分条例》的规定，党组织和党员违反党章和其他党内法规，违反国家法律法规，违反党和国家政策，违反社会主义道德，危害党、国家和人民利益的行为，依照规定应当给予纪律处理或者处分的，都必须受到追究。

对党员的纪律处分种类有警告、严重警告、撤销党内职务、留党察看和开除党籍五种。对严重违犯党纪的党组织的纪律处理措施有改组和解散两种。

根据《党纪处分条例》第十条至第十三条的规定，党员受到警告处分，一年内不得在党内提升职务和向党外组织推荐担任高于其原任职务的党外职务。

党员受到严重警告处分，一年半内不得在党内提升职务和向党外组织推荐担任高于其原任职务的党外职务。

撤销党内职务处分，是指撤销受处分党员由党内选举或者组织任命的党内职务。党员受到撤销党内职务处分，二年内不得在党内担任和向党外组织推荐担任与其原任职务相当或者高于其原任职务的职务。

留党察看处分，分为留党察看一年、留党察看二年。留党察看期限最长不得超过二年。党员受到留党察看期间，没有表决权、选举权和被选举权。

党员受到留党察看处分，其党内职务自然撤销。对于担任党外职务的，应当建议党外组织撤销其党外职务。受到留党察看处分的党员，恢复党员权利后二年内，不得在党内担任和向党外组织推荐担任与其原任职务相当或者高于其原任职务的职务。

党员受到开除党籍处分，五年内不得重新入党，也不得推荐担任与其原任职务相当或者高于其原任职务的党外职务。另有规定不准重新入党的，依照规定。

此外，根据《党纪处分条例》第十四条规定，党的各级代表大会的代表受到留党察看以上（含留党察看）处分的，党组织应当终止其代表资格。

根据《党纪处分条例》第十五条的规定。受到改组处理的党组织领导机构成员，除应当受到撤销党内职务以上（含撤销党内职务）处分外，均自然免职。

《党纪处分条例》规定，对于违犯党的纪律的党组织，上级党组织应当责令其作出检查或者进行通报批评。对于严重违犯党的纪律、本身又不能纠正的党组织，上一级党的委员会在查明核实后，根据情节严重的程度，可以予以改组或者解散。对于受到解散处理的党组织中的党员，应当逐个审查。其中，符合党员条件的，应当重新登记，并参加新的组织过党的生活；不符合党员条件的，应当对其进行教育、限期改正，经教育仍无转变的，予以劝退或除名；有违纪行为的，依照规定予以追究。

党的十九大报告提出，赋予有干部管理权限的党组织相应纪律处分权限。

【条例解读】党纪处分是对违反党纪的党员或党组织追究纪律责任的方式。对严重违犯党纪的党组织的纪律处理措施有改组和解散两种。

与党纪处分相关的概念有除名、行政处分、政务处分、行政处罚、组织处理等。因此，要注意辨析。

根据《党纪处分条例》，党纪处分从轻到重，依次为警告、严重警告、撤销党内职务、留党察看、开除党籍。其中，与"开除党籍"相关的概念是"除名"或"劝退"。根据《中国共产党章程》和2014年《关于做好处置不合格党员工作的通知》，"除名"或"劝退"属于党组织对不合格党员的处置方式。如在对受到解散处理的党组织中的党员逐个审查过程中，对不符合党员条件、经教育仍无转变的，予以劝退或者除名；又如对不属于严重违纪、但违纪后下落不明时间超过六个月的，党组织应按照党章规定对其予以除名等。除名不属于党纪处分。

与此相关的概念"行政处分"，也叫"政纪处分"，是有关机关或组织对公务员、事业单位工作人员等追究纪律责任的方式，对公务员作出的处分，根据《中华人民共和国公务员法》，有警告、记过、记大过、降级、撤职和开除。对事业单位工作人员作出的处分，根据2012年《事业单位工作人员处分暂行规定》，有警告、记过、降低岗位等级或撤职、开除。党员受到党纪追究，需要给予行政处分的，党组织应向有关机关或组织提出建议。根据2018年《监察法》，对违法公职人员监察机关可给予政务处分。

根据1996年《中华人民共和国行政处罚法》，行政处罚的种类有警告、罚款、没收违法所得或非法财物、责令停产停业、暂扣或吊销许可证或执照和行政拘留等。党员依法受到行政处罚，应追究党纪责任的，党组织可根据生效的行政处罚决定认定的事实、性质和情节，经核实后依规给予党纪处分或组织处理。

组织处理或组织调整都属于职务调整范畴，也都是对党的领导干部问责的形式，但不属于党纪处分。

3. 什么是组织处理或组织调整

《党纪处分条例》中，除了党纪处分和纪律处理外，还有组织处理的规定，如根据《党纪处分条例》第三十四条规定，党员依法受到政务处分、行政处罚，应当追究党纪责任的，党组织可以根据生效的政务处分、行政处罚决定认定的事实、性质和情节，经核实后依照本条例规定给予党纪处分或者组织处理。《中国共产党问责条例》也有"组织调整或者组织处理"的规定。另外，《中国共产党党内监督条例》有"组织调整""重大职务调整"的提法。那么，什么是组织处理或组织调整呢？

2016年2月4日，中央纪委监察部网站（2018年3月20日，更名为"中央纪委国家监委网站"）发布消息称，经中共中央批准，中纪委日前对某省委

原副书记、省长魏某严重违纪问题进行了立案审查。同年1月15日，中纪委监察部新闻发布会上，中纪委副书记吴玉良回应魏某失联消息时表示，魏某因涉嫌严重违纪，目前正在反省思过，下一步将根据违纪的具体情况进行处理。依据《党纪处分条例》等有关规定，经中纪委常委会议审议并报中共中央批准，决定给予魏某撤销党内职务处分，由监察部报国务院批准给予其行政撤职处分，降为副厅级非领导职务。

同一天，中纪委监察部网站发布的消息称，日前，经中共中央批准，中纪委对某省原省委常委、组织部部长贺某某严重违纪问题进行了立案审查。

2016年1月29日，中纪委监察部网站发布消息称，2015年中纪委贯彻落实全面从严治党要求，把纪律和规矩摆在前面，坚持惩前毖后、治病救人，在纪律审查工作中，针对被审查人的具体情况，综合考虑其违纪行为的性质和情节、造成的后果和影响、认错悔错态度，以及配合组织审查、退缴违纪所得等情况，依纪依规给予10名中管干部党纪重处分，并作出重大职务调整。

这十名中管干部是：某省政协原党组成员、副主席许某某，某省委原常委、统战部原部长颜某某，某自治区政协原党组副书记、副主席韩某某，某省政协原党组副书记、副主席孙某某，某商业银行原党委副书记、副董事长、行长张某，某省政协原党组成员、副主席刘某某，某自治政协原党组成员、副主席刘某某，某央企原党委副书记、董事、总经理朱某某，某省委原常委、秘书长曹某某，某总局原党组成员、总经济师范某。

根据中央纪委监察部网站2016年7月22日发布的消息，经中共中央批准，中央纪委对某自治区政协原党组成员、副主席赖某某严重违纪问题进行了立案审查"。依据《党纪处分条例》等有关规定，经中央纪委常委会议审议并报中共中央批准，决定给予赖某某开除党籍、行政撤职处分，降为科员。

更早之前的2014年，某省委原常委、某市委书记张某某因涉嫌违纪被免职，并受到开除党籍处分，取消其副省级待遇，降为副处级非领导职务处分。某省委原常委、秘书长赵某某因严重违纪，受到开除党籍处分，取消其副省级待遇，降为科员。某省原副省长付某某因公款消费饮酒致人死亡，受到留党察看一年处分，按程序由副省级降为正局级。

省管干部也有类似案例。如根据2016年12月14日河北省纪委发布的消息，经河北省委批准，河北省纪委对某职业技术学院党委书记李某某严重违纪问题进行了立案审查。经查，李某某违反中央八项规定精神，用公款购买赠送礼品；违反工作纪律，违规干预和插手司法活动；违反国家法律法规规定，利用职务上的便利在企业经营方面为他人谋取利益并收受财物。经省纪委常委会议研究并报省委批准，决定给予李某某留党察看二年、降低岗位等级处分，将其管理岗位由四级降为六级。

【条例解读】组织处理或组织调整都不属于党纪处分。组织处理，主要是指党组织按照干部管理权限，对涉嫌违犯党纪的党员干部进行必要的岗位、职务调整的组织措施，主要有停职、责令辞职、免职、降职等；组织调整，则主要针对被认定为不适宜担任现职的领导干部作出，如调离岗位或职务调整、改任非领导职务等。采用"组织处理或组织调整"的表述，兼顾了不同情节，更为完整准确，为各地区、各部门和各单位结合实际执纪监督问责留下了空间。

前面提到的几十名中管干部，有的被党纪处分，有的被政纪处分，有的被组织处理或组织调整。

例如，经中纪委常委会议审议并报中共中央批准，决定给予魏某撤销党内职务处分，这是党纪重处分，由监察部报国务院批准给予其行政撤职处分，这是政纪重处分，降为副厅级非领导职务，属于降职和改任非领导职务（后改为"职级"），是重大职务调整。

某自治区政协原党组成员、副主席赖某某因严重违纪，被开除党籍属于党纪重处分，撤职属于政纪重处分，被降为科员是降职，也是改任非领导职务（后改为"职级"），都属于重大职务调整。

河北省纪委对某职业技术学院党委书记李某某留党察看二年，这属于党纪重处分；降低岗位等级（管理岗位由四级降为六级），属于对事业单位工作人员作出的处分。根据2012年《事业单位工作人员处分暂行规定》，对事业单位工作人员作出处分，有警告、记过、降低岗位等级或撤职、开除，降低岗位等级属于比较重的处分。

4. 党员涉嫌违法如何进行纪律处分或者组织处理

【核心要义】根据《党纪处分条例》第三十三条的规定，党员依法受到政务处分、行政处罚，应当追究党纪责任的，党组织可以根据生效的政务处分、行政处罚决定认定的事实、性质和情节，经核实后依照本条例规定给予党纪处分或者组织处理。

我们来看几个案例。

湖南省纪委湖南省监察厅官方网站三湘风纪网披露，近日，湖南省某县纪委对近年来查处的5起党员和国家公职人员涉毒违法典型案件进行了通报。

1. 县燃气办工作人员曾某容留他人吸毒案。曾某因犯容留他人吸毒罪，某日被县人民法院判处有期徒刑六个月，缓刑一年，并处罚金人民币3000元。后经县住房和城乡建设局研究决定，给予曾某开除公职处分。

2. 县价格认证中心价格鉴定员钟某某吸食毒品案。某日钟某某伙同他人多次吸食毒品，被县公安机关抓获。经县发展和改革局研究决定，给予钟某某降低岗位等级处分。

3. 该县某村党员全某吸食冰毒案。全某伙同他人吸食冰毒被县公安机关抓获。经某乡党委研究决定，给予全某留党察看一年处分。

4. 该县供电分公司职工江某某吸食毒品案。江某某吸食毒品，某日被县公安机关抓获。经县供电分公司研究决定，给予江某某留用察看一年处分。

5. 县供电分公司职工龚某吸食毒品案。龚某吸食毒品，某日被县公安机关抓获。经县供电分公司研究决定，给予龚某留用察看一年处分。

【条例解读】根据《党纪处分条例》第三十三条的规定，党员违法受到政务处分、行政处罚，应追究党纪责任的，给予党纪处分或者组织处理。这里要注意以下几个问题。

一是党员涉嫌违法受到行政处罚，是作为公民身份违反《中华人民共和国治安管理处罚法》等法律法规被追究行政法律责任。党员作为党组织成员，要受党纪约束，同时，在社会上还是一名公民，要受法律约束。根据《党章》，党员要自觉遵守党的纪律，模范遵守国家的法律法规。如果党员违反国家法律法规，要受到行政处罚或刑事责任追究，如案例二到案例五，四起都是违反了治安管理处罚法第七十二条的违法行为，可被处十日以上十五日以下拘留，并可处二千元以下罚款；情节较轻的，处五日以下拘留或者五百元以下罚款；而案例一曾某容留他人吸毒，根据《中华人民共和国刑法》第三百五十四条规定，构成容留他人吸食毒品罪，处三年以下有期徒刑、拘役或者管制，并处以罚款。同时，违法犯罪也是严重违纪行为，还要被追究党纪责任或政纪责任，给予党纪处分或者组织处理，或政纪处分。

二是党员涉嫌违法受到行政处罚，按照违纪违法案件移送处理和协作配合工作的有关规定，公安等机关在查办涉及党员或监察对象的案件过程中，应及时向同级纪检监察机关通报情况，并根据要求移送案件及相关材料，如案件移送书（函）、行政处罚决定或行政强制措施决定文书、复印或复制的主要证据、按规定应当移交的涉案款物及清单、其他有关涉嫌违纪违法的证据材料。

三是党员涉嫌违法受到政务处分、行政处罚，应当追究党纪责任的，党组织可以根据生效的政务处分、行政处罚决定认定的事实、性质和情节，经核实后依照《党纪处分条例》规定给予党纪处分或者组织处理。

四是党组织可以给予党纪处分或者组织处理。如果是政务处分、行政处罚，要对政务处分、行政处罚决定认定的事实、性质和情节进行核实，再给予处分。如前述案例故事中第三起案件，全某被留党察看一年，这是给予党纪处分。

五是如果不是党员，可以根据《中华人民共和国监察法》或《事业单位工作人员处分暂行规定》，给予政务处分、政纪处分。如前述案例故事中第二起案件，根据《事业单位工作人员处分暂行规定》第二十一条规定，吸食毒品的，给予降低岗位等级或者撤职以上处分，县价格认证中心价格鉴定员钟某某被降低岗位等级。

六是如果行政机关公务员依法被判处刑罚，或事业单位工作人员被依法判处有期徒刑以上刑罚的，给予开除处分。如前述案例故事中第一起案件中，县燃气办工作人员曾某被开除公职；对涉嫌犯罪的党员，党组织应根据司法机关的生效判决、裁定、决定及其认定的事实、性质和情节，依照规定给予党纪处分或者组织处理。如果曾某是党员的话，根据《党纪处分条例》第三十二条的规定，还应被开除党籍。

5. 对党员涉嫌犯罪如何进行纪律处分

2017年1月6日时任中央纪委书记王岐山在十八届中央纪委七次全会工作报告中，在2016年工作回顾时，提到"中央纪委会同有关部门排查清理移送检察机关前未作出纪律处分、被判刑党员未受到党纪处分的情况，在狱中服刑的1.8万名'党员'均被依规依纪开除党籍"。同时，中央纪委制定《关于进一步规范对涉嫌违法犯罪党员作出纪律处分工作的意见》，从源头上解决了"带着党籍蹲监狱"问题。这里说的就是对党员涉嫌犯罪如何进行纪律处分的问题。

李某，中共党员，国家某行政机关管理局原副局长。某日晚，李某饮酒后驾车到单位取材料，被执勤民警当场查获，并抽取体内静脉血留存。后经司法鉴定，李某血液中酒精含量为91.2mg/100ml，已达到国家人体血液酒精含量标准中规定的醉酒标准。后来李某因涉嫌犯危险驾驶罪被取保候审。后，李某被免职。某人民法院作出刑事判决，认定李某行为构成危险驾驶罪，鉴于其认罪、悔罪态度较好，依法对其从轻处罚并适用缓刑，判处拘役一个月，缓刑二个月，罚款1000元。李某未提起上诉，判决生效。

对李某的上述行为，其所在单位纪委提出，依据《党纪处分条例》关于"因故意犯罪被依法判处刑法规定的主刑（含宣告缓刑）的"应当给予开除党籍处分的规定，本应给予李某开除党籍处分，但考虑到其具有认错态度较好，在问题发生后第一时间向所在单位党委、纪委主动报告，且本人工作表现一贯良好，醉酒驾车未造成不良后果等减轻处分情节，拟依据《党纪处分条例》第十八条"根据案件的特殊情况，由中央纪委决定或者经省（部）级纪委（不含副省级市纪委）决定并呈报中央纪委批准，对违纪党员也可以在本条例规定的处分幅度以外减轻处分"的规定，按程序报中央纪委批准后，在处分幅度以外给予其留党察看二年处分。

那么，对李某的处分决定可以参照特殊减轻处分决定执行吗？

【条例解读】根据《党纪处分条例》第三十二条的规定，党员犯罪，有下列情形之一的，应当给予开除党籍处分：一是因故意犯罪被依法判处刑法规定的主刑（含宣告缓刑）的；二是被单处或者附加剥夺政治权利的；三是因过失犯罪，被依法判处三年以上（不含三年）有期徒刑的。因过失犯罪被判处三年以下（含三年）有期徒刑或者被判处管制、拘役的，一般应当开除党籍。对于个别可以不开除党籍的，应当对照处分党员批准权限的规定，报请再上一级党组织批准。《党纪处分条例》第三十三条规定，党员依法受到刑事责任追究的，党组织应当根据司法机关的生效判决、裁定、决定及其认定的事实、性质和情节，依照本条例规定给予党纪处分，是公职人员的由监察机关给予相应政务处分。

本案中，李某血液中酒精含量为91.2mg/100ml，已达到国家人体血液酒精含量标准中规定的醉酒标准，人民法院判决认定李某行为构成危险驾驶罪，判处拘役一个月，符合《党纪处分条例》第三十二条第一款第一项关于"因故意犯罪被依法判处刑法规定的主刑（含宣告缓刑）的"规定的应当给予开除党籍处分的情形，不属于对于个别可以不开除党籍的，应当对照处分党员批准权限的规定，报请再上一级党组织批准的情形。

本案也不能适用《党纪处分条例》第十八条规定的特殊减轻处分规定。这是因为，如果允许此种情形适用特殊减轻处分规定，即不开除党籍，就会与《中国共产党章程》关于"严重触犯刑律的党员必须开除党籍"的规定产生冲突，而《党纪处分条例》的具体适用不能突破《党章》的规定。因此，本案中，对李某的行为应给予开除党籍处分，不能给予留党察看二年处分。

另外，根据《行政机关公务员处分条例》第十八条的规定，行政机关公务员依法被判处刑罚的，给予开除处分。李某身为国家行政机关公务员，还应被开除公职。

6. "三种特殊情况"的党员如何处理

所谓三种特殊情况，一是预备党员违犯党纪，情节较轻，可以保留预备党员资格的，党组织应当对其批评教育或者延长预备期；情节较重的，应当取消其预备党员资格。二是对违纪后下落不明的党员，如有严重违纪行为，应当给予开除党籍处分的，党组织应当作出决定，开除其党籍；除此情况外，下落不明时间超过六个月的，党组织应当按照党章规定对其予以除名。三是违纪党员在党组织作出处分决定前死亡，或者在死亡之后发现其曾有严重违纪行为，对于应当给予开除党籍处分的，开除其党籍；对于应当给予留党察看以下（含留党察看）处分的，作出违犯党纪的书面结论和相应处理。

2014年8月16日，澎湃新闻报道，某省厅官李某某在原定被带走调查当

天自杀，留遗书称对不起组织，请求组织可善待其家属。1995年4月4日，某市委常委、副市长王某某畏罪自杀。根据法律规定，不再追究其刑事责任。

涉腐官员面临调查时为何选择"自杀"，自杀真能"解脱"吗？

涉嫌贪腐的官员，在听闻纪委要审查、在纪委审查过程中自杀，或者在监察机关调查过程中、法院判决前死亡，真能"一了百了"吗？

如此，是否真的能保住自己的"政治声誉"？家人是否还可以继续享用涉贪的财产？是否能保住涉贪的相关关系人，包括亲属在内的其他涉案人是否还会被追责？

相关党内文件和有关法律是如何规定的？我们来作一解答。

【条例解读】违纪党员在党组织作出处分决定前死亡，有各种情形。如果在纪委审查前或在纪委审查中，涉贪官员"死亡"，党组织仍然可以审查，无须撤案，可以对其作出纪律处分，当事人死亡并不必然导致其免予追究党纪责任。实践中，也存在当事人死亡后被追究党纪责任的。如2007年6月3日，某市政协主席宋某某自杀身亡，后中央纪委决定并报经中央批准，开除宋某某党籍。

根据《党纪处分条例》第三十六条的规定，违纪党员在党组织作出处分决定前死亡，或者在死亡之后发现其曾有严重违纪行为，对于应当给予开除党籍处分的，开除其党籍；对于应当给予留党察看以下（含留党察看）处分的，作出违犯党纪的书面结论和相应处理。

这里的"开除党籍"处分决定和"书面结论"，都是确认其违纪的文书，因为人已经死亡，无法执行留党察看、撤销党内职务、严重警告、警告处分。

根据《党纪处分条例》第四十条规定，对于违纪行为所获得的经济利益，应当收缴或者责令退赔。因此，违纪党员虽已死亡，但对已确认属于违纪所得的经济利益包括涉案款物，应该予以收缴或者责令退赔。

被调查人逃匿或死亡，有必要继续调查的，经省级以上监察机关批准，应继续调查并作出结论；如被调查人逃匿，通缉一年后不能到案或死亡的，由监察机关提请检察院依法向法院提出申请没收违法所得。

对于在被调查期间自杀，但已陈述了部分罪行的，或者其他证据形成了完整的证据链条的，仍然可以认定。当然，如果在被调查前就自杀，查办难度就很大，因为对受贿类案件，没有官员一方的陈述，属于缺失关键性证据，容易导致案件难以推进，但并不是就没办法查证了，还会有电子数据、短信、银行汇款记录等途径佐证。另外，现在的贪腐案件，往往有家属、特定关系人等介入经手，也是案件突破路径。没有被调查人的口供，只要证据确实充分的，仍可以认定，关键看查办案件的决心和力度。

7. 违纪行为有关责任人员如何区分

2015年8月12日，位于某市新区的瑞海国际物流有限公司危险品仓库发生特别重大火灾爆炸事故。8月18日经国务院批准成立国务院事故调查组。调查认定，"8·12"瑞海公司危险品仓库火灾爆炸事故是一起特别重大生产安全责任事故。事故造成165人遇难、8人失踪、798人受伤。

调查组查明，事故直接原因是瑞海公司危险品仓库运抵区南侧集装箱内硝化棉由于湿润剂散失出现局部干燥，在高温（天气）等因素的作用下加速分解放热，积热自燃；引起相邻集装箱内的硝化棉和其他危险化学品长时间大面积燃烧，导致堆放于运抵区的硝酸铵等危险化学品发生爆炸。

调查组认定，瑞海公司严重违法违规经营，是造成事故发生的主体责任单位。该公司严重违反某市城市总体规划和滨海新区控制性详细规划，无视安全生产主体责任，非法建设危险货物堆场，在现代物流和普通仓储区域违法违规，从2012年11月至2015年6月多次变更资质经营和储存危险货物，安全管理极其混乱，致使大量安全隐患长期存在。

调查组同时认定，事故还暴露出有关地方政府和部门存在有法不依、执法不严、监管不力等问题。某市交通、港口、海关、安监、规划和国土、市场和质检、海事、公安等部门，以及滨海新区环保、行政审批等单位，未认真贯彻落实有关法律法规，未认真履行职责，违法违规进行行政许可和项目审查，日常监管严重缺失；有些负责人和工作人员贪赃枉法、滥用职权。市委、市政府和新区区委、区政府未全面贯彻落实有关法律法规，对有关部门、单位违反城市规划行为和在安全生产管理方面存在的问题失察失管。公安、检察机关对49名企业人员和监察对象依法立案侦查并采取刑事强制措施。

根据事故原因调查和事故责任认定结果，调查组另对123名责任人员提出了处理意见，建议对74名责任人员给予党纪政纪处分，其中省部级5人、厅局级22人、县处级22人、科级及以下25人；对其他48名责任人员，建议由天津市纪委及相关部门视情予以诫勉谈话或批评教育。

宗某某，市委常委、新区区委书记，贯彻落实党的安全生产方针政策不到位，未认真按照"党政同责、一岗双责"的要求，督促新区政府及有关职能部门履行安全生产监管职责，对上述问题负有重要领导责任，给予党内严重警告处分。

孙某某，市政府党组成员、副市长，贯彻落实国家港口管理、安全生产法律法规不到位，对分管部门监督管理不力，对市交通运输委员会存在的严重失职渎职问题失察，对上述问题负有重要领导责任，给予降级处分。

何某某，市政府党组成员、副市长，贯彻落实国家安全生产法律法规和决策部署不到位，组织、指导、督促开展安全生产监管工作不到位，对市安全监管局存在的失职渎职问题失察，对上述问题负有重要领导责任，给予记大过处分。

张某，市委委员，新区区委副书记，新区政府党组书记、区长，未认真履行职责，贯彻落实党的安全生产方针政策和国家有关法律法规不到位，对新区相关职能部门的安全生产工作督促检查不到位。对上述问题负有重要领导责任，给予党内严重警告、降级处分。

孙某，新区政府党组成员、副区长，分管规划国土工作，未认真履行职责，贯彻落实党的安全生产方针政策和国家有关法律法规不到位，对分管部门及其工作人员履行职责情况督促检查不到位，对分管部门违规审批瑞海公司危险货物堆场改造项目规划许可的问题失察。对上述问题负有重要领导责任，给予党内严重警告、降级处分。

金某某，新区政府党组成员、副区长，分管安全生产工作，未认真履行职责，贯彻落实党的安全生产方针政策和国家有关法律法规不到位，对分管部门及其工作人员履行职责情况督促检查不到位，组织开展"打非治违"专项行动不到位。对上述问题负有主要领导责任，给予撤销党内职务、撤职处分。

张某某，新区政府党组成员、副区长，兼新区行政审批局（行政服务中心）局长（主任），履行职责不到位，贯彻落实党的安全生产方针政策和国家有关法律法规不到位，对分管部门及其工作人员履行职责情况督促检查不到位。对上述问题负有重要领导责任，给予记过处分。

【条例解读】本案中，国务院事故调查组认定，瑞海公司严重违法违规经营，是造成事故发生的主体责任单位。调查组同时认定，事故还暴露出有关地方政府和部门存在有法不依、执法不严、监管不力等问题。这里有以下几个注意点。

一是根据《党纪处分条例》第三十七条的规定，违纪行为有关责任人员的区分：其一，直接责任者，是指在其职责范围内，不履行或者不正确履行自己的职责，对造成的损失或者后果起决定性作用的党员或者党员领导干部。其二，领导责任者，包括主要领导责任者和重要领导责任者。主要领导责任者，是指在其职责范围内，对直接主管的工作不履行或者不正确履行职责，对造成的损失或者后果负直接领导责任的党员领导干部。

本案中，除了有关部门责任人员被问责或追责外，上述地方党委、政府负责人不是因为直接责任而是因为承担领导责任被党纪、政纪处分。其中，金某某作为新区政府党组成员、副区长，分管安全生产工作，未认真履行职责，贯彻落实党的安全生产方针政策和国家有关法律法规不到位，对分管部门及其工作人员履行职责情况督促检查不到位，组织开展"打非治违"专项行动不到位，对上述问题负有主要领导责任，也就是《党纪处分条例》所说的直接领导责任，因此，被给予撤销党内职务的党纪处分、撤职的政纪处分。

二是根据《党纪处分条例》第三十七条的规定，重要领导责任者，是指在其职责范围内，对应管的工作或者参与决定的工作不履行或者不正确履行职责，对造成的损失或者后果负次要领导责任的党员领导干部。本案中，宗某某作为区委主要负责人，贯彻落实党的安全生产方针政策不到位，未认真按照"党政同责、一岗双责"的要求督促新区政府及有关职能部门履行安全生产监管职责，对上述问题负有重要领导责任，也就是《党纪处分条例》所说的次要领导责任，因此，被处以严重警告的党纪处分。

三是孙某某、何某某、张某、孙某、金某某、张某某，作为市委或区委领导人员，或政府领导人员，或部门负责人，履行职责不到位，贯彻落实党的安全生产方针政策和国家有关法律法规不到位，对分管的港口管理、安全生产、规划国土等部门及其工作人员履行职责情况督促检查不到位。对上述问题负有重要领导责任,也就是《党纪处分条例》所说的次要领导责任,因此,分别被处以严重警告、撤销党内职务的党纪处分,或记过、记大过、降级或撤职的政纪处分。

8. 在重大原则问题上不同党中央保持一致或发表危害党的言论

【核心要义】政治纪律是各级党组织和全体党员在政治方向、政治立场、政治言论和政治行为方面必须遵守的规则,是维护党的团结统一的根本保证。政治纪律严明,全党才能在政治上高度统一、行动上步调一致,才能团结带领全国人民全面建成小康社会、夺取中国特色社会主义事业新胜利。

严明党的纪律,要把严明党的政治纪律和政治规矩摆在首要位置。在党的纪律中政治纪律是最重要、最根本、最关键的纪律,遵守党的政治纪律是遵守党的全部纪律的重要基础。据中央纪委向党的十九大的报告,党的十八大以来,共立案审查违反政治纪律案件1.5万件,处分1.5万人,其中中管干部112人。

不管违反哪方面纪律,若任其发展,最终都会侵蚀党的执政基础,破坏党的政治纪律。《党纪处分条例》的一个突出特点,就是把遵守政治纪律和政治规矩放在首要位置,以政治纪律为纲,带动其他纪律的执行,体现全面从严治党的要求。

《党纪处分条例》坚持以党章为基本遵循,把党章中关于政治纪律和政治规矩的要求进行细化、具体化。《党纪处分条例》第六章"对违反政治纪律行为的处分",主要是对发表危害党的言论、对党不忠诚不老实、破坏党的团结统一,反对党的领导和反对党的基本理论、基本路线、基本方略等违纪行为作出处分规定,将党的十八大以来党中央提出严明政治纪律和政治规矩的要求和实践成果转化为纪律条文。

《党纪处分条例》从第四十四条到第四十七条明确了"发表危害党的言论"等违反政治纪律的行为,比如"妄议党中央大政方针,破坏党的集中统一"等,并对相应的处分作了明确规定。

第四十四条规定,在重大原则问题上不同党中央保持一致且有实际言论、行为或者造成不良后果的,给予警告或者严重警告处分;情节较重的,给予撤销党内职务或者留党察看处分;情节严重的,给予开除党籍处分。

第四十五条规定，通过网络、广播、电视、报刊、传单、书籍等或者利用讲座、论坛、报告会、座谈会等方式，公开发表坚持资产阶级自由化立场、反对四项基本原则，反对党的改革开放决策的文章、演说、宣言、声明等的，给予开除党籍处分。

发布、播出、刊登、出版前款所列文章、演说、宣言、声明等或者为上述行为提供方便条件的，对直接责任者和领导责任者，给予严重警告或者撤销党内职务处分；情节严重的，给予留党察看或者开除党籍处分。

第四十六条规定，通过网络、广播、电视、报刊、传单、书籍等或者利用讲座、论坛、报告会、座谈会等方式，有下列行为之一，情节较轻的，给予警告或者严重警告处分；情节较重的，给予撤销党内职务或者留党察看处分；情节严重的，给予开除党籍处分：（一）公开发表违背四项基本原则，违背、歪曲党的改革开放决策，或者其他有严重政治问题的文章、演说、宣言、声明等的；（二）妄议党中央大政方针，破坏党的集中统一的；（三）丑化党和国家形象，或者诋毁、诬蔑党和国家领导人、英雄模范，或者歪曲党的历史、中华人民共和国历史、人民军队历史的。

发布、播出、刊登、出版前款所列内容或者为上述行为提供方便条件的，对直接责任者和领导责任者，给予严重警告或者撤销党内职务处分；情节严重的，给予留党察看或者开除党籍处分。

第四十七条规定，制作、贩卖、传播第四十五条、第四十六条所列内容之一的书刊、音像制品、电子读物、网络音视频资料等，情节较轻的，给予警告或者严重警告处分；情节较重的，给予撤销党内职务或者留党察看处分；情节严重的，给予开除党籍处分。

私自携带、寄递第四十五条、第四十六条所列内容之一的书刊、音像制品、电子读物等入出境，情节较重的，给予警告或者严重警告处分；情节严重的，给予撤销党内职务、留党察看或者开除党籍处分。

据报道，经某自治区党委批准，自治区纪委对某日报社原党委书记、总编辑、副社长赵某某严重违纪问题进行了立案审查。

经查，赵某某严重违反政治纪律和政治规矩，妄议中央和自治区党委的重大工作方针、决策和决定，公开发表反对中央和自治区党委关于自治区工作重大部署要求的言论；故意作出与中央和自治区党委重大新闻工作部署相违背的决定；在反对民族分裂主义、暴力恐怖主义、宗教极端主义等重大原则问题上，言行不能与中央和自治区党委保持一致；干扰、妨碍组织审查，伪造证据、订立攻守同盟。严重违反廉洁纪律，挥霍浪费公共财产；利用职务上的便利，在干部人事调动、退休、选拔任用及企业经营等方面为他人谋取利益并收受财物。严重违反工作纪律，不履行全面从严治党主体责任，对本单位内设机构私设"小金库"行为不制止、不查处；不按照预算核拨国家财政资金，将预算款挪作他用。其中，利用职务上的便利为他人谋取利益，收受财物问题涉嫌违法犯罪。

据2015年12月18日《中国纪检监察报》报道，吴某，东部某市公安局副局长，中共党员。一个周六的午后，在家休息的吴某闲来无事，便打开微信浏览朋友圈。其间，他看到一篇关于"一国两制"的文章，觉得"甚好"，便轻点手机屏幕进行分享，并罔顾"一国两制"政策出台的背景与实际，发表评论大肆抨击、公然否定。吴某因在朋友圈妄议中央受处分。

【条例解读】当前，有少数党员和干部政治纪律意识不强，上不与党中央保持一致，甚至在重大原则问题，在大是大非面前立场摇摆；有的甚至对涉及党的理论和路线方针政策等的重大政治问题公开发表反对意见，有的党员和干部还专门挑那些党已经明确规定的政治原则来说事，口无遮拦、毫无顾忌，这些行为是违反政治纪律的。

因为如果党员不守纪律，制造、宣扬、传播违反党的理论和路线方针政策、决定的错误观点，甚至违反法律，制造、传播政治谣言，不仅会误导社会，还会损害党的形象、党的公信力和凝聚力。党员"当面不说、背后乱说"，"会上不说、会下乱说"，就难以维护党的团结和统一，会影响党的基本路线和各项方针政策的贯彻执行。

正确解读"妄议党中央大政方针"，首先要明确，不允许"妄议党中央大政方针"，主要是对全体中国共产党党员和党员领导干部提出的要求。要明确党员不仅在政治上和行动上要与党中央保持高度一致，在思想上也要与党中央保持高度一致，不得有妄议党中央大政方针的言论。

二是要注意"妄议党中央大政方针"中，妄议的客体是"党中央大政方针"，主要危害是"破坏党的集中统一"。

三是正确认识学术探讨与政治纪律的界限，坚持科学研究无禁区，讲坛论坛有纪律。作为党员，不能随意对宪法、党章确立的国体、政体，以及党的决定已经明确的政治原则和改革举措说三道四，甚至借"学术自由"之名，行反对"党中央大政方针"之实。

四是处理好发扬党内民主、党内监督与遵守党纪的关系。党员依党章有权行使党内监督，但党员不得通过网络、广播、电视、报刊、书籍、讲座、论坛、报告会、座谈会等方式或通过文章、演说、宣言、声明等，对涉及党的理论和路线方针政策等重大政治问题公开发表反对意见。

案例一和案例二中，赵某某、吴某身为党员领导干部，严重违反政治纪律，赵某某还违反廉洁等纪律，依据《党纪处分条例》等相关规定，对他们严肃处理，符合有关规定。

9. 搞两面派、做两面人等对党不忠诚、不老实行为

【核心要义】 政治纪律是具体的，不是抽象的。如果口头上喊着与党中央保持高度一致，实际却各行其是，那就是阳奉阴违的"两面人"，是最大的不讲政治。

"对党忠诚"，这是每个党员入党时面向党旗进行入党宣誓时的庄严承诺；"维护党的团结和统一，对党忠诚老实，言行一致，坚决反对一切派别组织和小集团活动，反对阳奉阴违的两面派行为和一切阴谋诡计"，这是《党章》规定的党员必须履行的义务。这就要求党员、干部必须与党同心同德、心心相印，决不阳奉阴违、表里不一，搞两面派、做两面人。

习近平总书记在党的十九大报告中鲜明提出"坚决反对搞两面派、做两面人"，强调弘扬忠诚老实的价值观，这些要求具有很强的现实针对性。

2018年1月十九届中央纪委二次全会对今年的反腐工作列出八个方面部署，第一条就强调把党的政治建设摆在首位，"坚决清除对党不忠诚不老实、阳奉阴违的两面人、两面派"。

此次修订的《党纪处分条例》增加了对搞两面派、做两面人等对党不忠诚

不老实行为的处分规定。

根据《党纪处分条例》第五十一条的规定，对党不忠诚不老实，表里不一，阳奉阴违，欺上瞒下，搞两面派，做两面人，情节较轻的，给予警告或者严重警告处分；情节较重的，给予撤销党内职务或者留党察看处分；情节严重的，给予开除党籍处分。

据2018年2月13日中央纪委监察部网站通报，经中共中央批准，中共中央纪委对中央某部原副部长、中央某办原主任鲁某严重违纪问题立案审查。

经查，鲁某严重违反政治纪律和政治规矩，阳奉阴违、欺骗中央，目无规矩、肆意妄为，妄议中央，干扰中央巡视，野心膨胀，公器私用，不择手段为个人造势，品行恶劣、匿名诬告他人，拉帮结派、搞"小圈子"；严重违反中央八项规定精神和群众纪律，频繁出入私人会所，大搞特权，作风粗暴、专横跋扈；违反组织纪律，组织谈话函询时不如实说明问题；违反廉洁纪律，以权谋私、收钱敛财；违反工作纪律，对中央关于网信工作的战略部署搞选择性执行；以权谋色、毫无廉耻。利用职务上的便利为他人谋取利益并收受巨额财物涉嫌受贿犯罪。

通报指出，鲁某身为党的高级干部，理想信念缺失，毫无党性原则，对党中央极端不忠诚，"四个意识"个个皆无，"六大纪律"项项违反，是典型的"两面人"，是党的十八大后不收敛、不知止，问题严重集中，群众反映强烈，政治问题与经济问题相互交织的典型，性质十分恶劣、情节特别严重。依据《党纪处分条例》等有关规定，经中央纪委常委会会议研究并报中共中央批准，决定给予鲁某开除党籍、开除公职处分；收缴其违纪所得；将其涉嫌犯罪问题、线索及所涉款物移送有关国家机关依法处理。

【条例解读】推进新时代党的建设新的伟大工程，要把党的政治建设摆在首位。加强党的政治建设，一项重要任务就是弘扬忠诚老实、公道正派、实事求是、清正廉洁等价值观，坚决反对搞两面派、做两面人。

党员、干部对党忠诚老实是《党章》的要求，是党的事业兴旺发达的重要保证，党员干部搞两面派、做两面人，违背了党的性质和宗旨，极大地破坏党的政治风气，败坏党的形象，侵蚀党的执政基础。

案例中，鲁某曾任中央某办主要负责人，但他严重背离党性原则，严重违背党中央对党员领导干部的纪律要求，是一个典型的"两面人"。鲁某涉嫌严重违纪，影响恶劣，后果严重，教训深刻。

鲁某是党的十九大后中央打下的"首虎"，他的落马，充分体现了党中央坚持在纪律面前人人平等的原则，有腐必反，有贪必肃，充分证明了全面从严治党、加强党风廉政建设和反腐败斗争永远在路上。广大党员、干部应明大德、守公德、严私德、立政德，尤其要铸牢理想信念、锤炼坚强党性，在大是大非面前旗帜鲜明，在风浪考验面前无所畏惧，在各种诱惑面前立场坚定。

《党纪处分条例》增加对党不忠诚不老实，搞两面派，做两面人的处分规定，有利于督促党员干部坚定作忠诚老实、言行一致、表里如一的老实人。各级党组织、纪检监察机关要严肃政治纪律，对表里不一，阳奉阴违，欺上瞒下、阳奉阴违的党员、干部，必须根据情节和危害程度予以党纪处分、政务（纪）分，还要营造有利于弘扬忠诚老实价值观的良好环境，使忠诚老实的价值观得到广大党员、干部的高度认同；要完善相关制度尤其是选人用人制度，不让搞两面派、做两面人的人得利，让忠诚老实的人吃亏。

10. 党内搞团团伙伙、结党营私、拉帮结派等行为

【核心要义】《党纪处分条例》将党的十八大以来党中央提出严明政治纪律和政治规矩的要求和实践成果转化为纪律条文。

《党纪处分条例》从第五十七条到第五十九条明确了"破坏党的团结统一"违反政治纪律的行为，并对相应处分作了明确规定。

第五十七条规定，组织、参加反对党的基本理论、基本路线、基本方略或者重大方针政策的集会、游行、示威等活动的，或者以组织讲座、论坛、报告会、座谈会等方式，反对党的基本理论、基本路线、基本方略或者重大方针政策，造成严重不良影响的，对策划者、组织者和骨干分子，给予开除党籍处分。

对其他参加人员或者以提供信息、资料、财物、场地等方式支持上述活动者，情节较轻的，给予警告或者严重警告处分；情节较重的，给予撤销党内职

务或者留党察看处分；情节严重的，给予开除党籍处分。

对不明真相被裹挟参加，经批评教育后确有悔改表现的，可以免予处分或者不予处分。

未经组织批准参加其他集会、游行、示威等活动，情节较轻的，给予警告或者严重警告处分；情节较重的，给予撤销党内职务或者留党察看处分；情节严重的，给予开除党籍处分。

第五十八条规定，组织、参加旨在反对党的领导、反对社会主义制度或者敌视政府等组织的，对策划者、组织者和骨干分子，给予开除党籍处分。

对其他参加人员，情节较轻的，给予警告或者严重警告处分；情节较重的，给予撤销党内职务或者留党察看处分；情节严重的，给予开除党籍处分。

第五十九条规定，组织、参加会道门或者邪教组织的，对策划者、组织者和骨干分子，给予开除党籍处分。

对其他参加人员，情节较轻的，给予警告或者严重警告处分；情节较重的，给予撤销党内职务或者留党察看处分；情节严重的，给予开除党籍处分。

对不明真相的参加人员，经批评教育后确有悔改表现的，可以免予处分或者不予处分。

《党纪处分条例》从第四十八条到第五十条，对分裂党的活动和在党内搞团团伙伙、山头主义等行为作出处分规定。

第四十八条规定，在党内组织秘密集团或者组织其他分裂党的活动的，给予开除党籍处分。参加秘密集团或者参加其他分裂党的活动的，给予留党察看或者开除党籍处分。

第四十九条规定，在党内搞团团伙伙、结党营私、拉帮结派、培植个人势力等非组织活动或者通过搞利益交换、为自己营造声势等活动捞取政治资本的，给予严重警告或者撤销党内职务处分；导致本地区、本部门、本单位政治生态恶化的，给予留党察看或者开除党籍处分。

第五十条规定，党员领导干部在本人主政的地方或者分管的部门自行其是，搞山头主义，拒不执行党中央确定的大政方针，甚至背着党中央另搞一专的，给予撤销党内职务、留党察看或者开除党籍处分。

落实党中央决策部署不坚决、打折扣、搞变通，在政治上造成不良影响或者严重后果的，给予警告或者严重警告处分；情节严重的，给予撤销党内职务、留党察看或者开除党籍处分。

在某市公安局,熟悉该局长的人用"三无",即"目无党纪国法、目无组织、目无群众"来给他画像。他的口头禅是:"我就是党委,你最终还不是听我的。"他选用公安系统内自认为靠得住的人,替他经营、打点企业。该局长两名下属利用职务上的便利,为这位局长实际控制的企业,在获取企业用地、核拨工程资金、承揽交通设施工程等企业经营方面谋取不正当利益,收受巨额贿赂。据该局长另一名下属交代,有一段时间他成了这位公安局长的司机和"马仔",陪他打网球和高尔夫球,为他准备打球的衣服、装备等。

有人总结,这位公安局局长打击人有一套,"团结"人也有一套。他用小恩小惠笼络干警,拉进圈子为他服务。一名下属利用主管公司财务工作的便利,经这位局长同意或个人擅自决定,先后多次挪用公司巨额资金,借给其亲属的公司用于偿还贷款、购买设备、资金周转等营利活动。在担任市公安局局长期间,这位局长先后两次大面积提拔干部,竟然不上报市委组织部和市委政法委,把市公安局当成了自己的"独立王国"。为了个人野心,这位局长还善于找人为自己"抬轿子、吹喇叭"。他让人制作、录制个人先进事迹材料,到市直机关各部门甚至街道办事处和企业进行宣传。为了寻求官阶上升,他目无政治纪律、政治规矩,让手下人组织干部写联名推荐信,呼吁提拔他。

2014年7月,因涉嫌严重违纪违法,该局长接受组织调查并被免职。2015年2月,被开除党籍、开除公职。被立案侦查并采取强制措施。2017年5月,因贪污、受贿、挪用公款、单位行贿、滥用职权和徇私枉法,他被判死缓并终身监禁。

【条例解读】违反政治纪律的行为主要涉及破坏党的团结统一等违反政治纪律的行为。主要有:组织、参加反对党的基本理论、基本路线、基本方略或者重大方针政策的集会、游行、示威等活动,或者以组织讲座、论坛、报告会、座谈会等方式,反对党的基本理论、基本路线、基本方略或者重大方针政策;未经组织批准参加其他集会、游行、示威等活动;组织、参加旨在反对党的领导、反对社会主义制度或者敌视政府等组织、参加会道门或者邪教组织;在党内组织、参加秘密集团或者组织其他分裂党的活动;在党内搞团团伙伙、结党营私、拉帮结派、培植私人势力或者通过搞利益交换、为自己营造声势等活动捞取政治资本等。

当前反腐败斗争形势依然严峻复杂。党面临的形势越复杂、肩负的任务越艰巨，就越要加强纪律建设，越要维护党的团结统一，确保全党统一意志、统一行动、步调一致。党内决不允许搞团团伙伙、结党营私、拉帮结派，搞了就是违反政治纪律。《党纪处分条例》从第五十七条到第五十九条明确了"破坏党的团结统一"等违反政治纪律的行为，比如"组织、参加反对党的基本理论、基本路线、基本方略或者重大方针政策的集会、游行、示威"等，并对处分情形作了明确规定。

根据《党纪处分条例》第四十九条的规定，在党内搞团团伙伙、结党营私、拉帮结派、培植私人势力或者通过搞利益交换、为自己营造声势等活动捞取政治资本的，给予严重警告或者撤销党内职务处分；情节严重的，给予留党察看或者开除党籍处分。如某市原公安局局长把市公安局当成了自己的"独立王国"，被严肃追责。

11. 损害中央权威、妨碍党和国家方针政策实施等行为

【核心要义】 遵守党的政治纪律，最核心的就是坚持党的领导，坚持党的基本理论、基本路线、基本方略，同党中央保持高度一致，自觉维护中央集中统一领导和中央权威。

《党纪处分条例》相关条款对损害中央权威、妨碍党和国家方针政策实施等行为，如制造、散布、传播政治谣言，破坏党的团结统一；擅自对应当由党中央决定的重大政策问题作出决定和对外发表主张；从事、参与挑拨民族关系制造事端或者参加民族分裂活动；组织、利用宗教活动反对党的路线、方针、政策和决议，破坏民族团结；组织、利用宗族势力对抗党和政府，妨碍党和国家的方针政策以及决策部署的实施，或者破坏党的基层组织建设等，作出了明确处分规定。

《党纪处分条例》第五十二条第一款规定，制造、散布、传播政治谣言，破坏党的团结的，给予警告或者严重警告；情节较重的，给予撤销党内职务或留党察看处分；情节严重的给予开除党籍处分。

《党纪处分条例》第五十三条规定，擅自对应当由党中央决定的重大政策问题作出决定、对外发表主张的，对直接责任者和领导责任者，给予严重警告

或者撤销党内职务处分；情节严重的，给予留党察看或者开除党籍处分。

第五十五条规定，干扰巡视巡察工作或者不落实巡视巡察整改要求，情节较轻的，给予警告或者严重警告处分；情节较重的，给予撤销党内职务或者留党察看处分；情节严重的，给予开除党籍处分。

《党纪处分条例》从第五十九条到六十四条，还对违反党的宗教民族纪律行为作出处分规定。《党纪处分条例》第六十二条规定，对信仰宗教的党员，应当加强思想教育，经党组织帮助教育仍没有转变的，被劝其退党；劝而不退的，予以除名；参与利用宗教搞煽动活动的，给予开除党籍处分。这是一条新的规定。根据《党章》，中国共产党党员是中国工人阶级有共产主义觉悟的先锋战士。《准则》也规定，党员不准信仰宗教。因此，党员应该信仰共产主义，做一名无神论者。如果坚持信仰宗教，应被党纪处分。

《党纪处分条例》第六十三条规定，组织迷信活动的，给予撤销党内职务或者留党察看处分；情节严重的，给予开除党籍处分。

参加迷信活动，造成不良影响的，给予警告或者严重警告处分；情节较重的，给予撤销党内职务或者留党察看处分；情节严重的，给予开除党籍处分。

对不明真相的参加人员，经批评教育后确有悔改表现的，可以免予处分或者不予处分。

《党纪处分条例》第六十五条规定，在国（境）外、外国驻华使（领）馆申请政治避难，或者违纪后逃往国（境）外、外国驻华使（领）馆的，给予开除党籍处分。

在国（境）外公开发表反对党和政府的文章、演说、宣言、声明等的，依照前款规定处理。

故意为上述行为提供方便条件的，给予留党察看或者开除党籍处分。

还有，《党纪处分条例》第六十六条规定，在涉外活动中，其言行在政治上造成恶劣影响，损害党和国家尊严、利益的，给予撤销党内职务或者留党察看处分；情节严重的，给予开除党籍处分。

案 例 故 事

巡视是《党章》赋予党组织的重要职责，是加强党内监督的战略性制度安排。中央巡视组在巡视过程中，一些被巡视单位和部门出现了干扰、对抗巡视工作的行为。比如，"到9月份一律不许打高尔夫……"有的国有企业在巡视组进驻之前就开会"部署",提醒下属注意一言一行;有的单位在巡视组入驻前一周,把各部门主要负责人换掉,导致巡视组在谈话中无法掌握具体情况;有些单位领导要求下属与巡视组谈话结束后,回来汇报谈话情况;还有一些领导干部,拉关系、托人情,试图找巡视组组长、副组长打听消息。中央巡视组代表的是中央,这些行为妨碍中央巡视工作的开展,损害了中央权威,严重违反了政治纪律和政治规矩。

地方巡视组也遇到过类似情况。2014年9月,山西省某县委接到了关于山西省委巡视组即将进驻的通知。该县委书记在安排巡视进驻准备工作时竟强调"要能保证举报箱的位置在监控可视范围内",以此掌握举报人和举报情况。10月中旬,省委巡视组按时进驻该县开展巡视,该县公安局把县委和信访局附近的两个摄像头对准省委巡视组设立的两个举报箱,并安排人巡逻值守县宾馆的举报箱。后来,省委巡视组根据群众反映到实地察看,发现这一情况后,责令该县委立即改正。该县委书记擅自安排将巡视组举报箱置于监控探头可视范围内,影响了干部群众依法行使检举权,干扰了巡视工作的正常开展,严重违反了党的政治纪律和政治规矩,2014年底受到严肃处理。

【条例解读】本案主要涉及损害中央权威、妨碍党和国家方针政策实施行为。

当前反腐败斗争形势依然严峻复杂。党面临的形势越复杂、肩负的任务越艰巨,就越要加强纪律,特别是加强政治纪律,《党纪处分条例》从第五十三条到第五十五条和从第五十九条到第六十六条明确了违反政治纪律的行为,擅自对应当由党中央决定的重大政策问题作出决定和对外发表主张;组织或参加迷信活动;在国(境)外、外国驻华使(领)馆申请政治避难,或者违纪后逃往国(境)外、外国驻华使(领)馆;在国(境)外公开发表反对党和政府的文章、演说、宣言、声明等,故意为上述行为提供方便条件;在涉外活动中,其言行在政治上造成恶劣影响,损害党和国家尊严、利益的,都是属于违反政治纪律行为。

根据《党纪处分条例》第五十五条,干扰巡视巡察工作或者不落实巡视巡察整改要求,情节较轻的,给予警告或者严重警告;情节较重的,给予撤销党内职务或者留党察看处分;情节严重的,给予开除党籍处分。山西某县县委书记将探头对准举报箱干扰巡视被严处,这是一个典型的案例,有教育意义。

《党纪处分条例》第五十九条、第六十条、第六十一条和第六十四条还规定对组织、参加会道门的或者邪教组织,对从事、参与挑拨破坏民族关系制造事端或者参加民族分裂活动,对组织、利用宗教活动反对党的路线、方针、政策和决议,破坏民族团结的,对组织、利用宗族势力对抗党和政府,妨碍党和国家的方针政策以及决策部署的实施或者破坏党的基层组织建设,对策划者、组织者和骨干分子,对其他参加人员,对不明真相被裹挟参加者,分别给予不同的党纪处分。

12. 对抗组织审查行为

【核心要义】《党章》规定,对党忠诚老实是党员必须履行的义务。党员必须服从组织决定,不得违背组织决定,遇到问题要找组织、依靠组织,不得欺骗组织、对抗组织。比如,在组织调查后不主动说明情况,反而搞攻守同盟、转匿赃款赃物,就是对抗组织调查,就是严重违反政治纪律行为。

近年来,部分党员干部在实施违纪行为后,特别是其违纪行为开始被组织调查后,往往实施对抗组织审查行为。实践中出现较多的是,被审查人在与其存在权钱交易关系的人员接受组织调查后,通过转移赃款赃物、订立攻守同盟、组织相关涉案人外逃、打探案情等方式,企图逃避组织调查。

《党纪处分条例》第五十六条规定,对抗组织审查,有下列行为之一的,给予警告或者严重警告处分;情节较重的,给予撤销党内职务或者留党察看处分;情节严重的,给予开除党籍处分:(一)串供或者伪造、销毁、转移、隐匿证据的;(二)阻止他人揭发检举、提供证据材料的;(三)包庇同案人员的;(四)向组织提供虚假情况,掩盖事实的;(五)有其他对抗组织审查行为的。

某日下午,某市纪委在对市水务局原局长张某某案重要涉案人员、包工头蔡某某进行调查时发现,蔡某某与一男子谈笑风生地走出大楼,当调查人员迎面向蔡某某亮明身份时,发现与蔡把手言欢的男子竟然就是张某某。事后,二人交代,他们当时聊得那么高兴,是因为刚刚订立完攻守同盟,蔡某某表示

"打死也不会出卖兄弟"，张某某认为蔡某某"靠得住"。当蔡某某在市纪委协助调查后，张某某还是担心自己违纪违法的行为暴露。他从办公室保险柜中将大量银行卡、存折、对外借款借条、投资协议、相关银行凭证、股票账户信息等财产证据材料取出，用文件袋密封好，专程移送至广东河源紫金老家，安置在老家的金属箱内，并交代弟弟妥善保管。后来，张某某的弟弟将上述证据材料藏匿于岳母家中卧房的床底下。

随着调查的进一步深入，发现多年前张某某就在老家通过伪造材料骗取公安机关办理了另一个身份"张润成"。当调查人员再次出现在张某某办公室时，他自知情况不妙，离开办公室时，在将自己的常用手机交给调查人员后，又偷偷将自己口袋中的另一部手机丢到走廊的花盆之中。而这一切并没有逃过调查人员的眼睛，调查人员将张某某丢弃的手机打开一看，其中有一条发出的信息："我怕我顶不住，要做好走的准备。"张某某后来交代，该手机专门用来"搞关系""找门路"，他当时已经考虑用张润成的身份出逃了。2015年7月，某市纪委对张某某严重违纪问题进行立案审查。

【条例解读】本案主要涉及对抗组织审查行为。

《党纪处分条例》把政治纪律和政治规矩列在突出位置，明确增加了对抗组织审查等违反政治纪律条款。要对对抗组织审查等违纪行为准确定性，必须先搞清楚对抗组织审查行为的范畴是什么，包括哪些具体违纪行为，又如何准确认定。

《党纪处分条例》第五十六条所规定的对抗组织审查行为，是指违反党的政治纪律规定，妨害、对抗组织审查工作，按照规定应当受到党纪处分的行为。其违纪主体必须是有责任能力的党员，且存在主观故意，并在客体上侵犯了正常的组织审查活动。本案中，张某某在主体、主客观方面、客体上，均符合条件。

《党纪处分条例》第五十六条规定了对抗组织审查行为的具体违纪行为。其中，串供是指违纪行为人与证人、共同违纪案件的行为人之间，在互相串通或约定的基础上，所作的同样内容的虚假陈述。本案中，张某某与蔡某某订立攻守同盟，属于串供；张某某从办公室保险柜中将大量银行卡、存折、对外借款借条、投资协议、相关银行凭证、股票账户信息等财产证据材料取出，专程移送至广东河源紫金老家，交代弟弟妥善保管，属于转移证据；张某某离开办公室时，偷偷将另一部手机丢到走廊的花盆之中，属于隐匿证据。

执纪审查实践中，对此类行为的认定和处理，还要注意把握好以下问题：

一是关于对抗组织审查行为的定性问题。2003年的《党纪处分条例》第二十四条将此类行为称之为"干扰、妨碍组织审查行为"，并没有规定为独立的违纪行为，而是作为可以从重或加重处分的情节在总则中予以规定。2015年《党纪处分条例》则把此类行为表述为对抗组织审查行为，在分则中单独作为违反政治纪律行为予以认定的，给予警告或严重警告处分；情节较重的，给予撤销党内职务或者留党察看处分；情节严重的，给予开除党籍处分。

二是关于如何把握对抗组织审查行为的时间节点。执纪实践中，部分人认为，对抗组织审查行为必须发生在组织决定审查后才能认定，即审查程序已经启动才存在"对抗"的问题。比如组织决定初核后，被审查人察觉并与相关行贿人串供、转移赃款，才能认定为对抗组织审查行为。对抗组织审查行为，既可以发生在组织决定审查后，也可以发生在违纪行为实施后、组织决定审查前。如被审查人在收受他人钱款后，为防备日后可能被组织查处，与送钱人签订了虚假的借款协议，这种行为也属于对抗组织审查。

三是关于干扰巡视巡察工作能否认定为对抗组织审查行为的问题。在执纪审查实践中，对干扰巡视巡察工作的一些典型行为，如在巡视组巡视期间，通过打探巡视消息、提供虚假材料等方式干扰巡视工作，以防止组织发现违纪问题，逃避组织查处。2018年修订《党纪处分条例》时不将其列为对抗组织审查行为，而是作为单独的一条另行加以规定。

四是关于对抗组织审查行为和党员正常行使申辩、申诉权利的区别问题。《党章》和《党内监督条例》赋予了党员进行申辩、申诉的权利，同时《中国共产党党员权利保障条例》中也规定"党员实事求是的申辩、作证和辩护，应当受到保护"。因此，在执纪中应当慎重把握好对抗组织审查行为与正常行使申辩、申诉权利的政策界限。

13. 搞无原则一团和气等行为

【核心要义】 在党内一些组织中，无原则一团和气之风一度盛行。班子成员看到问题不批评，相互之间你好我好他也好……久而久之，带坏了风气、损害了集体、危害了个人。一团和气的"好人主义"滋长党员干部不负责任的态度和作风,是缺乏党性原则的表现,全面从严治党决不允许搞无原则一团和气。

《党纪处分条例》第六十八条明确了"党员领导干部对违反政治纪律和政治规矩等错误思想和行为不报告、不抵制、不斗争,放任不管,搞无原则一团和气,造成不良影响"等违反政治纪律行为,并对相应处分作了明确规定。

第六十八条规定,党员领导干部对违反政治纪律和政治规矩等错误思想和行为不报告、不抵制、不斗争,放任不管,搞无原则一团和气,造成不良影响的,给予警告或者严重警告处分;情节严重的,给予撤销党内职务或者留党察看处分。

第六十九条还规定,违反党的优良传统和工作惯例等党的规矩,在政治上造成不良影响的,给予警告或者严重警告处分;情节较重的,给予撤销党内职务或者留党察看处分;情节严重的,给予开除党籍处分。

习近平总书记在2015年1月13日十八届中央纪委第五次全会的讲话中,强调规矩是自我约束的纪律,包括党章、宪法法律、党纪和我们党在长期实践中形成的优良传统和工作惯例。因此,违反党的优良传统和工作惯例等党的规矩,在政治上造成不良影响,也要受到党纪处分。

某省地税局原党组书记、局长许某某,不动真碰硬被处理。

近年来,某省地税系统的党风廉政建设频频亮红灯。所属有的地税局违规发放节日补助被通报,有的地税局兴建豪华办公楼被曝光,甚至还有一位地税局的干部在陪领导喝酒后猝死。地税系统问题频发,省纪委监察厅有关领导对许某某进行约谈,督促其切实担负起主体责任。

2015年4月至5月,某省落实中央八项规定精神检查组在抽查中发现,全省地税系统领导班子成员办公用房面积超标问题十分突出,超标率竟然超过60%!中央和省委三令五申要求清理整改办公用房面积超标问题。而省地税局原党组书记、局长许某某也曾作出了一些表面反应,会也开、话也讲;对于系统内的一些问题,他也批评教育、诫勉谈话,但是板子高高举起,每每轻轻放下。许某某是个学者型官员,在工作业务上他的能力还是被认可的。但是在对税务系统党员干部的监督管理上,他却睁一只眼闭一只眼,对有问题的领导干部放任不管,有了问题不严肃处理,搞无原则一团和气,班子组织涣散、纪律松弛,影响极坏。

2015年6月26日，许某某因落实主体责任不力、执行中央全面从严治党精神不到位被免去职务。对于这样的结果，许某某后悔不已。

【条例解读】本案主要涉及搞无原则一团和气等违纪行为。

现实生活中，有的党员领导干部对违反政治纪律和政治规矩等错误思想和行为不报告、不抵制、不斗争，放任不管，搞无原则一团和气，有的违反党的优良传统和工作惯例等党的规矩，在政治上造成不良影响。

本案中，许某某身为政府部门主要领导干部，对本系统本单位的问题放任不管、不严肃处理；班子组织涣散、纪律松弛，落实主体责任不到位，许某某显然难辞其咎。如果他坚持政治原则，及早对违纪问题予以阻止，本可避免发生违纪违法。正因如此，《党纪处分条例》中特地新增此条，旨在提醒广大党员领导干部特别是"一把手"，不但自己要行得正、走得直，对发生在身边的错误思想和行为也要睁大眼睛、竖起耳朵，决不能不报告、不抵制、不斗争，搞无原则一团和气、做"好好先生"，否则自己也一样要被问责。

说到底，一些党员领导干部不敢、不想、不能与违反政治纪律和政治规矩的错误思想和行为作斗争，根子还在于党的观念淡漠，导致对党要管党、从严治党的任务认识不清、履责不到位。广大党员领导干部要深刻领会增加本条款的深刻用意，决不能抱着"明哲保身"的错误观念，要切实担负起从严治党的主体责任，确保整个政治生态得到有效净化。

根据《准则》的要求，要讲党性不讲私情、讲真理不讲面子，坚决反对事不关己、高高挂起，明知不对、少说为佳的庸俗哲学和好人主义。同时，《党纪处分条例》对搞无原则一团和气等违反政治纪律和政治规矩等行为的处分作了明确规定，这有助于防止党员领导干部对违反政治纪律和政治规矩等错误思想和行为放任不管，督促其切实担负起主体责任。

14. 违反民主集中制原则等行为

【核心要义】党的领导，很重要的一方面就是体现在党的严密组织体系和强大组织能力上。党的力量来自组织，党的领导要靠组织。组织纪律是规范和处理党的各级组织之间、党组织与党员之间以及党员与党员之间关系的行为规则,是维护党的集中统一、保持党的战斗力的重要保证。

但是有的党员个人主义、自由主义严重,目无组织纪律,跟组织讨价还价,不服从组织安排;有的党组织和领导干部在处理一些应该由中央和上级组织统一决定的重要问题时,事前不请示、事后不报告,搞先斩后奏、边斩边奏,甚至斩而不奏……组织纪律松弛;等等。遵守党的组织纪律,向组织报告,听组织意见,很多问题就不会发生。

《党纪处分条例》第七章"对违反组织纪律行为的处分",主要对违反民主集中制原则、违背"四个服从"要求等违纪行为作出处分规定。2018年《党纪处分条例》增加规定对故意规避集体决策决定的"三重一大"问题,借集体决策名义集体违规及隐瞒不报个人有关事项等违纪行为的处分。

第七十条规定,违反民主集中制原则,有下列行为之一的,给予警告或者严重警告处分;情节严重的,给予撤销党内职务或者留党察看处分:(一)拒不执行或者擅自改变党组织作出的重大决定的;(二)违反议事规则,个人或者少数人决定重大问题的;(三)故意规避集体决策,决定重大事项、重要干部任免、重要项目安排和大额资金使用的;(四)借集体决策名义集体违规的。

第七十一条规定,下级党组织拒不执行或者擅自改变上级党组织决定的,对直接责任者和领导责任者,给予警告或者严重警告处分;情节严重的,给予撤销党内职务或者留党察看处分。

第七十二条规定,拒不执行党组织的分配、调动、交流等决定的,给予警告、严重警告或者撤销党内职务处分。

在特殊时期或者紧急状况下,拒不执行党组织决定的,给予留党察看或者开除党籍处分。

第七十四条规定,党员领导干部违反有关规定组织、参加自发成立的老乡会、校友会、战友会等,情节严重的,给予警告、严重警告或者撤销党内职务处分。

某省原副州长、原市长洪某某,每次开会先定调,干部选任个人说了算。

洪某某搞家长制、"一言堂"在单位是有名的。与其共事的党员干部印象最深刻的是每次开会他都首先定调,对其他同志说:"我先说我的意见。"一开始也有人"不识相",等他说完后提出不同看法,结果被他"教育"一番,久而久之，再没有人敢提不同意见。

对市委作出的决定执行还是不执行，洪某某有自己的选择，但凡与自己想法一致的，就执行；但凡不一致的，那就是一个字——拖。有一次，市委制定了一项决议，然而洪某某对此却有另外的想法，他对手下人说，对于市委的决策，不想执行的时候怎么办？最好的办法就是拖。于是，每次市长办公会，洪某某就把这个议题放到最后，一旦快要到这个议题的时候，他就会去上厕所，回来就对参会的人说："哎呀，时间太晚了，这个议题下次再议。"这次推下次，下次再推下次，最终这件事情不了了之。

特别是在干部选拔任用上，洪某某更喜欢搞个人说了算，凡是得不到他认可的人，休想到市政府重要部门工作。为了干部人事问题，洪某某和其他常委常闹矛盾。凡是洪某某认可的人，他都极为照顾，如市政府办公室原主任陈某，在洪某某推荐下被提拔为副市长，一上任就大搞权钱交易，随之落马。

【条例解读】本案主要涉及违反民主集中制原则的行为。主要是：违反民主集中制原则，拒不执行或者擅自改变党组织作出的重大决定，或者违反议事规则，个人或者少数人决定重大问题；故意规避集体决策决定的"三重一大"；借集体决策名义集体违规；下级党组织拒不执行或者擅自改变上级党组织决定；拒不执行党组织的分配、调动、交流等决定；在特殊时期或者紧急状况下，拒不执行党组织决定；党员领导干部违反有关规定组织、参加自发成立的老乡会、校友会、战友会等。

民主集中制是党的根本组织原则，是党内政治生活正常开展的重要制度保障。坚持集体领导制度，实行集体领导和个人分工负责相结合，是民主集中制的重要组成部分，必须始终坚持。

然而，在洪某某的决策过程中，民主集中制的执行却变了样，班子的集体决策陷入无序，不利于干事创业，甚至助推腐败现象潜滋暗长。党章明确规定，必须充分发扬党内民主，尊重党员主体地位，保障党员民主权利，发挥各级党组织和广大党员的积极性创造性。必须实行正确的集中，保证全党的团结统一和行动一致，保证党的决定得到迅速有效的贯彻执行。加强组织性纪律性，在党的纪律面前人人平等。洪某某的做法，不符合党章要求，也有悖于党内政治生活准则。

民主集中制之有力执行，不仅要靠党员领导干部的党性觉悟，更离不开制度的刚性约束。根据《中国共产党纪律处分条例》的规定，违反民主集中制原则，拒不执行或者擅自改变党组织作出的重大决定，或者违反议事规则，个人或者少数人决定重大问题的，以及故意规避集体决策，决定"三重一大"的，给予警告或者严重警告处分；情节严重的，给予撤销党内职务或者留党察看处分。

主要领导干部注重发扬民主，主动接受监督，严格按程序决策，是民主集中制正常运转的重要前提。贯彻落实好民主集中制，关键在党员领导干部这个"关键少数"。当前，要加强和规范党内政治生活，把民主集中制的落实情况作为考察党内政治生活的重要指标，对照党章和政治生活准则相关要求，督促"关键少数"落实好民主集中制。

15. 不如实报告个人有关事项

【核心要义】 领导干部向组织如实报告个人有关事项和其他重要情况，是接受组织监督的重要方式，是对党忠诚的重要体现。

1997年，中央办公厅、国务院办公厅就印发了《关于领导干部报告个人重大事项的规定》。2003年中共中央印发的《党纪处分条例（试行）》在"重要情况通报和报告"制度中规定，"各级党员领导干部应当向党组织如实报告个人重大事项，自觉接受监督"。为落实此项要求，2006年中央办公厅修订印发了《关于党员领导干部报告个人有关事项的规定》，2010年再次修订为《关于领导干部报告个人有关事项的规定》，将报告的主体由党员领导干部扩大为领导干部。习近平总书记在十八届中央纪委三次全会上专门强调了组织纪律，要求领导干部严格执行请示报告制度。

《党纪处分条例》贯彻落实中央"坚持和完善领导干部个人有关事项报告制度"的要求，并作出具体规定。

根据《党纪处分条例》第七十三条规定，有下列行为之一，情节较重的，给予警告或者严重警告处分：（一）违反个人有关事项报告规定，隐瞒不报的；（二）在组织进行谈话、函询时，不如实向组织说明问题的；（三）不按要求报告或者不如实报告个人去向的；（四）不如实填报个人档案资料的。篡改、伪造个人档案资料的，给予严重警告处分；情节严重的，给予撤销党内职务或者留党察看处分。隐瞒入党前严重错误的，一般应当予以除名；对入党后表现尚好的,给予严重警告、撤销党内职务或者留党察看处分。

2015年7月,某部通报,在近期的部机关干部选任工作中,1名局级领导职务考察对象和12名处级干部考察对象,因瞒报个人有关事项被取消考察对象资格。

2月,某部党组拟提拔一批局级领导干部。组织部门对考察对象个人有关事项报告进行了重点抽查核实,对照中组部反馈的查询结果,逐项开展了信息比对。通过比对发现,有一名考察对象申报了两套房产231平方米、配偶持有股票19万元,但没有申报其配偶持有的167万元基金,存在瞒报行为,其没有报告的配偶持有基金数额超过了规定数额。部党组研究决定取消其局级领导职务考察对象资格,对其进行批评教育,责令补报有关事项,并就相关情况在部机关和部属单位范围内进行了通报。

7月,某部所属单位某省海事局拟提拔一批处级干部,在对考察对象个人有关事项报告进行重点抽查核实中发现,一名考察对象不如实报告个人有关事项:一是本人报告持有1本因私护照,而查询结果显示其持有1本因私护照和1本大陆居民往来港澳通行证。二是未报告配偶投资注册企业情况。查询结果显示,该干部的配偶注册两个企业,一个企业注册资本2000万元,一个企业注册资本50万元(个人出资金额15万元),其未报告配偶投资注册企业情况涉及数额超过了规定数额。该省海事局党组研究决定取消其处级考察对象资格,并给予批评教育,责令其及时补报。

【条例解读】本案主要涉及违反个人重要事项报告制度的行为。执行好领导干部有关事项报告制度,需要着重把握以下几个方面。

一是如实报告个人有关事项。2010年《关于领导干部报告个人有关事项的规定》,要求报告本人婚姻变化和配偶、子女移居国(境)外、从业、收入、房产、投资等14项事项;2017年2月中央办公厅、国务院办公厅印发了《领导干部报告个人有关事项规定》,并对如何报告、向谁报告,以及对报告情况的监督等作出明确规定。

二是要及时报告个人及家庭重大情况。及时报告个人及家庭重大情况是我们党长期以来形成的重要规矩，领导干部应当自觉遵守。实践中，有的领导干部生了重病不报告，有的家属子女长期在国外不报告，有的家庭发生重大变故不报告，有的领导干部特别是高级干部的子女联姻不报告，有的身边人出现重大事件不报告。这些情况都应当第一时间向组织报告，既报告发生了什么事，又报告是什么原因，不报告就是违反党的纪律和规矩。

三是离开岗位或工作所在地要事先请示报告。这是党的组织纪律的重要内容。党的领导干部自由散漫、目无组织，独来独往、天马行空，总想脱离组织的约束监督，往往就是要出问题的前兆，迟早会走向反面。这些年查处的领导干部违纪违法案件也充分证明了这一点。

四是有关部门应当加强抽查核实。2014年中央组织部印发《领导干部个人有关事项报告抽查核实办法（试行）》。

2017年2月，中央办公厅、国务院办公厅印发《领导干部个人有关事项报告查核结果处理办法》，明确了对领导干部报告个人有关事项结果抽查核实的原则、项目、对象范围，以及漏报、瞒报的处理办法，对2014年中央组织部的《领导干部个人有关事项报告抽查核实办法（试行）》进行了完善。

五是要严肃查处故意虚报瞒报个人重大事项、篡改伪造个人档案资料行为。故意虚报瞒报个人重大事项、篡改伪造个人档案资料，本质上都是向组织故意隐瞒个人真实情况，是《党纪处分条例》中明文规定的违反组织纪律的行为。

16. 侵犯党员权利行为

【核心要义】《党章》规定，党员享有对党的工作提出建议和倡议，行使表决权、选举权、被选举权等权利。党内严格禁止用违反党章和国家法律的手段对待党员，严格禁止打击报复和诬告陷害。违反这些规定的组织或个人必须受到党的纪律和国家法律的追究。

根据《中国共产党党员权利保障条例》第九条的规定，党员有权在党的会议上以口头或者书面方式有根据地批评党的任何组织和任何党员。党员以书面方式提出的批评意见应当按照规定送被批评者或者有关党组织。党员有权向党组织负责地揭发、检举党的任何组织和任何党员的违法违纪事实；有权向所在党组织或者上级党组织提出处分有违法违纪行为党员的要求。党员有权向所在党组织或者上级党组织提出罢免或者撤换不称职党员领导干部职务的要求。

该条同时要求，党员在进行批评、揭发、检举以及提出处分或者罢免、撤换要求时，要按照组织原则，符合有关程序，不得随意扩散、传播，不得夸大和歪曲事实，更不得捏造事实、诬告陷害。

《党纪处分条例》除第五十二条第二款外，从第七十八条到第七十九条明确了"侵犯党员权利"等违反组织纪律的行为，比如"匿名诬告有意陷害他人，侵犯党员的表决权、选举权和被选举权"等，并对相应的处分情形作了明确规定。

依据第五十二条第二款规定，政治品行恶劣，匿名诬告，有意陷害或者制造其他谣言，造成损害或者不良影响的，给予警告或者严重警告处分；情节较重的，给予撤销党内职务或者留党察看处分；情节严重的，给予开除党籍处分。

第七十八条规定，侵犯党员的表决权、选举权和被选举权，情节较重的，给予警告或者严重警告处分；情节严重的，给予撤销党内职务处分。

以强迫、威胁、欺骗、拉拢等手段，妨害党员自主行使表决权、选举权和被选举权的，给予撤销党内职务、留党察看或者开除党籍处分。

第七十九条规定，有下列行为之一的，给予警告或者严重警告处分；情节较重的，给予撤销党内职务或者留党察看处分；情节严重的，给予开除党籍处分：（一）对批评、检举、控告进行阻挠、压制，或者将批评、检举、控告材料私自扣压、销毁，或者故意将其泄露给他人的；（二）对党员的申辩、辩护、作证等进行压制，造成不良后果的；（三）压制党员申诉，造成不良后果的，或者不按照有关规定处理党员申诉的；（四）有其他侵犯党员权利行为，造成不良后果的。

对批评人、检举人、控告人、证人及其他人员打击报复的，从重或者加重处分。

党组织有上述行为的，对直接责任者和领导责任者，依照第一款规定处理。

某日，某市矿务局副局长韩某某得知市矿务局副局长张某等人任前公示的消息后心存不满，随即编造了张某花50万元买官的虚假举报材料，采用匿名方式分别寄给了省市领导。

其后,韩某某又打电话给其情妇王某,叫王某指使其侄在网上发帖。韩某某将亲自编好的"花50万可以买到局长官位"的材料发给王某,并将多名省市领导名字穿插在材料中,以混淆视听、欺骗网民。王某侄子将韩某某编好的帖子发布到网络论坛,该帖点击浏览26800余次,回复850次,在社会上造成了恶劣影响。

韩某某身为党的领导干部,目无组织纪律,采用诬告陷害等手段,阻止其他党员干部受到提拔任用,严重侵害了党员的合法权利,损害了党和政府的形象。同时,韩某某还有其他违纪违法行为。最终,韩某某被开除党籍,涉嫌犯罪问题移送司法机关处理。

【条例解读】本案主要涉及滥用党员权利的行为。根据有关规定,党员有权行使党员权利,如在党的会议上以口头或者书面方式有根据地批评党的任何组织和任何党员,党员有权向党组织负责地揭发、检举党的任何组织和任何党员的违法违纪事实,有权向所在党组织或者上级党组织提出处分有违法违纪行为党员的要求等。同时,要求党员在进行批评、揭发、检举以及提出处分要求时,不得捏造事实、诬告陷害。韩某某身为党员领导干部,采用诬告陷害等手段,阻止其他党员领导干部受到提拔任用,是严重违纪行为。

《党内监督条例》第四十四条要求党组织应当保障监督对象的申辩权、申诉权等相关权利。对以监督为名侮辱、诽谤、诬陷他人的,依纪严肃处理;涉嫌犯罪的移送司法机关处理。

诬告是指捏造事实,作虚假告发,陷害他人,意图使他人受到追究,情节严重的行为。根据《党纪处分条例》第五十二条的规定,政治品行恶劣,匿名诬告,有意陷害他人的,给予警告或者严重警告处分;情节较重的,给予撤销党内职务或者留党察看处分;情节严重的,给予开除党籍处分。2018年对《党纪处分条例》修订时,将"匿名诬告、有意陷害他人"列为违反政治纪律,这是一个重要调整,也表明这一行为属于"政治品行恶劣"。

《中华人民共和国刑法》(以下简称《刑法》)第二百四十三条规定,犯诬告陷害罪的,处三年以下有期徒刑、拘役或者管制;造成严重后果的,处三年以上十年以下有期徒刑。国家机关工作人员犯此罪的,从重处罚。不是有意诬告,而是错告,或者检举失实的,不构成犯罪。

本案中，韩某某采用匿名诬告陷害等手段阻止其他党员领导干部受到提拔任用，严重侵害了党员的合法权利，情节严重，被开除党籍，涉嫌犯罪问题移送司法机关处理，这个教训十分深刻。

17. 违反组织工作原则等行为

【核心要义】 党要管党，首先是管好干部；从严治党，关键是从严治吏。吏治腐败是最大的腐败，用人腐败必然导致用权腐败。要发挥党组织在干部选拔任用工作中的领导和把关作用，坚持正确用人导向，严明组织工作纪律，严格执行干部选拔任用规定，确保选人用人风清气正。

《党纪处分条例》从第七十五条到第七十七条和第八十条明确了"违反组织工作原则"等违反组织纪律的行为，并对相应的处分作了明确规定。

第七十五条规定，有下列行为之一的，给予警告或者严重警告处分；情节较重的，给予撤销党内职务或者留党察看处分；情节严重的，给予开除党籍处分：（一）在民主推荐、民主测评、组织考察和党内选举中搞拉票、助选等非组织活动的；（二）在法律规定的投票、选举活动中违背组织原则搞非组织活动，组织、怂恿、诱使他人投票、表决的；（三）在选举中进行其他违反党章、其他党内法规和有关章程活动的；搞有组织的拉票贿选，或者用公款拉票贿选的，从重或者加重处分。

第七十六条规定，在干部选拔任用工作中，有任人唯亲、排斥异己、封官许愿、说情干预、跑官要官、突击提拔或者调整干部等违反干部选拔任用规定行为，对直接责任者和领导责任者，情节较轻的，给予警告或者严重警告处分；情节较重的，给予撤销党内职务或者留党察看处分；情节严重的，给予开除党籍处分。

用人失察失误造成严重后果的，对直接责任者和领导责任者，依照前款规定处理。

第七十七条规定，在干部、职工的录用、考核、职务晋升、职称评定和征兵、安置复转军人等工作中，隐瞒、歪曲事实真相，或者利用职权或者职务上的影响违反有关规定为本人或者其他人谋取利益的，给予警告或者严重警告处分；情节较重的，给予撤销党内职务或者留党察看处分；情节严重的，给予开除党籍处分。

弄虚作假，骗取职务、职级、职称、待遇、资格、学历、学位、荣誉或者其他利益的，依照前款规定处理。

第八十条规定，违反党章和其他党内法规的规定，采取弄虚作假或者其他手段把不符合党员条件的人发展为党员，或者为非党员出具党员身份证明的，对直接责任者和领导责任者，给予警告或者严重警告处分；情节严重的，给予撤销党内职务处分。

违反有关规定程序发展党员的，对直接责任者和领导责任者，依照前款规定处理。

某自治区林业厅原党组书记、厅长陈某某用人失察失误，重用档案造假者。

2013年10月，某自治区林业厅原党组书记、厅长陈某某在中央党校学习期间，经人介绍认识了时任某音像出版社发行部主任柳某某，柳某某表示想调到自治区林业厅工作。之后，陈某某将柳某某给的个人履历交给自治区林业厅人事教育处，并签批意见，请人事教育处根据柳某某个人情况、林业厅岗位空缺及用人需求提出意见。

2013年11月20日，自治区林业厅人事教育处提出拟调任柳某某为本厅社会保险中心副主任（正处级）的书面意见。次日，陈某某主持召开林业厅党组会议，研究同意调柳某某到自治区林业厅社会保险中心任副主任。2014年3月18日，柳某某到自治区林业厅报到上班。

经查，柳某某2010年在担任某乡党委书记期间，因违反纪律被市纪委给予撤销党内职务处分。之后柳某某因伪造个人档案材料，其中职务级别、工作经历、出生时间和入党、年度考核等情况都存在造假，涉嫌造假骗官，被群众举报至中央巡视组，造成恶劣影响。柳某某已于2015年1月被开除党籍、开除公职。陈某某作为自治区林业厅党组书记、厅长，违反组织纪律，在选拔任用干部中不认真考察，选拔任用不符合条件的干部，用人失察失误，造成恶劣影响；陈某某还涉嫌受贿犯罪。依据《党纪处分条例》和《行政机关公务员处分条例》有关规定，经自治区党委研究，报中央纪委审议并报中共中央批准，决定给予陈某某开除党籍、开除公职处分，将其涉嫌犯罪问题及线索移送司法机关依法处理。

【条例解读】 本案主要涉及违反领导干部选拔任用规定的行为。

这类违纪行为主要有：在民主推荐、民主测评、组织考察和党内选举中搞拉票、助选等非组织活动的；在法律规定的投票、选举活动中违背组织原则搞非组织活动，组织、怂恿、诱使他人投票、表决的；搞有组织的拉票贿选或用公款拉票贿选的；在选举中进行其他违反党章、其他党内法规和有关章程活动的。其次，在干部选拔任用工作中，违反干部选拔任用规定，任人唯亲、排斥异己、封官许愿、说情干预、跑官要官、突击提拔或调整干部，以及用人失察失误。再次，在干部、职工的录用、考核、职务晋升、职称评定和征兵、安置复转军人等工作中，隐瞒、歪曲事实真相，或者利用职权或者职务上的影响违反有关规定为本人或者其他人谋取利益。最后，违反党章和其他党内法规的规定，采取弄虚作假或者其他手段把不符合党员条件的人发展为党员，或者为非党员出具党员身份证明以及违反有关规定程序发展党员。

根据《党政领导干部选拔任用工作条例》，党政领导干部应当具备基本条件、具备基本资格，做到信念坚定、为民服务、勤政务实、敢于担当、清正廉洁，并模范遵纪守法。但本案中经查，柳某某担任某乡党委书记期间，因违反纪律被市纪委给予撤销党内职务处分；柳某某还伪造个人档案材料，涉嫌造假骗官，造成恶劣影响。因此，柳某某不仅不具备担任党政领导干部应当具备的基本条件，而且还涉嫌违纪违法，应被开除党籍、开除公职。

同时，根据《党政领导干部选拔任用工作条例》的有关规定，用人失察失误造成严重后果的，应当被追责。陈某某作为某自治区林业厅党组书记、厅长，违反组织纪律，选拔任用不符合条件的干部，属于用人失察失误，应被追责。

根据《党纪处分条例》的规定，在干部选拔任用工作中，有违反干部选拔任用规定行为的，对直接责任者和领导责任者，情节较轻的，给予警告或者严重警告处分；情节较重的，给予撤销党内职务或者留党察看处分；情节严重的，给予开除党籍处分。用人失察失误造成严重后果的，对直接责任者和领导责任者，依照前款规定处理。本案中，陈某某作为某自治区林业厅党组书记、厅长，违反组织纪律，选人用人失察失误，对柳某某提拔任用，负有直接责任和领导责任，并造成严重后果，而且陈某某还涉嫌受贿犯罪。因此，依据有关规定，自治区党委、自治区政府对陈某某进行严肃党纪政纪追究，并将其涉嫌犯罪问题及线索移送司法机关依法处理。

18. 违规出国（境）

【核心要义】一些领导干部采取骗办身份、户籍或冒用他人身份、户籍等手段违规办理因私出国（境）证件，有的领导干部办多个身份证，持有外国绿卡……领导干部独往独来、天马行空，迟早会出问题。

《党纪处分条例》从第八十一条到第八十四条明确了"违规办理因私出国（境）证件和在国（境）外擅自脱离组织"等违反组织纪律的行为，并对处分情形作了明确规定。

第八十一条规定，违反有关规定取得外国国籍或者获取国（境）外永久居留资格、长期居留许可的，给予撤销党内职务、留党察看或者开除党籍处分。

第八十二条规定，违反有关规定办理因私出国（境）证件、前往港澳通行证，或者未经批准出入国（边）境，情节较轻的，给予警告或者严重警告处分；情节较重的，给予撤销党内职务处分；情节严重的，给予留党察看处分。

第八十三条规定，驻外机构或者临时出国（境）团（组）中的党员擅自脱离组织，或者从事外事、机要、军事等工作的党员违反有关规定同国（境）外机构、人员联系和交往的，给予警告、严重警告或者撤销党内职务处分。

第八十四条规定，驻外机构或者临时出国（境）团（组）中的党员，脱离组织出走时间不满六个月又自动回归的，给予撤销党内职务或者留党察看处分；脱离组织出走时间超过六个月的，按照自行脱党处理，党内予以除名。

故意为他人脱离组织出走提供方便条件的，给予警告、严重警告或者撤销党内职务处分。

根据某部因私出国（境）证件专项治理中发现的线索，中央纪委监察部驻该部纪检组对某日报社原副社长、机关党委书记汤某某涉嫌违纪问题进行了立案审查。

经查，汤某某严重违反党的政治纪律、组织纪律和工作纪律。其本人未经批准获取英国永久居留权，一直未向组织报告。其配偶子女获取英国永久居留权,未在领导干部个人有关事项报告中如实填报。2013年以来,未经组织批准、未履行请假手续多次因私出国,事后隐瞒不报。2014年8月以来,违规持有个人因私护照,不按规定及时交由组织统一管理,直到组织人事部门多次催缴,才于2015年5月交还。依据有关规定,部党组研究并经中央国家机关工委批准,决定给予汤某某开除党籍处分;该部决定给予其行政撤职处分,撤销其日报社副社长职务,由三级职员降为六级职员。

【条例解读】《党纪处分条例》规定了领导干部违规出国(境)的行为。主要是:违反有关规定取得外国国籍或者获取国(境)外永久居留资格、长期居留许可;违反有关规定办理因私出国(境)证件、前往港澳通行证,或者未经批准出入国(边)境;驻外机构或者临时出国(境)团(组)中的党员擅自脱离组织,或者从事外事、机要、军事等工作的党员违反有关规定同国(境)外机构、人员联系和交往;驻外机构或者临时出国(境)团(组)中的党员,脱离组织出走;以及故意为他人脱离组织出走提供方便条件。本案有以下几点需要注意。

一是根据《关于领导干部报告个人有关事项的规定》,领导干部本人持有因私出国(境)证件的情况,以及配偶、子女移居国(境)外的情况,均要如实申报。汤某某身为党员领导干部,未如实按照《关于领导干部报告个人有关事项的规定》进行申报,属于违反组织纪律。

二是汤某某违反有关规定取得外国国籍或者获取国(境)外永久居留资格、未经组织批准、未履行请假手续多次因私出国,事后隐瞒不报,也属于违反组织纪律。

三是汤某某违规持有个人因私护照,不按规定及时交由组织统一管理,直到组织人事部门多次催缴才交还,属于违反外事纪律。

四是按照《党纪处分条例》的规定,违反有关规定取得外国国籍或者获取国(境)外永久居留资格、长期居留许可的,给予撤销党内职务、留党察看或者开除党籍处分。根据《条例》的规定,违反有关规定办理因私出国(境)证件、前往港澳通行证,或者未经批准出入国(边)境,情节较轻的,给予警告或者严重警告处分;情节较重的,给予撤销党内职务处分;情节严重的,给予留党察看处分。汤某某属于违反两条,合并处理。

五是汤某某所在日报社属于事业单位。按照《事业单位工作人员处分暂行规定》，未经批准获取境外永久居留资格或者取得外国国籍的，给予记过处分；情节较重的，给予降低岗位等级或者撤职处分；情节严重的，给予开除处分。所以主管部门决定给予其行政撤职处分，撤销其日报社副社长职务，由三级职员降为六级职员。

19. 以权谋私行为

【核心要义】廉洁纪律是党组织和党员在从事公务活动或者其他与行使职权有关的活动中，应当遵守的廉洁用权的行为规则，是实现干部清正、政府清廉、政治清明的重要保障。

习近平总书记说，为政清廉才能取信于民，秉公用权才能赢得人心。《党章》规定，中国共产党党员永远是劳动人民的普通一员。除了法律和政策规定范围内的个人利益和工作职权以外，所有共产党员都不得谋求任何私利和特权。因此，党员特别是领导干部必须正确行使人民赋予的权力，坚持原则，依法办事，清正廉洁，反对任何滥用职权、谋取私利的不正之风，永葆共产党人清正廉洁的政治本色。

《党纪处分条例》第八章"对违反廉洁纪律行为的处分"，主要是对党员干部特别是领导干部以权谋私的违纪行为作出处分规定。

《党纪处分条例》从第八十五条到第八十七条和第一百一十条到第一百一十一条明确了以权谋私等违反廉洁纪律的行为，比如利用职权或者职务上的影响为他人谋取利益等，并对相应的处分作了明确规定。

第八十五条规定，党员干部必须正确行使人民赋予的权力，清正廉洁，反对任何滥用职权、谋求私利的行为。利用职权或者职务上的影响为他人谋取利益，本人的配偶、子女及其配偶等亲属和其他特定关系人收受对方财物，情节较重的，给予警告或者严重警告处分；情节严重的，给予撤销党内职务、留党察看或者开除党籍处分。

关于这一条，要注意，这条以党员干部不知道亲属和其他特定关系人收受财物为前提，如果党员干部利用职权或职务上的影响为他人谋取利益，且对其亲属和其他特定关系人收受对方财物行为知情，应按受贿论处。

第八十六条规定，相互利用职权或者职务上的影响为对方及其配偶、子女及其配偶等亲属、身边工作人员和其他特定关系人谋取利益搞权权交易的，给予警告或者严重警告处分；情节较重的，给予撤销党内职务或者留党察看处分；情节严重的，给予开除党籍处分。

第八十七条规定，纵容、默许配偶、子女及其配偶等亲属和身边工作人员利用党员干部本人职权或者职务上的影响谋取私利，情节较轻的，给予警告或者严重警告处分；情节较重的，给予撤销党内职务或者留党察看处分；情节严重的，给予开除党籍处分。

党员干部的配偶、子女及其配偶不实际工作而获取薪酬或者虽实际工作但领取明显超出同职级标准薪酬，党员干部知情未予纠正的，依照前款规定处理。

第一百一十条规定，搞权色交易或者给予财物搞钱色交易的，给予警告或者严重警告处分；情节较重的，给予撤销党内职务或者留党察看处分；情节严重的，给予开除党籍处分。

第一百一十一条规定，有其他违反廉洁纪律规定行为的，应当视具体情节给予警告甚至开除党籍的处分。

某省师范高等专科学校原党委书记、市教育局原局长张某某利用职务便利，单独或伙同妻子、女儿索取、收受 40 多个单位或个人的房产、现金、银行卡、购物卡等财物，折合人民币 864 万余元；贪污公款 324 万余元；挪用公款 1000 万元给他人用于营利活动，谋取个人利益。

2013 年 4 月 9 日张某某被刑事拘留，同年 4 月 26 日被逮捕。2014 年 7 月 15 日，市中级人民法院一审以受贿罪、贪污罪、挪用公款罪依法判处张某某无期徒刑，剥夺政治权利终身，并处没收个人全部财产。张某某不服一审判决提出上诉。2014 年 9 月 4 日，省高级人民法院作出终审裁定，依法维持原判。9 月 29 日，经省委批准，省纪委给予张某某开除党籍、开除公职处分。

张某某不仅自己到处伸手，而且默许、纵容家人亲属利用其职务影响收受钱财。其妻子、女儿对张某某严重违纪违法行为不仅不制止、不规劝，而且主动参与其中，伙同张某某收受贿赂达 255 万余元，占张某某受贿案值近 1/3，起了推波助澜的作用。其妻子借张某某帮助别人安排工作、为房地产商和教学仪器供应商等谋取利益，与张某某收受、索要汽车、房产、现金等贿赂 235 万余元，被开除党籍、开除公职，因犯受贿罪被判处有期徒刑十年。

其女儿怂恿张某某指派市教育局所属学校采购请托人所售教学设备,主动索贿40万元,犯受贿罪被判处有期徒刑三年,缓刑五年;其妻妹长期帮助张某某夫妇保管、经营、隐匿违纪违法所得,并利用赃款炒房、放贷获利,犯掩饰隐瞒犯罪所得罪、伪证罪被开除党籍、开除公职,判处有期徒刑三年,缓刑四年;其妻弟因犯掩饰隐瞒犯罪所得罪、伪证罪被开除党籍,判处有期徒刑一年六个月,缓刑两年,并处罚金5000元;其妻兄借负责开发市教育局房产项目之机,从中获利60万元,因犯伪证罪被开除党籍,一审判处有期徒刑一年六个月,缓刑一年六个月。

张某某案件涉案党员和公职人员43人。2014年10月11日,经市委批准,市及有关区县纪检监察机关逐一立案调查,根据情节、性质、态度和一贯表现,依纪依规作出处理:给予开除党籍、开除公职等党纪政纪处分25人,给予警示诫勉处理18人。

【条例解读】《党纪处分条例》规定了对领导干部违反廉洁自律规定的行为。主要是:利用职权或者职务上的影响为他人谋取利益,本人的配偶、子女及其配偶等亲属和其他特定关系人收受对方财物;相互利用职权或者职务上的影响为对方及其配偶、子女及其配偶等亲属、身边工作人员和其他特定关系人谋取利益搞权权交易;纵容、默许配偶、子女及其配偶等亲属和身边工作人员利用党员干部本人职权或者职务上的影响谋取私利;党员干部的配偶、子女及其配偶不实际工作而获取薪酬或者虽实际工作但领取明显超出同职级标准薪酬等。

权力是人民赋予的,要为人民用好权,让权力在阳光下运行。严以用权,就是要坚持用权为民,按规则、按制度行使权力,把权力关进制度的笼子里,任何时候都不搞特权、不以权谋私。本案中,张某某滥用职权、谋取私利,胆大妄为、贪挪公款、贪婪成性、大肆受贿,最终,张某某被判无期徒刑,剥夺政治权利终身,并处没收个人全部财产。

本案中,除张某某本人严重贪腐外,还纵容亲属非法敛财,其妻、女儿、妻兄、妻弟、妻妹均牵涉其中,涉案数额大,性质严重,情节恶劣,非常令人警醒。

张某某理想信念动摇、蔑视党纪国法、作风独断专行、信奉权钱交易、违反财经纪律、教育监督滞后,这是他走上违纪违法道路的主要原因。正是这样,《党纪处分条例》从第八十五条到第八十七条明确了利用职权或者职务上的影响为他人谋取利益等违反廉洁纪律的行为,并对相应的处分作了规定,目的是为了对以权谋私等违反廉洁纪律的行为进行惩戒并教育警示他人。

根据《党纪处分条例》第八十七条规定,纵容、默许配偶、子女及其配偶等亲属和身边工作人员利用党员干部本人职权或者职务上的影响谋取私利,情节较轻的,给予警告或者严重警告处分;情节较重的,给予撤销党内职务或者留党察看处分;情节严重的,给予开除党籍处分。本案中,家庭成员合伙作案、违纪违法家族化特征明显,结果全家人都受到了党纪国法的惩处。一家六口落网,非常罕见。

张某某案件涉案党员和公职人员43人,相关人员被依纪依规处理,其中开除党籍、开除公职等党纪政纪处分25人。这也提醒党员和公职人员特别是党员领导干部,必须正确行使权力,坚持原则,依法办事,清正廉洁,反对任何滥用职权、谋取私利的不正之风。

20. 违规接受礼品礼金和服务等行为

【核心要义】全面从严治党,首先是从落实中央八项规定精神破题,成效有口皆碑,必须驰而不息、坚持巩固深化。

《党纪处分条例》将党的十八大以来落实中央八项规定精神、反对"四风"方面的要求转化为纪律条文,体现了作风建设永远在路上。

《党纪处分条例》从第八十八条到第九十三条明确了违规接受礼品礼金和服务等违反廉洁纪律的行为,并对相应的处分作了明确规定。

第八十八条规定,收受可能影响公正执行公务的礼品、礼金、消费卡和有所证券、股权、其他金融产品等财物,情节较轻的,给予警告或者严重警告处分;情节较重的,给予撤销党内职务或者留党察看处分;情节严重的,给予开除党籍处分。

收受其他明显超出正常礼尚往来的财物,依照前款规定处理。

这里要注意的是,这里的"财物",包括货币、物品和财产性利益。另外,要注意把握收受财物与受贿的区分。根据2016年最高人民法院、最高人民检察院《关于办理贪污贿赂刑事案件适用法律若干问题的解释》第十三条第二款的规定,"国家工作人员索取、收受具有上下级关系的下属或者具有行政管理关系的管理人员的财物价值三万元以上，可能影响职权行使的，视为承诺为他人谋取利益"。即如收受此类人员财物价值达到三万元，则可认定为受贿。

第八十九条规定，向从事公务的人员及其配偶、子女及其配偶等亲属和其他特定关系人赠送明显超出正常礼尚往来的礼品、礼金、消费卡等，情节较重的，给予警告或者严重警告处分；情节严重的，给予撤销党内职务或者留党察看处分。

这里要注意，这里的"明显超出正常的礼尚往来"，主要是指明显超出当地经济发展、生活水平、风俗习惯、个人经济能力以及一般的、正常的礼节性的有来有往。

第九十一条规定，利用职权或者职务上的影响操办婚丧喜庆事宜，在社会上造成不良影响的，给予警告或者严重警告处分；情节严重的，给予撤销党内职务处分。

在操办婚丧喜庆事宜中，借机敛财或者有其他侵犯国家、集体和人民利益行为的，依照前款规定从重或者加重处分，直至开除党籍。

第九十二条规定，接受、提供响公正执行公务的宴请或者旅游、健身、娱乐等活动安排，情节较重的，给予警告或者严重警告处分；情节严重的，给予撤销党内职务或者留党察看处分。

第九十三条规定，违反有关规定取得、持有、实际使用运动健身卡、会所和俱乐部会员卡、高尔夫球卡等各种消费卡，或者违反有关规定出入私人会所，情节较重的，给予警告或者严重警告处分；情节严重的，给予撤销党内职务或者留党察看处分。

在黄某某担任市经贸委主任、副市长、省水利厅厅长期间，于平时逢年过节收受省水利厅、省属有关企业、市党政领导干部与社会老板贿赂、礼金近亿元。其中不少是一些老板和领导干部以"人情往来"为由交到黄某某及其家人手里的，少则一两万，多的达成百上千万。对于每一笔账，黄某某与其妻子陈某都默默记在心里。如果有一年行贿者没有"纳贡"，陈某还会觉得奇怪。

黄某某收受的红包礼金之多令人咋舌。专案组曾在黄家发现一个装有6万欧元的信封，但直到接受组织调查，夫妻二人都想不起是谁送的。而且黄某某夫妇有一个"交往不交易"的谬论，认为并没有发生实质性的权力交易，收点红包礼金不过是"礼尚往来"。在离开当地后，他也收受一些老同事和当地老板的红包礼金，认为"反正与他们已经脱离直接关系了"。然而，这些进贡者或许不追求立竿见影的回报，但最终都是为了获得权力的庇护和回报。

2015年4月，省纪委披露黄某某接受组织调查。2015年7月，经省检察院决定，黄某某被刑事拘留。2015年9月，黄某某因违规收受巨额礼金、利用职务上的便利为他人谋取利益、收受他人贿赂等问题被"双开"，其违纪所得被收缴。

某市体育局党委书记、局长郭某分批多次为其子大办婚宴。某日晚，郭某在地球村酒店设席5桌，宴请市商务局原同事；过了几天，在成宝酒店设席6桌，宴请原县宣传部和文广新局同事。到了某日中午，又办婚宴18桌。三次宴请共计29桌，收受管理和服务对象、下属人员礼金共计8100元。市纪委给予郭某党内严重警告处分。

刘某，某市工商局副局长，中共党员。一次偶然的机会，刘某结识了当地的一名个体经营户王某。此后，两人经常通电话，互致问候。有时，王某还会去刘某家中做客，并随身带去一些礼金礼品，但"'底线'意识较强"的刘某每次都婉言拒绝。一年国庆假期，王某和妻子打算到厦门旅游，就约刘某及其妻子同去，并言明费用由王某承担，刘某欣然答应。

【条例解读】案例故事1涉及领导干部违反廉洁自律规定、违规接受礼品礼金和服务等行为。

根据《党纪处分条例》第八十八条规定，收受可能影响公正执行公务的礼品、礼金、消费卡等，是违纪行为，给予从警告到开除党籍处分。根据《党纪处分条例》第八十九条，向从事公务的人员及其配偶、子女及其配偶等亲属和其他特定关系人赠送明显超出正常礼尚往来的礼品、礼金、消费卡等，也属于违纪行为。根据《行政机关公务员处分条例》第二十三条，有贪污、索贿、受贿、行贿、介绍贿赂、挪用公款、利用职务之便为自己或者他人谋取私利、巨额财产来源不明等违反廉政纪律行为，情节严重的，给予开除处分。据公诉机关指控，黄某某身为党员、行政机关领导干部，本人或通过亲属受贿财物共几千万元人民币，属于情节严重的行为，应予开除党籍、开除公职。

根据《党纪处分条例》第四十条规定，对于违纪行为所获得的经济利益，应当收缴或者责令退赔。根据《行政机关公务员处分条例》第五十三条规定，行政机关公务员违法违纪取得的财物和用于违法违纪的财物，除依法应当由其他机关没收、追缴或者责令退赔的，由处分决定机关没收、追缴或者责令退赔。因此，有关机关收缴其违纪所得，符合上述有关规定。

案例2涉及利用职权或者职务上的影响操办婚丧喜庆事宜，在社会上造成不良影响的违纪行为。

《党纪处分条例》第九十一条是对党员操办婚丧喜庆事宜中违纪行为的处分规定。本条对党员操办婚丧喜庆事宜中的三类违纪行为作出了处分规定。一是利用职权或职务影响操办婚丧喜庆事宜，在社会上造成不良影响的；二是借操办婚丧喜庆事宜之机敛财的；三是在操办婚丧喜庆事宜中，有其他侵犯国家、集体和人民利益行为的。本案中，郭某分批多次为其子大办婚宴，收受管理和服务对象、下属人员礼金，数额较大，被党内严重警告。

案例3涉及接受可能影响公正执行公务的宴请或者旅游、健身、娱乐等活动安排等违纪行为。

从本案看，自认为"'底线'意识较强"、多次婉言拒绝王某礼金礼品的刘某就是如此。殊不知，按照《党纪处分条例》第九十二条的规定，接受可能影响公正执行公务的宴请或者旅游、健身、娱乐等活动安排，只要情节较重，同样触犯纪律"底线"。

刘某身为市工商局副局长，王某作为个体经营户属于刘某的管理和服务对象，刘某接受王某安排的旅游并由王某承担费用，属于接受可能影响公正执行公务的活动安排，应视情节轻重给予相应纪律处分。

一些人通过安排旅游、健身、娱乐等活动，拉拢腐蚀党员干部，类似安排本质上都具有一定的目的性和交易性，是对党员干部公正执行公务的影响和干扰，旨在为谋取不当利益打开方便之门。党员干部像刘某这样违纪的原因很多，有的是对纪律条款一知半解，有的是误解或曲解，有的则是心存侥幸。对此，党员干部一定要提高警惕，洁身自好、严格自律，真正守住纪律"底线"。

21. 借用管理和服务对象钱款等行为

【核心要义】 根据《党纪处分条例》第九十条第一款的规定，借用管理和服务对象的钱款、住房、车辆等，影响公正执行公务，情节较重的，给予警告或者严重警告处分；情节严重的，给予撤销党内职务、留党察看或者开除党籍处分。

本条所称"借用"是指以借的名义长期占有或者使用财物。"管理和服务对象"，是指行政机关的工作对象、司法机关和执纪机关查处案件的当事人、组织（人事）部门的工作对象以及党员领导干部所在部门和单位法定职责范围内的其他管理和服务对象。"财物"，既包括动产，也包括房屋等不动产；既包括现金、有价证券、支付凭证等钱财，也包括车辆等物品。"影响公正执行公务"，是指与执行公务相关联或者与履行职责相冲突。

2018年修订的《党纪处分条例》第九十条，增加规定"借用管理和服务对象的钱款、住房、车辆等，影响公正执行公务"属于违纪行为。这样规定是因为不少地方和部门出现了党员领导干部利用手中职权和职务上的影响，以借用的名义来变相接受他人财物的现象。这种不廉洁行为不仅损害了党员领导干部职务行为的廉洁性，而且破坏了党员领导干部在人民群众中的形象和威信。

2010年，浙江某市原副市长朱某某利用职务便利，在安置某建材市场过程中，为建材老板谋取利益。2012年，建材老板为感谢朱某某的帮助，提出将马上可以获得收益的项目股份以原价转让给朱某某，再由朱某某转让后获利。之后朱某某以侄儿名义向其他老板借了2000多万元购买了股份，转手获利300多万元。

2009年底，另一位房地产老板希望朱某某帮其解决有关房产项目的拆迁问题，故意提出向他借款200万元，两年内"一比一"返还（即两年后返还400

万元）。

于是，朱某某以其姐夫等人的名义，将200万元"借给"了这位房地产老板。九个月后，这位房地产老板连本带息将400万元"还给"了朱某某。

2014年3月19日，浙江省高级人民法院驳回了朱某某的上诉，以受贿罪判处他无期徒刑，剥夺政治权利终身，并处没收个人全部财产。

【条例解读】《党纪处分条例》增加规定"借用管理和服务对象的钱款、住房、车辆等，影响公正执行公务"属于违纪行为，有利于防止党员领导干部以权谋私、逐利违法甚至受贿犯罪。

本案中，朱某某多次向建材或地产商以亲属名义"借用"巨额资金，并利用职务便利，在安置某建材市场过程中为建材老板谋取利益或为地产商解决有关房产项目的拆迁问题，实则变相受贿，而且其侄儿或姐夫属于特定关系人，不影响受贿的认定。因此，法院以受贿罪判处他无期徒刑，剥夺政治权利终身，并处没收个人全部财产。

如果国家工作人员利用职务上的便利为请托人谋取利益，收受请托人房屋、汽车等物品，未变更权属登记或者借用他人名义办理权属变更登记的，不影响受贿的认定。

区分以房屋、汽车等物品为对象的借用与受贿，要看党员领导干部是否利用职务便利，为请托人谋取不正当利益；具体认定时，除双方交代或者书面协议之外，主要还应结合有无借用的合理事由、是否实际使用、借用时间的长短、有无归还的条件、有无归还的意思表示及行为等因素进行判断。

22. 通过民间借贷等金融活动获取大额回报

【核心要义】根据《党纪处分条例》第九十条第二款的规定，通过民间借贷等金融活动获取大额回报，影响公正执行公务的，依照前款规定处理，即情节较重的，给予警告或者严重警告处分；情节严重的，给予撤销党内职务、留党察看或者开除党籍处分。

本条所称"民间借贷"，是指自然人、法人、其他组织之间及其相互之间，而非经金融监管部门批准设立的从事贷款业务的金融机构及其分支机构进行资金融通的行为。国家鼓励正常的民间借贷行为,并规定民间借贷的利率可以适当高于银行的利率,但最高不得超过银行同类贷款利率的四倍。2015年颁布实施的《最高人民法院关于审理民间借贷案件适用法律若干问题的规定》第二十六条也对相关民间借贷约定利率范围作出相应规定。"影响公正执行公务",是指与执行公务相关联或者与履行职责相冲突。

党员领导干部参与正常的民间借贷,并不违反党规党纪。但是从近些年查处的腐败案件来看,一些党政领导干部违规参与民间借贷,有的违规借贷资金巨大,有的利用职权或职务上的影响为被借贷人谋利,有的打着民间借贷的"幌子",其实质就是以牟取高额利息为目的、贴上权力标签的违规民间借贷行为,常常是变相受贿。有些涉嫌违纪违法人员认为这是一种"安全"的敛财方式,玩起了"花式借贷"的把戏,左手向甲企业借款,右手给乙企业放款,赚取利息差;有的以借款为名进行"强借",既无归还的意愿,又在有条件归还时不归还,等等。这种不廉洁行为不仅损害了党员领导干部职务行为的廉洁性,而且影响了公正执行公务,损害了党和政府的公信力,而且破坏正常的金融市场秩序,加剧民间借贷市场风险,也助长不正之风,诱发贪腐犯罪。因此,必须严厉惩治。

2018年修订的《党纪处分条例》第九十条,增加规定"通过民间借贷等金融活动获取大额回报,影响公正执行公务"属于违纪行为。这样规定主要针对不少地方和部门出现了党员领导干部利用手中职权和职务上的影响,通过民间借贷等金融活动获取大额回报的问题,有利于防止党员领导干部利用手中职权和职务上的影响,以权谋私,搞权力寻租、利益输送。

案例故事

经信委主任原本应是企业的"帮扶人",但安徽省某县经信委原主任唐某却本末倒置,让企业拿钱来"帮扶"他。唐某以其弟弟名义入股某公司,急需200万元入股资金。当他得知本县的一家机械厂刚刚从银行贷款200万元后,便以资金周转为由,从该厂老板乐某手中借走此款。然而,解决了入股资金问题的唐某并不着急归还这200万元,反而将这笔钱"放"到一家房地产开发企业"吃"起了3分的高利息,赚取利差。

在连续5年赚了个盆满钵满之后,唐某在离任之际,为了保住这条"财路",并未将200万元资金抽出归还乐某,而是打起了单位公款的主意,玩起了资金"腾挪"。他授意一家塑料厂老板金某向经信委借款200万元，随后他再从金某手中"借"走这200万元，归还了乐某。在唐某的安排下，经信委将该笔借款的月息定为1分，即使这样他仍不满足，又借机召开党组会将月息由1分降到了8厘。就这样，唐某又"借"着金某的钱继续"吃"了一年的高利息。

2018年5月唐某被开除党籍、开除公职，违纪所得被收缴，涉嫌犯罪问题由司法机关依法处理。

【条例解读】增加规定"通过民间借贷等金融活动获取大额回报，影响公正执行公务的"属于违纪行为，有利于防止党员领导干部以权谋私、逐利违法甚至受贿犯罪。

违规从事民间借贷行为，在客观方面表现为党员干部放贷行为与其职权有明显关联，影响公正执行公务。现实中，判断是否与其职权有明显关联，并非以党员的主观意愿和主观想法为依据，而应以客观上党员干部的职权和职务可以给对方当事人某种利益造成的影响为依据。

注意违纪与违法或犯罪的区别。如果党员干部虽然没有利用职权或职务影响为接受借贷一方谋利，但这种放贷行为与其职权有明显关联，且不排除将来有利用职权为其谋利的可能，即可认定该党员干部违反党的廉洁纪律。应当注意的是，有的党员利用职权或职务影响为对方提供帮助或者谋取利益，是为了获得所谓的"回报"，以民间借贷为"幌子"获取较高利息，对此类行为应按受贿性质认定。

执纪实践中，要考虑借贷双方的动机和目的。一般来讲，正常的民间借贷应是借贷方确有需要。如果借贷方没有需要，或者明知能够以更低利率从其他途径获取借款的情况下，仍以高额"利率"借款，则要考虑双方的动机和目的是什么，进而确定是违纪行为还是违法或犯罪行为。

本案中，经信委原本应是企业的"帮扶人"，但经信委原主任唐某却多次向企业"借用"巨额资金，获得高额利息，实则变相贿赂。因此，被开除党籍、开除公职，违纪所得被收缴，涉嫌犯罪问题由司法机关依法处理。

23. 违规从事营利活动行为

【核心要义】当官发财两条道，当官就不要发财，发财就不要当官。党员尤其是党员领导干部要严以律己、清正廉洁，耐得住寂寞、经得起诱惑，永葆共产党人的政治本色。

《党纪处分条例》从第九十四条到第九十七条明确了违规从事营利活动等违反廉洁纪律的行为，并对处分情形作了明确规定。

第九十四条规定，违反有关规定从事营利活动，有下列行为之一，情节较轻的，给予警告或者严重警告处分；情节较重的，给予撤销党内职务或者留党察看处分；情节严重的，给予开除党籍处分：（一）经商办企业的；（二）拥有非上市公司（企业）的股份或者证券的；（三）买卖股票或者进行其他证券投资的；（四）从事有偿中介活动的；（五）在国（境）外注册公司或者投资入股的；（六）有其他违反有关规定从事营利活动的。

利用参与企业重组改制、定向增发、兼并投资、土地使用权出让等决策、审批过程中掌握的信息买卖股票；利用职权或者职务上的影响通过购买信托产品、基金等非正常获利的，依照前款规定处理。

违反有关规定在经济组织、社会组织等单位中兼职，或者经批准兼职但获取薪酬、奖金、津贴等额外利益的，依照第一款规定处理。

第九十五条规定，利用职权或者职务上的影响，为配偶、子女及其配偶等亲属和其他特定关系人在审批监管、资源开发、金融信贷、大宗采购、土地使用权出让、房地产开发、工程招投标以及公共财政支出等方面谋取利益，情节较轻的，给予警告或者严重警告处分；情节较重的，给予撤销党内职务或者留党察看处分；情节严重的，给予开除党籍处分。

利用职权或者职务上的影响，为配偶、子女及其配偶等亲属和其他特定关系人吸收存款、推销金融产品等提供帮助谋取利益的，依照前款规定处理。

第九十六条规定，党员领导干部离职或者退（离）休后违反有关规定接受原任职务管辖的地区和业务范围内的企业和中介机构的聘任，或者个人从事与原任职务管辖业务相关的营利活动，情节较轻的，给予警告或者严重警告处分；情节较重的，给予撤销党内职务处分；情节严重的，给予留党察看处分。

党员领导干部离职或者退（离）休后违反有关规定担任上市公司、基金管理公司独立董事、独立监事等职务，情节较轻的，给予警告或者严重警告处分；情节较重的，给予撤销党内职务处分；情节严重的，给予留党察看处分。

第九十七条规定，党员领导干部的配偶、子女及其配偶，违反有关规定在该党员领导干部管辖的地区和业务范围内从事可能影响其公正执行公务的经营活动,或者在该党员领导干部管辖的地区和业务范围内的外商独资企业、中外合资企业中担任由外方委派、聘任的高级职务或者违规任职、兼职取酬的,该党员领导干部应当按照规定予以纠正;拒不纠正的,其本人应当辞去现任职务或者由组织予以调整职务;不辞去现任职务或者不服从组织调整职务的,给予撤销党内职务处分。

第九十八条规定,党和国家机关违反有关规定经商办企业的,对直接责任者和领导责任者,给予警告或者严重警告处分;情节严重的,给予撤销党内职务处分。

按理,既然选择了当人民公仆,就须断了发财的念头。但看着别人下海经商有声有色,某市人大常委会原副主任、原党组成员周某某坐不住了。为了掩人耳目,周某某与老下属区财政局副局长、经管局局长周某合谋,由局长出面成立公司,而周某某利用权力地位形成的便利条件进行后台运作,赚了钱后,大家五五分成。

2009年3月,周某某以妻弟的名义与局长各出资25万元的苗圃基地正式开业,周某某实际占有50%股份。至此,周某某"舞权"的戏台正式搭建起来。2010年、2011年,周某某两次受周某请托,利用职权或职务上的影响,帮助其弟弟在未经招投标程序的情况下,承接了开发区一道路绿化工程和开发区污水处理厂绿化工程。因这两项绿化工程在施工过程中使用了周某与周某某共同经营的苗圃基地里的苗木,工程完工结算后,承包人支付给周某苗木款130万元。周某收款后,按照之前约定,先后六次通过他人将收到的一半苗木款共计65万元转交给周某某。

因违规从事经营活动及其他问题,2015年3月,周某某接受组织调查。9月,经省纪委常委会议审议并报省委批准,决定给予周某某开除党籍、开除公职处分;收缴其违纪所得;将其涉嫌犯罪问题及线索移送司法机关依法处理。

【条例解读】众所周知,党政机关的党员领导干部都拥有与其职位相对应的职权,从事经商办企业等营利性活动,不仅不利于党员领导干部秉公办事、秉公执法,而且直接危害党风廉政建设,破坏社会主义市场经济的公平竞争,极易产生以权谋私、权钱交易等各种腐败现象。重申党员领导干部不得从事经商办企业等营利性活动，旨在防范和禁止党员领导干部利用职权和个人职务或者地位形成的便利条件谋取私利。

目前，党员领导干部违规从事营利活动等违反廉洁纪律的行为：一是违反有关规定从事营利活动或利用职权或者职务上的影响，为本人配偶、子女及其配偶等亲属和其他特定关系人的经营活动谋取利益，或者违反有关规定在经济实体、社会团体等单位中兼职，或者经批准兼职但获取薪酬、奖金、津贴等额外利益；二是党员领导干部离职或者退（离）休后违反有关规定接受原任职务管辖的地区和业务范围内的企业和中介机构的聘任，或者个人从事与原任职务管辖业务相关的营利活动，或者党员领导干部离职或者退（离）休后违反有关规定担任上市公司、基金管理公司独立董事、独立监事等职务；三是党员领导干部的配偶、子女及其配偶，违反有关规定在该党员领导干部管辖的地区和业务范围内从事可能影响其公正执行公务的经营活动，或者在该党员领导干部管辖的地区和业务范围内的外商独资企业、中外合资企业中担任由外方委派、聘任的高级职务或者违规任职、兼职取酬。

《党纪处分条例》从第九十四条到第九十八条对违规从事营利活动等违反廉洁纪律的行为的相应处分，作了明确规定。这将有助于防范和减少权力寻租现象，保持党员和干部队伍清正廉洁。

本案中，周某某因违规从事经营活动及其他问题接受组织调查，被开除党籍、开除公职，被司法机关依法处理，这个教训值得领导干部借鉴。

24. 违规买卖股票

【核心要义】根据《党纪处分条例》第九十四条第二款的规定，利用参与企业重组改制、定向增发、兼并投资、土地使用权出让等决策、审批过程中掌握的信息买卖股票，利用职权或者职务上的影响通过购买信托产品、基金等方式非正常获利的，依照前款规定处理，即情节较轻的，给予警告或者严重警告处分；情节较重的，给予撤销党内职务或者留党察看处分；情节严重的，给予开除党籍处分。

随着我国证券业监管制度的逐步健全，证券市场的管理越来越规范。2001年4月8日，中办、国办出台了《关于党政机关工作人员个人证券投资行为若干规定》。根据这一规定,国务院证券监督管理机构及其派出机构、证券交易所和期货交易所的工作人员及其父母、配偶、子女及其配偶,不准买卖股票,但除此之外的党政机关工作人员可以买卖股票和证券投资基金,但应当遵守有关法律法规,并严禁七类行为:一是利用职权、职务上的影响或者采取其他不正当手段,索取或者强行买卖股票、索取或者倒卖认股权证;二是利用内幕信息直接或者间接买卖股票和证券投资基金,或者向他人提出买卖股票和证券投资基金的建议;三是买卖或者借他人名义持有、买卖其直接业务管辖范围内的上市公司的股票;四是借用本单位的公款,或者借用管理和服务对象的资金,或者借用主管范围内的下属单位和个人的资金,或者借用其他与其行使职权有关系的单位和个人的资金,购买股票和证券投资基金;五是以单位名义集资买卖股票和证券投资基金;六是利用工作时间、办公设施买卖股票和证券投资基金;七是其他违反《中华人民共和国证券法》和相关法律、法规的行为。

但是从近些年查处的腐败案件来看,一些党政领导干部利用参与企业重组改制、定向增发、兼并投资、土地使用权出让等决策、审批过程中掌握的信息买卖股票,利用职权或职务上的影响通过购买信托产品、基金等方式非正常获利。这种不廉洁行为不仅损害了党员领导干部职务行为的廉洁性,而且损害了党和政府的公信力,而且破坏正常的金融市场秩序,也助长不正之风,诱发贪腐犯罪。因此,必须严厉惩治。

某省原副省长陈某某被人吹捧为"股神"。2009年至2015年,陈某某作为多年在国有金融证券企业担任一把手以及相关股票的内幕信息知情人员,利用自己熟悉股票、期货交易的专长,在内幕信息敏感期内买入股票,累计成交金额共计人民币1.21257411亿元,非法获利共计人民币1.3746627亿元;并泄露内幕信息导致他人买入上述股票,累计成交金额共计人民币3205.8285万元,非法获利共计人民币3031.1731万元。他表面上打着招商引资、金融创新的幌子,给他选中的一些上市公司或者私营企业大量的政策优惠、财政扶持,在背后利用职权购买原始股、炒作股票来获取暴利。

他还涉嫌受贿、滥用职权、内幕交易、泄露内幕信息等违法犯罪问题,被追究刑事责任。

【条例解读】 本条规定了两种情形，一是利用参与企业重组改制、定向增发、兼并投资、土地使用权出让等决策、审批过程中掌握的信息买卖股票；二是利用职权或者职务上的影响通过购买信托产品、基金等方式非正常获利。所称"利用职权或者职务上的影响"中，所谓"利用职权"，主要是指利用本人职务上主管、负责、承办某项公共事务的职权，也包括利用职务上有隶属、制约关系的其他人员的职权；"利用职务上的影响"，主要是指行为人与被其利用的人员之间在职务上虽然没有隶属、制约关系，但是行为人利用了本人职权或者地位产生的影响和一定的工作联系等。

2015年修订的《党纪处分条例》，明确党员违反有关规定从事营利活动行为的处分，其中第（三）项将"买卖股票或者进行其他证券投资"作为违纪情形之一列出。中纪委就"不得买卖股票"的党员，明确了四类人群：（1）上市公司的主管部门以及上市公司的国有控股单位的主管部门中掌握内幕信息的人员及其父母、配偶、子女及其配偶，不准买卖上述主管部门所管理的上市公司的股票。（2）国务院证券监督管理机构及其派出机构、证券交易所和期货交易所的工作人员及其父母、配偶、子女及其配偶，不准买卖股票。（3）本人的父母、配偶、子女及其配偶在证券公司、基金管理公司任职的，或者在由国务院证券监督管理机构授予证券期货从业资格的会计（审计）师事务所、律师事务所、投资咨询机构、资产评估机构、资信评估机构任职的，该党政机关工作人员不得买卖与上述机构有业务关系的上市公司的股票。（4）掌握内幕信息的党政机关工作人员，在离开岗位三个月内，继续受该规定的约束。由于新任职务而掌握内幕信息的党政机关工作人员，在任职前已持有的股票和证券投资基金必须在任职后一个月内作出处理，不得继续持有。

而2018年的修订，将条款进一步细化，明确利用决策、审批过程中掌握的信息买卖股票等行为，严重者将受到开除党籍的处分。

就本案来说，副省长陈某某利用职权或职务影响力，通过股票证券市场牟利。他表面上打着招商引资、金融创新的幌子，给他选中的一些上市公司或者私营企业大量的政策优惠、财政扶持，在背后利用职权购买原始股、炒作股票，从中牟取大量钱财。其行为明显与《关于党政机关工作人员个人证券投资行为若干规定》不相符，严重违反了《党纪处分条例》的有关规定，构成严重违纪。

注意违纪与违法或犯罪的区别。根据有关规定，党政机关工作人员可以买卖股票和证券投资基金，但应当遵守有关法律法规，严禁利用参与企业重组改制、定向增发、兼并投资、土地使用权出让等决策、审批过程中掌握的信息直接或者间接买卖股票和证券投资基金，或者利用职权或者职务上的影响通过购买信托产品、基金等方式非正常获利。

25. 违规占有、使用公款公物等行为

【核心要义】作为一名共产党员，要克己奉公，多作贡献。公款姓公，一分一厘都不能乱花；公权为民，一丝一毫都不能私用。领导干部必须时刻清楚这一点，做到公私分明、克己奉公、严格自律。

《党纪处分条例》从第一百零一条到第一百零四条明确了违规占有、使用公款公物等违反廉洁纪律的行为，比如利用职权或者职务上的影响，侵占非本人经管的公私财物，或者以象征性地支付钱款等方式侵占公私财物，或者无偿、象征性地支付报酬接受服务、使用劳务，违规占用公物归个人使用等，并对相应的处分作了明确规定。

第一百零一条规定，利用职权或者职务上的影响，侵占非本人经管的公私财物，或者以象征性地支付钱款等方式侵占公私财物，或者无偿、象征性地支付报酬接受服务、使用劳务，情节较轻的，给予警告或者严重警告处分；情节较重的，给予撤销党内职务或者留党察看处分；情节严重的，给予开除党籍处分。

利用职权或者职务上的影响，将本人、配偶、子女及其配偶等亲属应当由个人支付的费用，由下属单位、其他单位或者他人支付、报销的，依照前款规定处理。

第一百零二条规定，利用职权或者职务上的影响，违反有关规定占用公物归个人使用，时间超过六个月，情节较重的，给予警告或者严重警告处分；情节严重的，给予撤销党内职务处分。

占用公物进行营利活动的，给予警告或者严重警告处分；情节较重的，给予撤销党内职务或者留党察看处分；情节严重的，给予开除党籍处分。

将公物借给他人进行营利活动的，依照前款规定处理。

第一百零三条规定，违反有关规定组织、参加用公款支付的宴请、高消费

娱乐、健身活动，或者用公款购买赠送或者发放礼品消费卡（券）等，对直接责任者和领导责任者，情节较轻的，给予警告或者严重警告处分；情节较重的，给予撤销党内职务或者留党察看处分；情节严重的，给予开除党籍处分。

第一百零四条规定，违反有关规定自定薪酬或者滥发津贴、补贴、奖金等，对直接责任者和领导责任者，情节较轻的，给予警告或者严重警告处分；情节较重的，给予撤销党内职务或者留党察看处分；情节严重的，给予开除党籍处分。

2009年，时任某市委副秘书长、办公厅主任的谢某某以工作繁忙、公车接待不方便为由，要求所辖业务范围内的某公司为其配置一辆车。该公司遂购置了一辆帕萨特供谢某某个人长期使用。

2012年，市委派出一名工作人员到该公司任帮办。该公司为其配备了一辆新款帕萨特。看到别人开着新车，谢某某又眼红了，便找到上述公司，要求调换过来。于是他又将这辆新款帕萨特占为己有，一直用到案发。

"勤廉奉业甘风雨，读罢春秋好回家！"这是网上流传的谢某某的诗作。这位文采过人的官员嘴上说着"勤廉奉业"，背后却是另搞一套。2015年10月，谢某某因违反廉洁自律规定，长期占用民营企业车辆；为谋取不正当利益，行贿人民币7万元；利用职务上的便利为他人谋取利益，收受贿赂人民币500余万元、产生挚息100余万元等问题被开除党籍、开除公职，违纪所得被收缴，涉嫌犯罪问题由司法机关依法处理。

【条例解读】违规占有、使用公款公物等违反廉洁自律规定的行为，主要表现形式有六：一是利用职权或者职务上的影响，侵占非本人经管的公私财物，或者以象征性地支付钱款等方式侵占公私财物，或者无偿、象征性地支付报酬接受服务、使用劳务；二是利用职权或者职务上的影响，将本人、配偶、子女及其配偶等亲属应当由个人支付的费用，由下属单位、其他单位或者他人支付、报销的；三是利用职权或者职务上的影响，违反有关规定占用公物归个人使用；四是占用公物进行营利活动，时间超过六个月或将公物借给他人进行营利活动的；五是违反有关规定组织、参加用公款支付的宴请、高消费娱乐、健身活动，或者用公款购买赠送或者发放礼品消费卡（券）等；六是违反有关规定自定薪酬或者滥发津贴、补贴、奖金等。本案中，谢某某长期占用民营企业车辆，属于典型的违规占有、使用公物，违反了廉洁自律的有关规定。加上他行贿、受贿等问题被开除党籍、开除公职，涉嫌犯罪被依法处理。

《党纪处分条例》从第一百零一条到第一百零四条明确了对违规占有、使用公款公物等违反廉洁纪律行为的处分规定，有助于防范和减少权力寻租现象，保持党员和干部队伍清正廉洁。

26. 公款旅游和违反公务接待、公务交通工具、会议活动、办公用房管理规定

【核心要义】对公款旅游和违反公务接待、公务交通工具、会议活动、办公用房、管理规定等问题，中共中央、国务院有明确规定。

2012年中央印发关于改进工作作风、密切联系群众的八项规定；之后，中央又出台"六项禁令"，倡导厉行节约、反对浪费；2013年7月中办、国办印发通知，明确提出五年内，各级党政机关一律不能新建楼堂馆所。2013年9月《中央和国家机关会议费管理办法》公布十一项禁令，包括严禁各单位借会议名义组织会餐或安排宴请等。

中共中央、国务院2013年11月印发的《党政机关厉行节约反对浪费条例》，对党政机关经费管理、国内差旅、因公临时出国（境）、公务接待、公务用车、会议活动、办公用房、资源节约作出全面规范。按照《条例》要求，党政机关要坚持社会化、市场化方向改革公务用车制度，改革公务用车实物配给方式，取消一般公务用车。

《党政机关厉行节约反对浪费条例》（以下简称《条例》）强调，要建立健全公务接待集中管理制度、接待单位审批控制制度、公务接待清单制度、接待费支出总额控制制度，强化公务接待管理。要建立接待资源共享机制，积极推进国内公务接待服务社会化改革。

《条例》强调，党政机关办公用房建设应当从严控制，凡是违反规定的拟建办公用房项目，必须坚决终止；凡是未按照规定程序履行审批手续、擅自开工建设的办公用房项目，必须停建并予以没收；凡是超规模、超标准、超投资

概算建设的办公用房项目，应当根据具体情况限期腾退超标准面积或者全部没收、拍卖。

《条例》指出，坚持社会化、市场化方向改革公务用车制度，改革公务用车实物配给方式，取消一般公务用车，保留必要的执法执勤、机要通信、应急和特种专业技术用车及按规定配备的其他车辆，普通公务出行实行社会化提供，适度发放公务交通补贴。

《条例》指出，要严格控制出国团组数量和规模，不得安排照顾性、无实质内容的一般性出访，不得安排考察性出访，加强出国培训总体规划和监督管理。要精简会议，从严控制会议数量、会期和参会人员规模，严格执行会议费开支范围和标准。

《党纪处分条例》从第一百零五条到第一百零九条，对公款旅游和违反公务接待、公务交通工具、会议活动、办公用房、管理规定等违纪行为等作了规定，并明确了应予的相应处分。

第一百零五条规定，有下列行为之一，对直接责任者和领导责任者，情节较轻的，给予警告或者严重警告处分；情节较重的，给予撤销党内职务或者留党察看处分；情节严重的，给予开除党籍处分：（一）公款旅游或者以学习培训、考察调研、职工疗养等为名变相公款旅游的；（二）改变公务行程，借机旅游的；（三）参加所管理企业、下属单位组织的考察活动，借机旅游的。以考察、学习、培训、研讨、招商、参展等名义变相用公款出国（境）旅游的，依前款规定处理。

第一百零六条规定，违反公务接待管理规定，超标准、超范围接待或者借机大吃大喝，对直接责任者和领导责任者，情节较重的，给予警告或者严重警告处分；情节严重的，给予撤销党内职务处分。

第一百零七条规定，违反有关规定配备、购买、更换、装饰、使用公务交通工具或者有其他违反公务交通工具管理规定的行为，对直接责任者和领导责任者，情节较重的，给予警告或者严重警告处分；情节严重的，给予撤销党内职务或者留党察看处分。

第一百零八条规定，违反会议活动管理规定，有下列行为之一，对直接责任者和领导责任者，情节较重的，给予警告或者严重警告处分；情节严重的，给予撤销党内职务处分：（一）到禁止召开会议的风景名胜区开会的；（二）决定或者批准举办各类节会、庆典活动的。

擅自举办评比达标表彰活动或者借评比达标表彰活动收取费用的，依照前款规定处理。

第一百零九条规定，违反办公用房管理等规定，有下列行为之一，对直接责任者和领导责任者，情节较重的，给予警告或者严重警告处分；情节严重的，给予撤销党内职务处分：（一）决定或者批准兴建、装修办公楼、培训中心等楼堂馆所的；（二）超标准配备、使用办公用房的；（三）用公款包租、占用客房或者其他场所供个人使用的。

据陕西省纪委 2013 年 11 月 6 日通报，媒体反映某县副县长叶某某等人涉嫌公款出国旅游等问题后，纪检监察机关高度重视，及时派出调查组展开调查。经查，反映叶某某等人公款出国旅游及叶某某违规从事营利活动问题属实。经 11 月 5 日市纪委常委会研究并报市委常委会研究同意，按照有关程序撤销叶某某县委委员及县政府副县长职务。反映叶某某的其他问题，还在调查之中。对参与公款出国旅游的县教体局长石某某，给予党内严重警告、行政记过处分；对参与公款出国旅游的中学党总支书记、副校长王某，给予党内严重警告、行政记过处分。

【数说"三公"】

2017 年 10 月 31 日，中纪委公布五年来各省区市查处违反中央八项规定精神问题汇总。

自八项规定实施以来，截至 2017 年 10 月 31 日，各省区市查处问题总计 193168 件，其中楼堂馆所违规问题 3029 件，违规公款吃喝问题 16615 件，违规使用公务用车问题 35597 件，违规发放津贴补贴式福利问题 26741 件，违规收受礼品礼金 21313 件，公款旅游问题（国内）7574 件，公款出国（境）旅游问题 779 件，大操大办婚丧喜庆问题 19469 件，其他问题 62051 件。

截至 2017 年 10 月 31 日，各省区市共处理 262594 人，其中省部级 24 人，地厅级 2329 人，县处级 16619 人，乡科级 240622 人。

根据中央纪委向十九大的报告，十八大以来，各级纪检监察机关共查处违反中央八项规定精神问题 18.9 万起，处理党员干部 25.6 万人。

【条例解读】根据中央纪委向十九大的报告,十八大以来,各级纪检监察机关共查处违反中央八项规定精神问题18.9万起,处理党员干部25.6万人。其中,2017年10月中纪委公布了各省区市查处违反中央八项规定精神问题汇总,令人触目惊心。从查处情况看,公款旅游和违反公务接待、会议活动、办公用房、公务交通工具规定等违反廉洁自律规定的行为,主要有以下表现形式:一是用公款旅游或以学习培训、考察调研、职工疗养等为名变相旅游或改变公务行程借机旅游,或参加所管理企业、下属单位组织的考察活动,借机旅游;二是以考察、学习、培训、研讨、招商、参展等名义变相用公款出国(境)旅游;三是违反公务接待管理规定,超标准、超范围接待或者借机大吃大喝;四是违反有关规定配备、购买、更换、装饰、使用公务交通工具或者有其他违反公务交通工具管理规定;五是违反会议活动管理规定,到禁止召开会议的风景名胜区开会的或者决定或者批准举办各类节会、庆典活动;六是擅自举办评比达标表彰活动或者借评比达标表彰活动收取费用;七是违反办公用房管理规定决定或者批准兴建、装修办公楼、培训中心等楼堂馆所,超标准配备、使用办公用房的;用公款包租、占用客房或者其他场所供个人使用等。某县副县长叶某某等人涉嫌公款出国旅游,就是一起严重的违纪行为。

对"三公"等问题,中共中央、国务院早有明确规定,特别是中共中央、国务院2013年11月印发的《党政机关厉行节约反对浪费条例》,对党政机关经费管理、国内差旅、因公临时出国(境)、公务接待、公务用车、会议活动、办公用房、资源节约作出全面规范。

《党纪处分条例》在此基础上,对公款旅游和违反公务接待、会议活动、办公用房、公务交通工具等违纪行为等作了规定,并明确了应予处分的情形。这有助于贯彻落实《党政机关厉行节约反对浪费条例》有关规定,防止和纠正"三公"等方面违反廉洁自律规定的行为,对从源头上狠刹奢侈浪费之风具有重要意义。

27. 侵害群众利益行为

【核心要义】我们党的最大政治优势是密切联系群众,党执政后的最大危险是脱离群众。党在任何时候都把群众利益放在第一位，同群众同甘共苦，保持最密切的联系，坚持权为民所用、情为民所系、利为民所谋，不允许任何党员脱离群众，凌驾于群众之上。党风问题、党同人民群众联系问题是关系党生死存亡的问题。

群众纪律是党组织和党员在贯彻执行党的群众路线和处理党群关系过程中必须遵循的行为规则。群众纪律是党的性质和宗旨的体现，是密切党与群众血肉联系的重要保证，更具有执政党纪律的特色。《中国共产党纪律处分条例》将违反群众纪律的行为单设为一类，恢复了"三大纪律、八项注意"中关于群众纪律的优良传统，以保持党与人民群众的血肉联系。

《党纪处分条例》第九章"对违反群众纪律行为的处分"，主要对破坏党同人民群众血肉联系的违纪行为作出处分规定。

党员干部的一言一行、一举一动都直接关乎党的形象。《条例》从第一百一十二条到第一百一十五条明确了"侵害群众利益"等违反群众纪律的行为，并对相应的处分作了明确规定。

第一百一十二条规定，有下列行为之一，对直接责任者和领导责任者，情节较轻的，给予警告或者严重警告处分；情节较重的，给予撤销党内职务或者留党察看处分；情节严重的，给予开除党籍处分：（一）超标准、超范围向群众筹资筹劳、摊派费用，加重群众负担的；（二）违反有关规定扣留、收缴群众款物或者处罚群众的；（三）克扣群众财物，或者违反有关规定拖欠群众钱款的；（四）在管理、服务活动中违反有关规定收取费用的；（五）在办理涉及群众事务时刁难群众、吃拿卡要的；（六）有其他侵害群众利益行为的。在扶贫领域有上述行为的，从重或者加重处分。

第一百一十三条规定，干涉群众生产经营自主权，致使群众财产遭受较大损失的，对直接责任者和领导责任者，给予警告或者严重警告处分；情节严重的，给予撤销党内职务或者留党察看处分。

第一百一十四条规定，在社会保障、政策扶持、救灾救济款物分配等事项中优亲厚友、明显有失公平的，给予警告或者严重警告处分；情节严重的，给予撤销党内职务或者留党察看处分。

第一百一十五条规定，利用宗族或者黑恶势力等欺压群众，或者纵容涉黑涉恶活动、为黑恶势力充分"保护伞"的，给予撤销党内职务或留党察看处分；情节严重的，给予开除党籍处分。

在某市保障房征地项目推进过程中,魏某某就一处征地与拆迁户谈补偿事宜,得知其心理价位比评估价少时,贪心开始"活络"起来。于是,通过伪造假单据,侵吞了差价。在之后的几次征地拆迁中,他故伎重施,先后多次通过采用虚列青苗补偿费等方式,单独或伙同他人克扣侵吞各类补偿款。

魏某某深知一人无法"瞒天过海",于是想方设法将居委会主任魏某某、副主任孙某某及兼任社区会计的党总支副书记李某某一起拖下水。魏某某通过虚列各种补偿单据的方式,从社区账户上直接提取现金,给自己和其余三人发放1万元到4万元不等的"年终奖"。

随后,魏某某等人把目光瞄准了征地结余资金。四人打着保证社区有稳定收入来源的旗号,合谋共计,通过虚列青苗补偿费、迁坟费等方式,套取补偿款,将钱截留在了社区的公益公积金账户上,致使国家财产遭受重大损失。

大里社区班子克扣群众征地拆迁补偿金,四位领导班子成员全部"沦陷",严重损害群众切身利益,严重破坏党和政府形象。四人均被开除党籍。

【条例解读】党的群众纪律,是党组织和党员处理与人民群众之间关系的行为规范,也是党处理党群关系的准则。党的群众纪律要求各级党组织和共产党员,必须坚持全心全意为人民服务的宗旨,维护人民群众的利益,不允许以任何借口、任何形式侵占和损害人民群众的利益。

当前,党员干部程度不同地存在侵害群众利益等违反群众纪律的行为,主要有:超标准、超范围向群众筹资筹劳、摊派费用,加重群众负担;违反有关规定扣留、收缴群众款物或者处罚群众;克扣群众财物,或者违反有关规定拖欠群众钱款;在管理、服务活动中违反有关规定收取费用;在办理涉及群众事务时刁难群众、吃拿卡要;干涉群众生产经营自主权;以及在社会保障、政策扶持、救灾救济款物分配等事项中优亲厚友、明显有失公平等。本案中,魏某某和其他三位领导干部通过伪造假单据,单独或伙同他人克扣侵吞征地拆迁补偿款,严重损害群众切身利益,严重破坏党和政府形象,四人均被开除党籍。这是一起典型的违纪案件。

2018年的《条例》对侵害群众利益等违反群众纪律的行为的处分,作了明确规定,并增加规定对扶贫领域侵害群众利益行为的从重或加重处分,有助于防止类似于魏某某等领导干部严重损害群众切身利益、严重破坏党和政府形象的违纪行为的发生，坚持立党为公、执政为民，维护人民群众的利益。

28. 扶贫领域侵害群众利益行为

【核心要义】打赢脱贫攻坚战，是全面建成小康社会的底线任务。脱贫攻坚工作在党和国家工作全局中具有重要地位。要全面落实从严治党要求，较真碰硬落实脱贫攻坚工作责任。

打赢脱贫攻坚战不仅需要真抓实干，也需要严明纪律来保驾护航。当前，脱贫攻坚已经到了"啃硬骨头"的关键阶段。精准脱贫，既是庄严承诺，也是光荣使命。在实现这一目标过程中，仍有一些部门和个人敢冒天下之大不韪，把手伸向扶贫款物。

从中央到地方各级纪检监察机关通报的扶贫领域的案件层出不穷，从违纪主体看，扶贫领域腐败问题大多发生在基层，涉及虚报冒领、截留挪用、挥霍浪费、以权谋私、欺上瞒下、优亲厚友、盘剥克扣、贪污侵占等方面的问题比较突出。

任何腐败都不能容忍，扶贫领域的腐败尤为不能容忍，扶贫资金、惠民资金等关系千家万户切身利益。有的地方个别官员对扶贫资金都敢贪敢挪，而且拿这些钱来行贿买官，群众的"保命钱"成了干部的"买官钱"。腐败分子的手伸向扶贫款物，干扰的是全面建成小康社会的大局，损害的是贫困地区群众的切身利益。

对此，习近平总书记在十八届中央纪委七次全会上强调，要紧盯脱贫民生领域，严肃查处群众身边的不正之风和腐败问题。七次全会对开展扶贫领域专项整治作出部署，要求对那些胆敢向扶贫等民生款物伸手的要坚决查处。

根据《党纪处分条例》第一百一十二条，在扶贫领域，有超标准、超范围向群众筹资、筹劳、摊派费用、加重群众负担的，违反有关规定扣留、收缴群众款物或者处罚群众的，克扣群众财物或者违反有关规定拖欠群众钱款的，在管理、服务活动中违反有关规定收取费用的，在办理涉及群众事务时刁难群众、吃拿卡要和其他侵害群众利益行为之一的，对直接责任者和领导责任者，要从重或者加重处分。

2018年4月27日中央纪委国家监委网站"扶贫领域腐败和作风问题曝光专区"第一次通报24起典型案例；2018年7月12日，中央纪委国家监委网站又通报了20起扶贫领域腐败和作风问题典型案例。除在扶贫脱贫等事项中虚报冒领、失职失责、贪污侵占、优亲厚友等外，侵害群众利益的典型案例，主要有：

1. 内蒙古自治区陈巴尔虎旗某苏木敖某截留牧民低保资金等问题。2016年10月，敖某利用职务上的便利，将牧民乌某"一卡通"中的9029元低保款等提现后予以挥霍。此外，敖某还违规将嘎查牧场私自划拨给他人无偿使用，收受"好处费"10万元。2017年12月，敖某受到开除党籍处分，其涉嫌犯罪问题及线索被移送司法机关依法处理，违纪资金已被追缴。

2. 吉林省德惠市某镇村党总支原副书记李某某工作不尽责问题。2016年3月，李某某在担任村文书期间，负责贫困户补助慰问金发放工作，上级下拨的贫困户补助慰问金1.4万元到村后，没有及时发放到贫困户手中，部分资金超过一年未发放，造成恶劣影响。2017年12月，李某某受到撤销党内职务处分，补助慰问金已发放到贫困户手中。

3. 安徽省涡阳县某镇村计生专干张某某截留贫困户粮补资金问题。2017年5月至8月，张某某先后5次私自从贫困户曹某某惠农补贴资金银行存折上取出粮补款共计5700元，用于个人支出。2017年10月，张某某受到留党察看一年处分，违纪资金已被发放给贫困户。

4. 江西省寻乌县某镇村党支部原书记谢某某截留危房改造补助资金等问题。2012年至2014年，谢某某利用职务上的便利，截留2户村民危房改造补助资金和8户村民土坯房改造建房款共计12.21万元，据为己有。2017年7月，谢某某受到开除党籍处分，违纪资金已被追缴，其犯罪问题受到司法机关依法处理。

5. 重庆市云阳县某村原党支部委员、综合服务专干余某某在贫困户危房改造中吃拿卡要问题。2016年2月，余某某利用职务上的便利，以需要到上级"打点"为由，向该村3组已实施危房改造的贫困户余某某索取现金5000元，并据为己有。2017年5月，余某某辞去阳明村综合服务专干职务，9月，受到撤销党内职务处分，违纪资金已被追缴。

6. 云南省耿马县某镇村党总支原书记王某某违规收取低保户费用问题。

2012年至2016年，王某某违规收取丙令村低保户应予减免的新农合资金33.42万元，并私分其中的16.8万元。王某某还存在其他违纪行为。2018年3月，王某某受到开除党籍处分，其涉嫌职务犯罪问题移送检察机关依法审查、提起公诉，违纪资金已被追缴。

7. 陕西省延安市安塞区某镇村党支部原书记白某某挪用扶贫资金问题。2015年10月，白某某假借借款名义，将10万元扶贫资金用于偿还个人债务；2017年9月，白某某直接将26万元扶贫资金用于个人经营公司等。2018年4月，白某某受到开除党籍处分，其涉嫌职务犯罪问题移送检察机关依法审查、提起公诉，违纪资金已被追缴。

8. 甘肃省礼县某镇村委会原主任魏某某、原村文书魏某某私分扶贫互助资金问题。2016年至2017年，二人利用职务便利，将本村扶贫互助金20万元私分。2018年4月，二人分别受到开除党籍处分，涉嫌职务犯罪问题移送检察机关依法审查、提起公诉，违纪资金已被追缴。

9. 青海省班玛县某乡村党支部原书记查某某侵占村民危房补助款问题。2015年1月，查某某冒用他人名义办理银行卡，截留本村困难群众危房改造项目补助资金共计2.18万元，用于个人消费等支出。2018年4月，查某某受到开除党籍处分，违纪资金已被追缴。

2018年8月中央纪委公开曝光七起扶贫领域形式主义官僚主义典型案例中，比较典型的是重庆市奉节县某乡村委会原主任吴某某挪用扶贫资金问题。

2016年1月起，吴某某利用职务便利，多次从村集体存折支取扶贫补助资金共计16.88万元，用于偿还个人债务和生活开支。2017年12月，吴某某受到开除党籍处分，其涉嫌职务犯罪问题移送检察机关依法审查、提起公诉，违纪资金已被追缴。

【条例解读】从通报或公开曝光的案例来源看，有省级纪委监委报送的，有地州直报的；从违纪违法对象看，有县职能部门、也有乡镇党员干部、村干部；从违纪违法的种种表现看，主要有截留挪用、吃拿卡要、克扣群众财物、拖欠群众钱款等行为。

上述10起典型案例中，涉案人员多为基层干部，虽然人数极少，但违纪违法情形恶劣，破坏党群关系，严重影响脱贫攻坚大计。其中一些涉案金额不小，且其行为侵害的是贫困群众的切身利益乃至"救命钱"，啃噬的是群众获得感，严重影响扶贫政策和项目资金的精准到位，严重危害党和政府在群众心目中的形象，是打赢脱贫攻坚战必须坚决打掉的"拦路虎"，必须依法依规严厉惩处。

上述案例中的涉案人员分别受到撤销党内职务、留党察看或开除党籍等党纪重处分，对涉嫌职务犯罪问题移送检察机关依法审查、提起公诉，违纪资金已被追缴。

根据《党纪处分条例》第一百一十二条的规定，在扶贫领域，有侵害群众利益行为的，对直接责任者和领导责任者，从重或者加重处分。

中央纪委强调，各级纪检监察机关要以强烈的使命感责任感加强扶贫领域监督执纪问责，以作风攻坚促进脱贫攻坚，紧盯问题不放，深入基层，直面群众呼声，凡是群众反映强烈的问题都要严肃认真对待，凡是损害群众利益的行为都要坚决纠正。

要把纪律挺在前面，实践监督执纪"四种形态"，对扶贫领域出现的苗头性、倾向性问题早发现、早处理；对反映集中、性质恶劣的重点督办、限期办结；对发现的腐败问题快查严处，必要时中央纪委将直接查办；对责任落实不力导致扶贫领域损害群众利益不正之风和腐败问题突出的，严肃追究有关领导干部责任；坚持通报制度，典型案例一律公开曝光，形成持续震慑，发挥警示效应。

29. 漠视群众利益行为

【核心要义】党执政后最大的危险就是脱离群众。脱离群众，漠视群众利益，漠视群众诉求，涉及人民群众切身利益的问题得不到妥善解决，全心全意为人民服务的宗旨不能有效贯彻和执行，必然会引发人民群众不满、恶化党群关系。

《党纪处分条例》从第一百一十六条到第一百一十八条明确了"漠视群众利益"等违反群众纪律的行为，并对处分情形作了明确规定。

第一百一十六条规定，有下列行为之一，对直接责任者和领导责任者，情节较重的，给予警告或者严重警告处分；情节严重的，给予撤销党内职务或者留党察看处分：（一）对涉及群众生产、生活等切身利益的问题依照政策或者有关规定能解决而不及时解决，庸懒无为、效率低下，造成不良影响的；（二）

对符合政策的群众诉求消极应付、推诿扯皮,损害党群、干群关系的;(三)对待群众态度恶劣、简单粗暴,造成不良影响的;(四)弄虚作假,欺上瞒下,损害群众利益的;(五)有其他不作为、乱作为条损害群众利益的。

第一百一十七条规定,盲目举债、铺摊子、上项目,搞劳民伤财的"形象工程"、"政绩工程",致使国家、集体或者群众财产和利益遭受较大损失的,对直接责任者和领导责任者,给予警告或者严重警告处分;情节严重的,给予撤销党内职务或者留党察看处分。

第一百一十八条规定,遇到国家财产和群众生命财产受到严重威胁时,能救而不救,情节较重的,给予警告、严重警告或者撤销党内职务处分;情节严重的,给予留党察看或者开除党籍处分。

【条例解读】漠视群众利益等违反群众纪律的行为主要有以下表现:一是对涉及群众生产、生活等切身利益的问题依照政策或者有关规定能解决而不及时解决,庸懒无为、效率低下,造成不良影响;二是对符合政策的群众诉求消极应付、推诿扯皮,损害党群、干群关系;三是对待群众态度恶劣、简单粗暴,造成不良影响;四是弄虚作假,欺上瞒下,损害群众利益;五是盲目、举债、铺摊子、上项目,致使国家、集体或者群众财产和利益遭受较大损失的;六是遇到国家财产和群众生命财产受到严重威胁时,能救而不救。

为防止漠视群众利益等违反群众纪律的行为,2018年修订的《党纪处分条例》对漠视群众利益等违纪行为的处分情形作了明确规定,并对"庸懒无为、效率低下""盲目举债""搞劳民伤财"的"形象工程""政绩工程"等违纪行为作出处分规定。

30. 利用宗族或黑恶势力欺压群众、充当黑恶势力保护伞

【核心要义】所谓宗族,一般是指同一个男性祖先的后代世代聚以血缘关系为纽带的社会组织。所谓"黑恶势力",通常是指以暴力、威胁、滋扰等手段,在一定区域内或行业内多次实施违法犯罪活动,严重扰乱经济、社会生活秩序,造成恶劣影响的违法或犯罪组织。

黑社会性质的组织和宗族恶势力一直以来为人民群众深恶痛绝,它们严重

影响基层政权稳定、侵害群众利益、影响基层社会和谐稳定、阻碍基层经济发展、影响群众正常生产生活。打击宗族恶势力和黑恶势力,是人民群众最关心的问题,也是实现政令畅通、公平正义、民主管理、和谐稳定政治生态和社会生态的重要任务。

在很大程度上,黑恶势力之所以能长期称霸一方、欺压群众、为非作歹,很重要原因在于有"保护伞"为其撑腰。在一些地方,黑恶势力为了谋取利益,往往通过拉帮结派、行贿送礼、请客吃饭等方式与公职人员勾结在一起。一些官员甘愿充当其"保护伞",甚至包庇、纵容违法犯罪分子,使黑恶势力有恃无恐。

有些地方的基层公职人员与黑社会性质的组织有千丝万缕的联系,严重阻碍办案工作。在布置抓捕黑社会性质组织头目时,个别公安机关人员甚至偷偷打电话给黑社会头目通风报信。

扫黑必须反腐。对黑恶势力背后的党政干部的"保护伞"不除,黑恶势力就扫不干净。

2018年初召开的十九届中央纪委二次全会提出的今年八项重点工作中,"坚决整治群众身边腐败问题"被单独列出。全会公报明确要求,把惩治基层腐败同扫黑除恶结合起来,坚决查处涉黑"保护伞"。中共中央、国务院发出《关于开展扫黑除恶专项斗争的通知》(以下简称《通知》),决定在全国开展扫黑除恶专项斗争。《通知》要求把打击黑恶势力犯罪和反腐败、基层"拍蝇"结合起来,把扫黑除恶和加强基层组织建设结合起来,有力打击震慑黑恶势力犯罪,形成压倒性态势,又有效铲除黑恶势力滋生土壤。

《党纪处分条例》第一百一十五条规定,利用宗族或者黑恶势力等欺压群众,或者纵容涉黑涉恶活动、为黑恶势力充当"保护伞"的,给予撤销党内职务或者留党察看处分;情节严重的,给予开除党籍处分。

2018年1月31日,某市二七区京广南路某大厦三楼,某省公安厅异地用警,以雷霆之势一举打掉了一家大型地下赌场,现场抓捕涉赌人员20余人。

经审讯,涉事人员陆续交代了开设赌场的犯罪事实,并提供了部分行贿账目,该市12名涉嫌充当"保护伞"的公安民警进入了纪检监察机关的视线。

3月28日,省委常委、省纪委书记、省监委主任召开专题会议,听取驻省公安厅纪检组关于市公安机关 12 名民警涉嫌充当赌场"保护伞"问题线索的汇报，要求在省纪委统一领导下开展审查调查工作。驻省公安厅纪检组立即责成市公安局对 12 名民警采取禁闭措施；市纪委监委迅速抽调政治素养高、业务能力强的骨干力量，成立"3.28"专案组。

3 月 29 日，省纪委监委"3.28"专案领导小组召开任务部署会，明确要以案件办理为突破口，深挖其他充当"保护伞"的人员，做到除恶务尽，彻底清除害群之马。

4 月 2 日，市纪委监委收到省纪委监委移送的关于市公安局某分局原局长成某涉嫌违纪违法的问题线索。4 月 9 日，根据初核情况，决定对成某涉嫌严重违纪违法问题立案审查调查，并采取留置措施。自此，该省深挖彻查黑恶势力"保护伞"的"第一枪"打响了。

据查，2012 年 11 月至 2018 年 2 月，成某利用职务便利，多次收受社会人员所送贿赂，为其经营的多家涉黄赌毒场所提供保护。

【条例解读】近年来，随着各地区各部门扫黑除恶力度的不断加大，黑恶势力活动渐趋隐蔽；黑恶势力一般都在当地有些影响力，跟县里甚至市里的一些领导都有特殊关系。"扫黑"的关键是斩断腐败分子与黑恶势力的利益链。因为不铲除滋生黑恶势力的土壤，抓了这个团伙，很快就会出现另一个。

案例中的市公安机关有 12 名民警涉嫌充当赌场"保护伞"，市公安局某分局原局长成某涉嫌利用职务便利，多次收受社会人员所送贿赂，为其经营的多家涉黄赌毒场所提供保护。

案例启示我们，扫黑除恶的过程也是反腐败的过程。要把扫黑除恶与反腐败斗争结合起来，深挖黑恶势力"保护伞"。各级纪检监察机关要将党员干部涉黑涉恶问题作为执纪审查重点，对扫黑除恶专项斗争中发现的"保护伞"问题线索优先处置，发现一起、查处一起，不管涉及谁，都要一查到底、绝不姑息。加大督办力度，把打击"保护伞"与侦办涉黑涉恶案件结合起来，做到同步侦办，尤其要抓住涉黑涉恶和腐败长期、深度交织的案件以及脱贫攻坚领域涉黑涉恶腐败案件重点督办。

各级党委和政府主要负责同志要旗帜鲜明支持扫黑除恶工作，对涉黑涉恶问题尤其是群众反映强烈的大案要案，要有坚决的态度，特别是要查清其背后的"保护伞"，要坚决依法查办。

根据《中华人民共和国刑法》第二百九十四条第四款的规定，国家机关工作人员包庇黑社会性质的依组织，或者纵容黑社会性质的组织进行违法犯罪活动的，构成包庇、纵容黑社会性质组织罪，将被追究刑事责任。

31. 盲目举债、搞劳民伤财的形象工程、政绩工程

【核心要义】长期以来，一些地方热衷于"盲目举债"，打造领导"可视范围"内的"形象工程""政绩工程"，而不考虑客观实际，"不怕群众不满意，就怕领导不注意"。

所谓"盲目举债"，是指地方政府不考虑偿还能力，在其自身财力不能满足其需要时，借助政府信用，向金融组织或社会法人、其他组织进行不切实际的举债的行为。

所谓"形象工程"、"'政绩工程"，是指某些领导干部为了个人或小团体的目的和利益，不顾群众需要和当地实际，不惜用手中权力而搞出的劳民伤财、浮华无效、标榜政绩的工程。

为遏制"形象工程"、"政绩工程"泛滥的趋势，2009年12月29日，中共中央政治局审议通过的《中国共产党党员领导干部廉洁从政若干准则》，明确强调禁止"搞劳民伤财的'形象工程'和沽名钓誉的'政绩工程'"。

习近平总书记强调："各级领导干部要牢固树立正确政绩观，把抓落实的出发点放到为党尽责、为民造福上，而不是树立自身形象、为自己升迁铺路；把抓落实的落脚点放到办实事、求实效上，而不是追求表面政绩，搞华而不实、劳民伤财的'形象工程'；把抓落实的重点放到立足现实、着眼长远、打好基础上，而不是盲目攀比、竭泽而渔。"

《关于新形势下党内政治生活的若干准则》明确要求对一切搞劳民伤财的"形象工程"和"政绩工程"的行为，要严肃问责追责，依纪依法处理。中共中央、国务院《关于实施乡村振兴战略的意见》要求，"规范地方政府举债融资行为，不得借乡村振兴之名违法违规变相举债。"

《党纪处分条例》第一百一十七条，在原来"盲目铺摊子、上项目"表述上，增加规定"盲目举债"、"搞劳民伤财的'形象工程'、'政绩工程'"，致使国家、集体或者群众财产和利益遭受较大损失的，对直接责任者和领导责任者，给予警告或者严重警告处分；情节严重的，给予撤销党内职务、留党察看

或者开除党籍处分。

2018年2月28日,湖南省委巡视组进驻某县巡视。该尚未脱贫摘帽的国家级贫困县主要负责人因脱贫攻坚工作不力,而搞"形象工程"、"政绩工程"问题突出被问责。

该县本身是山城,山上多树木,但绿化带却种植有大量景观树,如修建爱莲广场,仅6株银杏树就花了285万元,8根图腾石柱花了120万元。

县委、县政府长期以来盲目举债,致使2015年至2017年综合债务率在湖南省排名第一。2008年以来,该县修建广场公园11个、市政道路项目26个,违规修建办公楼10栋,几乎一半的钱都用在大搞城市开发和城市建设,而一些基本民生问题,长期得不到重视和解决。

该县大规模举债修建大批"形象工程"、"政绩工程",县委原书记方某某因涉嫌违反中央八项规定精神,并在政治生态、政府债务、脱贫攻坚等问题上负有责任,省委给予其免职处理。

【条例解读】客观而言,地方政府举债并非一无是处,近年来,举债融资已成为地方政府推动基础设施建设和城市发展的常规模式,然而,举债是一种有风险的行为,盲目举债,可能埋下发展的隐患,透支地方经济的未来。

而且应当指出,搞"形象工程"不等于塑造良好形象,优美的形象犹如一张名片,能够提升城乡环境,吸引投资,产生良好的经济、社会、人文等效益,但是"形象工程"往往不顾群众需要和当地实际,超越当地发展阶段,严重浪费资源,老百姓普遍不认可。搞"政绩工程"也不等于追求政绩,"政绩"是为官一任、造福一方,是为党和人民工作的实际成效,而搞"政绩工程"往往急功近利、贪图虚名,为个人捞取政治资本,主要是由错误的政绩观导致的。

为了快出政绩,在任上就见到成效,一些地方的领导干部喜欢搞容易立竿见影、显现政绩、华而不实的"面子工程"和"形象工程",而对涉及群众的医疗、养老、教育等民生工程不热心。

这种不顾及地方财政实力的透支行为,实际上是急功近利,寅吃卯粮,不但让一届又一届地方政府沦为"债奴",也为地方经济的可持续发展埋下了致命的隐患,引发一系列经济和社会问题。有的甚至引发腐败问题。

如果不控制地方政府债务规模,很容易造成地方债务失控、风险加大。更重要的是,政府举债是以政府信用为担保,一旦无法偿还债务,将导致政府信用破产,后果不堪设想。由此,叫停地方政府急功近利的举债冲动和搞劳民伤财的"形象工程"和沽名钓誉的"政绩工程",势在必行。

按照十八届六中全会精神,对一切搞劳民伤财的"形象工程"和"政绩工程"的行为,要严肃追责问责,依纪依法处理。

案例中的尚未脱贫摘帽的国家级贫困县,本应集中财力打好精准脱贫攻坚战,并处理好政府债务等问题,却搞"形象工程"、"政绩工程",县委主要负责人被问责追责。

案例启示我们,各级领导干部必须树立正确政绩观,坚决杜绝盲目举债,不搞劳民伤财的"形象工程"和"政绩工程";踏踏实实干好工作,认认真真抓好落实,不驰于空想,不骛于虚声,把为人民造福的事情真正办好办实。同时,管住地方领导干部盲目举债之手,向搞劳民伤财的"形象工程"和"政绩工程"者"亮剑",要把问责追责制度真正落到实处,倒逼官员强化责任意识,谨慎使用权力。

32. 侵害群众知情权等行为

【核心要义】阳光是最好的防腐剂。深入推进党务政务厂务村务公开,保障群众知情权,是加强民主监督、治理群众身边的腐败和"四风"问题的重要举措。

《党纪处分条例》第一百一十九条明确规定"侵犯群众知情权"等违反群众纪律的行为,并对处分情形作了明确规定。

第一百一十九条规定,不按照规定公开党务、政务、厂务、村(居)务等,侵犯群众知情权,对直接责任者和领导责任者,情节较重的,给予警告或者严重警告处分;情节严重的,给予撤销党内职务或者留党察看处分。

第一百二十条规定了本章的兜底条款:有其他违反群众纪律规定行为的,应当视具体情节给予警告直至开除党籍处分。

在某县的各个乡村,在村委会办公楼的墙壁上都会有一面村务公开墙,各类资金项目的分配使用情况都会定期公开,但走过场、不公开成了一些基层干部逃避监督的手段。

太平镇某村的刘福恩每个季度都请人推着自己到村委会大楼的公开栏前驻足,看自己申请的危房改造补助款到没到。67岁的他患了脑梗,2013年的一场火灾又把他的木房子烧毁。他靠14000元的捐赠款重新立了一所木架房,暂为居所;同时,向国家申请了危房改造补助。焦急等待的他不知道,国家下拨给他的19800元建房补助,早就被办有一个茶厂、一个木材加工厂,开着奥迪车,资产上百万的村委会主任姜某截留了。

申请、发放危房改造资金,按规定要按季度公开的,但调查组到村里调查时,村务公开栏上张贴的泛黄的纸张还是一年前的。

"当时心里感觉这个钱拿了也没人知道,没人管。"姜某在接受组织调查时说,没有公开、缺乏监督,让其心存侥幸、有恃无恐。

【条例解读】侵犯群众知情权等违反群众纪律的行为,主要指不按规定公开党务、政务、厂务、村(居)务等,侵犯群众知情权的违纪行为。

公开透明是法治建设的基本要求。全面推进党务政务厂务村务公开,让权力在阳光下运行,对于发展社会主义民主政治,提升国家治理能力,增强政府公信力执行力,保障人民群众知情权、参与权、表达权、监督权具有重要意义。

党中央、国务院高度重视党务政务厂务村务居务公开,作出了一系列重大部署,各级党委、政府、企业和农村、社区认真贯彻落实,党务政务厂务村务居务公开工作取得积极成效。但与人民群众的期待相比,与法治国家、法治政府建设和企业民主管理、村民自治的要求相比,仍存在公开理念不到位、制度规范不完善、工作力度不够强、公开实效不理想等问题。为进一步做好党务政务厂务村务公开工作,国务院2007年制定了《中华人民共和国政务信息公开条例》,中办2010年印发了《关于党的基层组织实行党务公开的意见》;中办、国办2015年还印发了《关于全面推进政务公开工作的意见》。2017年12月中办印发《中国共产党党务公开条例（试行）》。

《中华人民共和国村民委员会组织法》规定村民委员会实行村务公开制度，属于村民小组的集体所有的土地、企业和其他财产的经营管理以及公益事项的办理的有关决定及实施情况，应当及时向本村民小组的村民公布；由村民会议、村民代表会议讨论决定的事项及其实施情况，政府拨付和接受社会捐赠的救灾救助、补贴补助等资金、物资的管理使用情况；村民委员会协助人民政府开展工作等涉及本村村民利益、村民普遍关心事项，应予公布；涉及村民利益的重大事项应当随时公布。

《党纪处分条例》明确了对侵犯群众知情权等违反群众纪律的行为的处分情形，有利于防止和纠正类似于村委会主任截留残疾老人危房改造补助金等的违纪违法行为。

33. 党组织失职行为

【核心要义】工作纪律是党组织和党员在党的各项具体工作中必须遵循的行为规则，是党组织和党员依规开展各项工作的重要保证。

《党纪处分条例》第十章"对违反工作纪律行为的处分"，主要对管党治党失职渎职的违纪行为作出处分规定。

该章对"党组织失职行为、滥用职权和玩忽职守行为、失泄密行为、违反外事工作纪律"、贯彻新发展观念、形式主义或官僚主义行为严重等违反工作纪律的行为作出了明确的处分规定。

党组织必须严格执行和维护党的纪律。各级党委要履行党章赋予的职责，在思想认识、责任担当、方法措施上跟上中央部署，真正把纪律严起来、执行到位。

《党纪处分条例》第一百二十一条到第一百二十三条明确了"党组织失职"等违反工作纪律的行为，并对相应的处分作了明确规定。

第一百二十一条规定，工作中不负责任或者疏于管理，贯彻执行、检查督促落实上级决策部署不力，给党、国家和人民利益以及公共财产造成较大损失的，对直接责任者和领导责任者，给予警告或者严重警告处分。贯彻创新、协调、绿色、开放、共享的发展理念不力，对职责范围内的问题失察失责，造成较大损失或者重大损失的，从重或者加重处分。

第一百二十二条，规定有下列行为之一，造成严重不良影响，对直接责任者和领导责任者，情节较轻的，给予警告或者严重警告处分；情节较重的，给予撤销党内职务或者留党察看处分；情节严重的，给予开除党籍处分：（一）贯彻党中央决策部署只表态不落实的；（二）热衷于搞舆论造势、浮在表面的；（三）单纯以会议贯彻会议、以文件落实文件，在实际工作中不见诸行动的；（四）工作中有其他形式主义、官僚主义行为的。

第一百二十三条规定，党组织有下列行为之一，对直接责任者和领导责任者，情节较重的，给予警告或者严重警告处分；情节严重的，给予撤销党内职务或者留党察看处分：（一）党员被依法判处刑罚后，不按照规定给予党纪处分，或者对违反国家法律法规的行为，应当给予党纪处分而不处分的；（二）党纪处分决定或者申诉复查决定作出后，不按照规定落实决定中关于被处分人党籍、职务、职级、待遇等事项的；（三）党员受到党纪处分后，不按照干部管理权限和组织关系对受处分党员开展日常教育、管理和监督工作的。

【条例解读】现实生活中，有的党组织负责人在工作中不负责任或者疏于管理，不传达贯彻、不检查督促落实党和国家的方针政策以及决策部署；有的党组织党员被依法判处刑罚后，不按规定给予党纪处分，或者对违反国家法律法规的行为，应当给予党纪处分而不处分；有的党组织对党纪处分决定或者申诉复查决定，不按规定落实决定中的有关事项；有的在党员受到党纪处分后不按照干部管理权限和组织关系对受处分党员开展日常教育、管理和监督工作。这些都属于党组织的失职行为。2018年修订的《条例》还增加规定了对贯彻新发展观念不力对职责范围内的问题失察失责造成较大或重大损失的行为的从重或加重处分以及贯彻党中央决策部署只表态不落实，热衷于搞舆论造势、浮在表面，单纯以会议贯彻会议、文件落实文件、在实际工作中不见诸行动等形式主义、官僚主义行为的处分。

34. 形式主义、官僚主义表现突出

【核心要义】形式主义、官僚主义同我们党的性质宗旨和优良作风格格不入。形式主义、官僚主义是不作为、不负责、不担当的表现，不仅贻误工作、

劳民伤财，更从根子上背离了党性、丢掉了宗旨，最终会严重影响党的形象和公信力。我们常讲，形式主义、官僚主义害死人，首先就是指政治上的危害大。

习近平总书记对整治形式主义、官僚主义始终高度重视、要求一以贯之，党的十九大后又多次作出重要论述和指示，要求全党充分认识形式主义、官僚主义的长期性、复杂性、多样性、变异性，坚决与之作斗争。习近平总书记2017年12月就新华社一篇《形式主义、官僚主义新表现值得警惕》的文章作出指示，指出：文章反映的情况，看似新表现，实则老问题，再次表明"四风"问题具有顽固性反复性。纠正"四风"不能止步，作风建设永远在路上。12月9日，中共中央办公厅印发通知要求，各地区各部门要迅速传达学习并切实抓好贯彻落实。

对于反对形式主义、官僚主义，多项党内法规都有明确要求。

根据《关于新形势下党内政治生活的若干准则》，全党必须坚决反对形式主义、官僚主义、享乐主义和奢靡之风，领导干部特别是高级干部要以身作则。反对形式主义，重在解决作风飘浮、工作不实，文山会海、表面文章，贪图虚名、弄虚作假等问题。反对官僚主义，重在解决脱离实际、脱离群众，消极应付、推诿扯皮，作风霸道、迷恋特权等问题。

新修订的《党纪处分条例》增加了第一百二十二条，规定有下列行为之一，造成严重不良影响，对直接责任者和领导责任者，情节较轻的，给予警告或者严重警告处分；情节较重的，给予撤销党内职务或者留党察看处分；情节严重的，给予开除党籍处分：（一）贯彻党中央决策部署只表态不落实的；（二）热衷于搞舆论造势、浮在表面的；（三）单纯以会议贯彻会议、以文件落实文件，在实际工作中不见诸行动的；（四）工作中有其他形式主义、官僚主义行为的。

祁连山是我国西部重要生态安全屏障，是黄河流域重要水源产流地，是我国生物多样性保护优先区域，国家早在1988年就批准设立了甘肃祁连山国家级自然保护区。长期以来，祁连山局部生态破坏问题十分突出。对此习近平总书记多次作出批示，要求抓紧整改，在中央有关部门督促下，甘肃省虽然做了一些工作，但情况没有明显改善。2017年2月12日至3月3日，由党中央、国务院有关部门组成中央督查组就此开展专项督查。2017年7月，中央政治局常委会会议听取督查情况汇报，对甘肃祁连山国家级自然保护区生态环境破坏典型案例进行了深刻剖析，并对有关责任人作出严肃处理。

根据中办、国办关于祁连山国家级自然保护区生态环境问题的通报，甘肃祁连山国家级自然保护区生态环境破坏问题突出：一是违法违规开发矿产资源问题严重。二是部分水电设施违法建设、违规运行；由于在设计、建设、运行中对生态流量考虑不足，导致下游河段出现减水甚至断流现象，水生态系统遭到严重破坏。三是周边企业偷排偷放问题突出。部分企业环保投入严重不足，污染治理设施缺乏，偷排偷放现象屡禁不止。四是生态环境突出问题整改不力。2015年9月，原环境保护部会同原国家林业局就保护区生态环境问题，对甘肃省林业厅、张掖市政府进行公开约谈。甘肃省没有引起足够重视，约谈整治方案瞒报、漏报31个探采矿项目，生态修复和整治工作进展缓慢，截至2016年底仍有72处生产设施未按要求清理到位。

甘肃祁连山国家级自然保护区生态环境破坏问题的产生，虽然有体制、机制、政策等方面的原因，但根子上还是甘肃省及有关市县思想认识有偏差，不作为、不担当、不碰硬，对党中央决策部署没有真正抓好落实。

甘肃省委和省政府没有站在政治和全局的高度深刻认识祁连山生态环境保护的极端重要性，在工作中没有做到真抓真管、一抓到底。例如，2016年5月，甘肃省曾经组织对祁连山生态环境问题整治情况开展督查，但未查处典型违法违规项目，形成督查报告后就不了了之。甘肃有关省直部门和市县在贯彻落实党中央决策部署上作选择、搞变通、打折扣，省安全监管局在省政府明确将位于保护区的马营沟煤矿下泉沟矿井列入关闭退出名单的情况下，仍然批复核定生产能力并同意复工。张掖市委认为祁连山生态环境保护整改落实工作不属于市委常委会研究的重大问题，市委常委会没有进行专题研究部署，并在明知有的项目位于保护区、违反保护区管理要求的情况下，仍多次要求有关县加快办理项目手续。

又如，《甘肃祁连山国家级自然保护区管理条例》和《甘肃省矿产资源勘查开采审批管理办法》，存在于上位法不一致情形。《甘肃省煤炭行业化解过剩产能实现脱困发展实施方案》违规将保护区内11处煤矿予以保留。省政府法制办等部门在修正《甘肃祁连山国家级自然保护区管理条例》过程中，明知相关规定不符合中央要求和国家法律，但没有从严把关，致使该条例一路绿灯予以通过。张掖市在设定全市党政领导干部绩效考核时，把2015年和2016年环境资源类指标分值分别设为9分和8分，低于2013年和2014年11分的水平。

在祁连山生态环境保护方面，甘肃省从主管部门到保护区管理部门，从综合管理部门到具体审批单位，责任不落实、履职不到位问题比较突出，以致一些违法违规项目畅通无阻，自然保护区管理有关规定名存实亡。如省国土资源厅在2014年10月国务院批复甘肃祁连山国家级自然保护区划界后，仍违法违规延续、变更或审批14宗矿权，性质恶劣。省发展改革委在项目核准和验收工作中，以国土、环保、林业等部门前置审批作为"挡箭牌"，违法违规核准、验收保护区内非法建设项目。省环境保护厅不仅没有加强对有关部门工作的指导、监督，反而在保护区划界确定后仍违法违规审批或验收项目。

在祁连山生态环境问题整改落实中，普遍存在以文件落实整改、以会议推进工作、以批示代替检查的情况，发现问题不去抓、不去处理，或者抓了一下追责也不到位，不敢较真碰硬、怕得罪人，甚至弄虚作假、包庇纵容。如从2013年至2016年，甘肃省对祁连山生态环境保护不作为、乱作为问题基本没有问过责。承担整改任务较重的林业、国土、环保、水利等部门虽然开了会议、发了文件，但抓落实不够。省林业厅及甘肃祁连山国家级自然保护区管理局不仅对保护区内大量违法违规建设项目监督不力，对大量生态破坏行为查处不力，反而违规许可多个建设项目。张掖市在约谈整改中避重就轻，有31个生态破坏项目没有纳入排查整治范围；52个违法违规探矿项目中有31个采取简单冻结办法，没有制定有效退出机制和保障措施。

【条例解读】 党的十八大以来，从制定和执行中央八项规定开始，全党上下纠正"四风"取得重大成效，但形式主义、官僚主义在一定程度上仍然存在，如：一些领导干部调研走过场、搞形式主义，调研现场成了"秀场"；一些单位"门好进、脸好看"，就是"事难办"；一些地方注重打造领导"可视范围"内的项目工程，"不怕群众不满意，就怕领导不注意"；有的地方层层重复开会，用会议落实会议；部分地区写材料、制文件机械照抄，出台制度决策"依葫芦画瓢"；一些干部办事拖沓敷衍、懒政庸政怠政，把责任往上推；一些地方不重实效重包装，把精力放在"材料美化"上，搞"材料出政绩"；有的领导干部热衷于将责任下移，"履责"变"推责"；有的干部知情不报、听之任之，态度漠然；有的干部说一套做一套、台上台下两个样。

案例中,导致甘肃祁连山国家级自然保护区生态环境破坏的问题,甘肃省及有关市县思想认识有偏差,不作为、不担当、不碰硬,对党中央决策部署没有真正抓好落实,是主要原因,一是落实党中央决策部署不坚决不彻底;二是甘肃省有关方面对"五位一体"总体布局和新发展理念认识不深刻,片面追求经济增长和显绩,长期存在生态环境为经济发展让路的情况;三是不作为、乱作为,监管层层失守;四是不担当、不碰硬,整改落实不力。

新修订的《党纪处分条例》增加了第一百二十二条,规定有贯彻党中央决策部署只表态不落实,热衷于搞舆论造势、浮在表面,单纯以会议贯彻会议、以文件落实文件,在实际工作中不见诸行动等形式主义、官僚主义行为,造成严重不良影响,对直接责任者和领导责任者,给予从警告到开除党籍的党纪处分,将"形式主义、官僚主义"纳入党内法规,有利于形成强有力的纪律约束,也发出了强烈的警示信号,党员干部特别是党员领导干部应该抓好作风建设,认真查找形式主义、官僚主义突出问题特别是新表现,采取过硬措施,坚决加以整改,务求取得实效;各级领导干部要带头转变作风,身体力行,以上率下,形成"头雁效应"。

当前和今后一段时期,重点是要整治贯彻党中央重大决策部署、落实党的路线方针政策包括十九大精神、新发展理念中的形式主义、官僚主义问题。如坚决整治脱贫攻坚工作中的形式主义、官僚主义,对落实政策措施不坚决不到位问题严肃问责,对查处的典型案例通报曝光。

各地区各部门都要摆摆表现,找找差距,抓住主要矛盾,特别要针对表态多调门高、行动少落实差等突出问题,拿出过硬措施,扎扎实实地改。

35. 滥用职权和玩忽职守行为

【核心要义】权力是把"双刃剑"。要把权力用在贯彻执行党的路线方针政策和各项部署上,按规定的权限行使权力,不超越用权的界限;按规定的程序行使权力,不任意妄为;按规定的责任行使权力,不逃避约束。权力只能用来为人民谋利益,决不能把它变成谋取个人或少数人私利的工具。

《党纪处分条例》从第一百二十四条到第一百二十七条明确了"滥用职权和玩忽职守"等违反工作纪律的行为,并对相应的处分作了明确规定。

第一百二十四条规定,因工作不负责任致使所管理的人员叛逃的,对直接责任者和领导责任者,给予警告或严重警告处分;情节严重的,给予撤销党内职务处分。

因工作不负责任致使所管理的人员出走,对直接责任者和领导责任者,情节较重的,给予警告或者严重警告处分;情节严重的,给予撤销党内职务处分。

在上级检查、视察工作或者向上级汇报、报告工作时纵容、唆使、暗示、强迫下级说假话、报假情的,从重或者加重处分。

第一百二十六条规定,党员领导干部违反有关规定干预和插手市场经济活动,有下列行为之一,造成不良影响的,给予警告或者严重警告处分;情节较重的,给予撤销党内职务或者留党察看处分;情节严重的,给予开除党籍处分:(一)干预和插手建设工程项目承发包、土地使用权出让、政府采购、房地产开发与经营、矿产资源开发利用、中介机构服务等活动的;(二)干预和插手国有企业重组改制、兼并、破产、产权交易、清产核资、资产评估、资产转让、重大项目投资以及其他重大经营活动等事项的;(三)干预和插手批办各类行政许可和资金借贷等事项的;(四)干预和插手经济纠纷的;(五)干预和插手集体资金、资产和资源的使用、分配、承包、租赁等事项的。

第一百二十七条规定,党员领导干部违反有关规定干预和插手司法活动、执纪执法活动,向有关地方或者部门打听案情、打招呼、说情,或者以其他方式对司法活动、执纪执法活动施加影响,情节较轻的,给予严重警告处分;情节较重的,给予撤销党内职务或者留党察看处分;情节严重的,给予开除党籍处分。

党员领导干部违反有关规定干预和插手公共财政资金分配、项目立项评审、政府奖励表彰等活动,造成重大损失或者不良影响的,依照前款规定处理。

某地传说"要拿到项目和土地,得杨某某点头"。曾任某州委常委、市委书记的杨某某随意干预和插手建设工程项目承发包、土地使用权出让等。在土地出让问题上,他直接带着老板到现场看地,只要老板看中了,就安排市国土局供地。杨某某为了规避监管,自己指定土地位置和面积,不符合规划的就调整规划;自己确定土地价格,相关部门再找个中介机构,按照他的意图作个象征性的土地评估,然后按照开发商和杨某某谈好的条件,设置一些限制性条件来保证老板拿到土地。

上级机关到当地开展土地清理督查，发现某老板违规开发高尔夫球场，对其下发了整改通知，并提出停工处理意见。杨某某不立即督促整改，而是向有关部门打招呼、说情干预执纪执法活动。2014年9月杨某某被开除党籍。同年12月，杨某某被依法严惩。

【条例解读】应按违反工作纪律定性的滥用职权和玩忽职守的行为，主要有以下形式：一是因工作不负责任致使所管理的人员叛逃或出走；二是党员领导干部违反有关规定干预和插手市场经济活动；三是党员领导干部违反有关规定干预和插手司法活动、执纪执法活动；四是党员领导干部干预和插手公共财政资金分配、项目立项评审、政府奖励表彰等活动。其中，违反规定干预插手市场经济活动，是党员领导干部滥用职权和玩忽职守的重要表现形式。

市场经济是法治经济、竞争经济、信用经济。全面深化改革，核心是要处理好政府与市场的关系问题，实现政企分开、政资分开、政事分开，使市场在资源配置中起决定性作用，更好发挥政府作用。党员领导干部违反规定干预和插手市场经济活动，不仅会扰乱市场经济秩序、破坏公平竞争原则、影响经济社会发展，而且会滋生大量腐败现象。从这些年查办案件的情况看，相当一部分违纪违法案件特别是大案要案都与领导干部利用职权违规插手市场经济活动有关。

违反规定干预插手市场经济活动，主要是指党员领导干部违反法律、法规、规章、政策性规定或者议事规则，利用职权或者职务上的影响，向相关部门及其人员以暗示、授意、打招呼、批条子、指定、强令等方式，影响市场经济活动正常开展或者干扰正常监管、执法活动的行为。中央纪委多次要求，领导干部不准利用职权违反规定干预和插手建设工程招标投标、经营性土地使用权出让、房地产开发与经营等市场经济活动，为个人和亲友谋取私利。但实践中，党员领导干部干预和插手市场经济活动的现象仍然时有发生。本案中，杨某某身为市委书记，干预和插手工程项目承发包等，属于典型的党员领导干部违反有关规定干预和插手市场经济活动的行为，被开除党籍、依法严惩。

鉴于市场经济条件下，领导干部干预、插手微观经济活动是应受惩戒的违纪行为，《党纪处分条例》从第一百二十四条到第一百二十七条规定了对滥用职权和玩忽职守等违反工作纪律的行为的处分，以防范公共权力对市场经济活动的不正常干预,维护社会主义市场经济秩序,也有助于减少权力寻租的机会。

36. 不报告、不如实报告工作情况以及强迫下级说假话、报假情

【核心要义】 实事求是是马克思主义的精髓和灵魂,是党员领导干部必备的思想修养。坚持实事求是的一个重要方面,就是坚持讲实情、不讲假话,特别是正确对待上级单位检查、视察工作和向上级汇报、报告工作和如实报告情况。

按照民主集中制原则,上级组织或单位对下级组织或单位的工作有领导权,下级要全面、如实报告工作。一方面,对应报告的事项要报告,不遗漏、不隐瞒,让上级单位了解全面情况。另一方面,对应报告的事项如实报告,客观描述事实,不避重就轻,不只报喜不报忧。如果下级不负责任,在上级检查、视察工作或向上级汇报、报告工作时对应报告的事项不报告或不如实报告,就会造成上级单位对下级工作作出误判,安排部署和督促落实失去准星,不仅贻误工作,更会严重影响党的和政府公信力。如果让下级在上级检查、视察工作或向上级汇报、报告工作时纵容、唆使、暗示、强迫下级说假话、报假情,更是严重背离党的性质、宗旨和优良作风。

对于向上级报告工作和如实报告情况,反对说假话、报假情,多项党内法规都有明确要求。

《党章》要求党员领导干部讲实话、办实事、求实效。

《准则》明确反对弄虚作假、虚报浮夸,反对隐瞒实情、报喜不报忧。领导机关和领导干部不准以任何理由和名义纵容、唆使、暗示或强迫下级说假话,凡因纵容、唆使、暗示或强迫下级弄虚作假、隐瞒实情的,都要依纪依规严肃问责追责。

《党纪处分条例》第一百二十五条规定,在上级检查、视察工作或者向上级汇报、报告工作时对应当报告的事项不报告或者不如实报告,造成严重损害或者严重不良影响的,对直接责任者和领导责任者,给予警告或者严重警告处分;情节严重的,给予撤销党内职务或者留党察看处分。

2018年修订的《党纪处分条例》增加第二款,规定在上级检查、视察工作或者向上级汇报、报告工作时纵容、唆使、暗示、强迫下级说假话、报假情

的,从重或者加重处分。

2018年8月6日,针对环境空气自动监测数据造假问题,生态环境部联合山西省政府对某市政府主要负责人进行约谈。早在2017年1月,该市政府就因为大气环境质量持续恶化、二氧化硫浓度长时间"爆表"问题,被原环境保护部约谈过。两次约谈虽然都是因为环保问题,但第二次约谈暴露出的监测数据造假问题,性质更为严重,影响更为恶劣,教训也更为深刻。

2018年3月底,生态环境部组织检查发现,某市6个国控空气自动监测站部分监测数据异常,采样系统受到人为干扰。经调查,某市环保局原局长张某某竟然在监测数据上动手脚、打歪主意,授意局办公室主任张某和监测站聘用人员张某某,组织指使许某等人故意实施破坏环境空气自动监测数据行为。2017年4月至2018年3月,经授意后,张某某等人通过堵塞采样头、向监测设备洒水等方式,对全市6个国控自动监测站点实施干扰近百次,导致监测数据严重失真达53次。

2018年5月末,张某某、张某受到开除党籍、开除公职处分。在该市环境监测数据造假案件中,所在区人民法院对涉案16人作出判决:主犯市环保局原局长张某某被判处有期徒刑两年,市环保局办公室原负责人张某、环境监测站原聘用人员张某某分别被判处有期徒刑一年。

【条例解读】《党纪处分条例》第一百二十五条分两款。第一款针对的是党员或党组织,具体表现为在上级检查、视察工作或向上级汇报、报告工作时对应报告的事项不报告或不如实报告,造成严重损害或严重不良影响的行为,强调的是党员或党组织明明掌握有关情况而隐瞒不报,或明知道提供的情况、材料、数据不实而予以提供,目的是为了掩饰发生的问题、粉饰太平,隐瞒真实情况,或为了谋取上级的肯定和表彰,上报假情况、假数字、假典型,或者为了应付检查,采取无中生有、移花接木、指鹿为马等手法,看似在表格上完成了考核指标,实际上并没有完成任务,等等。这里的"上级",既包括上级党委、政府等,也包括党委工作部门和政府部门等,不仅仅局限于上一级。

第二款针对的是党员或党组织,具体表现为在上级检查、视察工作或向上级汇报、报告工作时有纵容、唆使、暗示、强迫下级说假话、报假情的行为。本行为比第一款规定的行为更加严重，即明知情况不实，明知有问题，不但不制止、不纠正、不如实报告，还纵容、唆使、暗示、强迫下属说假话、报虚假情况，以达到共同掩盖问题、隐瞒实情的目的，因此要从重或加重处分。

本案例虽然发生在政府管理领域，但对地方各级党组织仍有警示意义，而且按照中共中央办公厅、国务院办公厅2015年8月印发的《党政领导干部生态环境损害责任追究办法（试行）》中"党政同责"的要求，党委、政府对生态文明建设共同担责。该市环境空气质量监测数据造假发生在《中央办公厅、国务院办公厅关于深化环境监测改革提高环境监测数据质量的意见》以及党中央、国务院三令五申要求确保环境监测数据准确真实并公开通报西安市环境监测数据造假案件之后，教训深刻，影响恶劣。该市不在污染防治上下功夫、真抓实干，而在监测数据上动手脚、打歪主意，严重背离了中央要求，严重误导了环境决策，严重侵害了公众知情权，严重伤害了政府公信力，情节十分严重。

案例也启示我们，各级组织和全体党员必须说老实话、办老实事、做老实人，如实反映和报告情况，反对弄虚作假、虚报浮夸，反对隐瞒实情、报喜不报忧。领导机关和领导干部不准以任何理由和名义纵容、唆使、暗示或强迫下级说假话。

37. 违反外事工作纪律等行为

【核心要义】随着改革开放的深入，对外政治、经济、科技、文化、艺术等各种交往日益增多，内容更加广泛，严守外事纪律十分重要。

《党纪处分条例》从第一百三十条到第一百三十二条明确了"违反外事工作纪律"等违反工作纪律的行为，并对相应的处分作了明确规定。规定了对党的工作部门在工作中不履行职责或不正确履行职责造成损失或不良影响的处分。

第一百三十条规定，以不正当方式谋求本人或者其他人用公款出国（境），情节较轻的，给予警告处分；情节较重的，给予严重警告处分；情节严重的，给予撤销党内职务处分。

第一百三十一条规定，临时出国（境）团（组）或者人员中的党员，擅自延长在国（境）外期限，或者擅自变更路线的，对直接责任者和领导责任者，给予警告或者严重警告处分；情节严重的，给予撤销党内职务处分。

第一百三十二条规定，驻外机构或者临时出国（境）团（组）中的党员，触犯驻在国家、地区的法律、法令或者不尊重驻在国家、地区的宗教习俗，情节较重的，给予警告或者严重警告处分；情节严重的，给予撤销党内职务、留党察看或者开除党籍处分。

第一百三十三条规定，在党的纪律检查、组织、宣传、统一战线工作以及机关工作等其他工作中，不履行或者不正确履行职责，造成损失或者不良影响的，应当视具体情节给予警告直至开除党籍处分。

某自治区原副市长金某利用分管外事旅游工作之便，以各种名目安排本人用公款出国，打着考察工作之名行个人娱乐之私，先后数十次出国境。金某"出访"可谓"点多面广"，足迹遍布欧亚、美洲大陆等。金某把出国访问考察当成了个人游玩、挥霍奢侈的契机，擅自变更考察路线，完全丢掉了一名共产党人的品格。

金某违反外事纪律参与境外奢靡活动的花销从哪里来？某次金某去欧洲前将下属单位负责人叫到办公室，表示"陪同领导出国考察需要一些费用"。该单位负责人通过旅行社兑换了美元交到了金某手中。金某漠视纪律，终受到党纪严肃处理，被开除党籍。

【条例解读】外事纪律是党的纪律中的一项重要内容，是共产党员在外事活动中必须遵守的行为准则。

随着改革开放的发展，同外国进行的政治、经济、科技、文化、艺术等各种交往日益增多，内容更加广泛，严守外事纪律也更加重要。因此，1988年5月中纪委专门下发了《共产党员在涉外活动中违反纪律处分的暂行规定》；由于外事纪律涉及外事活动的方方面面，各种违反外事纪律行为在行为性质及危害性等方面不尽相同，2003年12月，中共中央印发的《党纪处分条例》未对违反外事纪律行为作专章规定，而是在分则相关章节的具体条文中予以规定。2018年修改后的《党纪处分条例》从第一百三十条到第一百三十三条明确了"违反外事工作纪律"等违反工作纪律的行为，并对处分情形作了明确规定。

这些规定，为严肃党的外事工作纪律，维护党和国家荣誉和利益，提供了制度保证。

在涉外活动中应按违反工作纪律定性的行为，主要有以下三种形式：一是以不正当方式谋求本人或者其他人用公款出国（境）；二是临时出国（境）团（组）中的党员，擅自延长在国（境）外期限，或者擅自变更路线；三是驻外机构或者临时出国（境）团（组）中的党员，触犯驻在国家、地区的法律、法令或者不尊重驻在国家、地区的宗教习俗。本案中，金某安排本人用公款出国，先后数十次出国境，并擅自变更考察路线，属于典型的违反涉外纪律的行为。另外，金某还涉嫌索贿，违反廉政纪律，最终受到党纪严肃处理，被开除党籍。

38. 失泄密行为

【核心要义】泄露、扩散或者打探、窃取党组织关于干部选拔任用、纪律审查、巡视巡察等内容以及在考试、录取工作中泄题的违纪行为，是指泄露、扩散或者打探、窃取党组织关于干部选拔任用、纪律审查、巡视巡察等尚未公开事项或者其他应当保密的内容以及在考试、录取工作中泄露试题。

对于从事组织人事、纪律审查、巡视巡察等以及从事考试、录取工作的党员干部及党员不得泄露、扩散或者打探、窃取与相关工作应当保密的内容，多项党内法规或法律、行政法规都有明确规定。

《党纪处分条例》第一百二十八条规定，泄露、扩散或者打探、窃取党组织关于干部选拔任用、纪律审查、巡视巡察等尚未公开事项或者其他应当保密的内容的，给予警告或者严重警告处分；情节较重的，给予撤销党内职务或者留党察看处分；情节严重的，给予开除党籍处分。

私自留存涉及党组织关于干部选拔任用、纪律审查、巡视巡察等方面资料，情节较重的，给予警告或者严重警告处分；情节严重的，给予撤销党内职务处分。根据《党内监督条例》第四十三条，党组织应当为检举控告者严格保密。

《党政领导干部选拔任用工作条例》第六十一条第一款第（四）项明确规定，不准私自泄露动议、民主推荐、民主测评、考察、酝酿、讨论决定干部等有关情况。《中国共产党纪律检查机关监督执纪工作规则》规定，严格执行保密制度，严禁泄露审查工作情况。《中国共产党纪律检查机关案件检查工作条例》第四十五条规定，办案人员应遵守纪律，不准泄露案情。

对在考试、录取工作中泄露试题等违纪行为，《党纪处分条例》第一百二十九条规定，在考试、录取工作中，有泄露试题、考场舞弊、涂改考卷、违规录取等违反有关规定行为的，给予警告或者严重警告处分；情节较重的，给予撤销党内职务或者留党察看处分；情节严重的，给予开除党籍处分。

此外，《监察法》第五十七条规定，对于监察人员打听案情、过问案件、说情干预的，办理监察事项的监察人员应当及时报告。根据《监察法》相关规定，监察机关及其工作人员违法窃取、泄露调查工作信息，或者泄露举报事项、举报受理情况以及举报人信息的，对负有责任的领导人员和直接责任人员依法给予处理；构成犯罪的，依法追究刑事责任。

相关行政法规，如《行政机关公务员处分条例》第二十六条，对泄露国家秘密、工作秘密，或者泄露因履行职责掌握的商业秘密、个人隐私，造成不良后果的，作出处分的规定；《事业单位工作人员处分暂行规定》对泄露国家秘密，泄露因工作掌握的内幕信息，造成不良后果的，也有处分的规定。

案例一：李某，党员，某市纪委监委信访室来信来访接待人员。某日，群众信件举报该市所辖A县副县长张某存在受贿、滥用职权等违纪问题。因李某与张某素有交情，于是，李某打电话给张某，告知其被人举报。之后，在市纪委监委对张某进行纪律审查和监察调查时，其交代曾被李某电话告知被人举报。

李某泄露党组织关于纪律审查工作中应当保密的内容，构成泄露、扩散或者打探、窃取党组织关于干部选拔任用、纪律审查、巡视巡察等应当保密的内容违纪行为，依据《党纪处分条例》的规定，李某被追究党纪责任，同时李某作为公职人员违反监察法，被依法给予政务处分。

案例二：祖某，党员，某市所辖B县县委组织部组织科科长。某日，祖某将县委近期提拔正科级干部的动议告知了县建设局姜某。

祖某泄露党组织关于干部选拔任用中应当保密的内容，构成泄露、扩散或者打探、窃取党组织关于干部选拔任用、纪律审查、巡视巡察等应当保密的内容违纪行为。同时，祖某违反了《党政领导干部选拔任用工作条例》第六十一条规定的十项违规行为中的"不准私自泄露动议、民主推荐、民主测评、考察、酝酿、讨论决定干部等有关情况"的有关规定。

【案例分析】在两则案例中,李某泄露党组织关于纪律审查工作中应当保密的内容,祖某泄露党组织关于干部选拔任用中应当保密的内容。

李某、祖某违犯工作纪律,二人均构成泄露、扩散或者打探、窃取党组织关于干部选拔任用、纪律审查、巡视巡察等应当保密的内容违纪行为,应依据《党纪处分条例》第一百二十八条的规定,追究二人的党纪责任。

关于李某是否构成犯罪问题,根据《中华人民共和国刑法》第三百九十八条的规定,"故意泄露国家秘密罪、过失泄露国家秘密罪",是指国家机关工作人员违反保守国家秘密法的规定,故意或者过失泄露国家秘密,情节严重的行为,非国家机关工作人员犯上述罪的,依照刑法规定酌情处罚。其中,判断李某是否情节严重的界定依据,可以参照最高人民检察院《关于渎职侵权犯罪案件立案标准的规定》《中华人民共和国保守国家秘密法》《纪检监察工作中国家秘密及其密级具体范围的规定》等。因此,如李某的违纪行为的事实、情节等,符合上述情节严重的界定标准时,就涉嫌故意或者过失泄露国家秘密犯罪。如果李某行为触犯《党纪处分条例》第一百二十八条规定的同时,又涉嫌泄露国家秘密犯罪,在移送司法机关之前,应依据《党纪处分条例》的规定,原则上先作出党纪处分决定,并按照规定给予政务处分。

39. 生活奢靡,贪图享乐,追求低级趣味

【核心要义】生活纪律是党员在日常生活和社会交往中应当遵守的行为规则,涉及党员个人品德、家庭美德、社会公德等各个方面,关系党的形象。

《党纪处分条例》第十一章"对违反生活纪律行为的处分",主要对"四风"问题和违反社会主义道德的违纪行为作出处分规定,将党的十八大以来党中央落实中央八项规定、反对"四风"的要求和实践成果转化为纪律条文。

该章条款依次对"生活奢靡、贪图享乐、追求低级趣味""与他人发生不正当性关系""利用职权、教养关系、从属关系或者其他相类似关系与他人发

生性关系""不重视家风建设,对配偶、子女及其配偶失管失教""违背社会公序良俗"等违反生活纪律行为作出了明确的处分规定。

《党纪处分条例》从第一百三十四条到第一百三十八条明确了违反生活纪律的行为,并对相应的处分作了明确规定。其中比较典型的处分情形有以下规定。

第一百三十四条规定,生活奢靡、贪图享乐、追求低级趣味,造成不良影响的,给予警告或者严重警告处分;情节严重的,给予撤销党内职务处分。

第一百三十五条规定,与他人发生不正当性关系,造成不良影响的,给予警告或者严重警告处分;情节较重的,给予撤销党内职务或者留党察看处分;情节严重的,给予开除党籍处分。

利用职权、教养关系、从属关系或者其他相类似关系与他人发生性关系的,依照前款规定从重处分。

此外,第一百三十八条规定,有其他严重违反社会公德、家庭美德行为的,应当视具体情节给予警告直至开除党籍处分。

生活方式不健康,经常在高档会所玩到凌晨两三点……谈到这位市委书记,熟悉他的人会不约而同地提到这个细节。

主政一方时,有专人帮该市委书记安排晚上去会所的活动。大多数情况下,他都会先让人安排好地方,再根据他的要求通知参加人员,告诉他们时间地点。一起活动时,经常是大家先在一起吃饭,然后唱歌、喝酒或者打牌,再吃夜宵,一玩就到凌晨两三点。

该市委书记喜欢喝高档红酒、嗜好野味,吃饭或吃夜宵时,通常会特意安排一些野味。据参加者后来透露,他们在一起吃过的有穿山甲、焖蛇、金钱龟、东青斑、金枪鱼,等等。当然,所有这些消费都是由企业老板买单。

为了服侍好该市委书记,圈子里的人还专门为他开设了一家会所,会所风格按照他的喜好设置,装修方案由负责帮其安排活动的人与企业老板亲自商量,经该市委书记首肯后才着手实施。从2012年底到2014年中接受组织调查前,该市委书记先后到这家会所消费达三十多次,差不多每个月两次。另外,他还频频出入该市其他私人会所。

经查,该市委书记还涉嫌利用职务便利为他人谋取利益,收受、索取贿赂，被开除党籍、开除公职并被判无期徒刑。

【条例解读】 改革开放以来，我们集中精力搞经济建设，取得了伟大成就，然而，一些党员、干部艰苦朴素、勤俭节约意识淡化，拜金主义不同程度存在，形式主义、官僚主义、享乐主义和奢靡之风问题突出，有的搞攀比、讲排场，败坏党的形象，如果听任"四风"问题泛滥而不加控制，必将侵蚀党的肌体、腐蚀党的基业。

从近年来查处的违纪违法案件不难发现，"生活腐化""奢靡享乐""趣味低俗"等，成为一些违纪党员干部的"标配"。在各种诱惑面前，一些人将共产党人的理想信念与高尚情操抛诸脑后，取而代之以腐朽的生活观念和生活方式。特别是在"八小时以外"，热衷于吃喝玩乐，沉溺于灯红酒绿，流连于声色犬马，最终迷失在花花世界里。

当前我们党面临"四大危险""四种考验"。党面临的形势越复杂、肩负的任务越艰巨，就越要弘扬艰苦奋斗的精神，越要反对贪图享乐、骄奢淫逸的思想，坚持"吃苦在前，享受在后"。《党纪处分条例》把"生活奢靡、贪图享乐、追求低级趣味"等纳入纪律处分范围，既是对党的十八大以来反对享乐主义、奢靡之风实践成果的制度化，又充分体现了全面从严治党的要求。

无数案例表明，党员干部耐不住寂寞、经不住诱惑，沉湎于奢靡享乐，极易导致玩物而丧志、丧志而致腐。奢靡享乐之风盛行，不仅腐蚀干部群体，而且败坏党的形象，损耗党的公信力、凝聚力和战斗力，还会对社会风气带来不良的示范和影响。

本案中，某市委书记身为高级领导干部，生活奢靡、贪图享乐、追求低级趣味，造成不良影响，加上他接受巨额贿赂，涉嫌严重违纪违法犯罪，不仅被开除党籍、开除公职，并被追究刑事责任。

这一案例引人深思：对党员和领导干部，不仅要监督其"八小时以内"遵守纪律的情况，还要以党纪条规约束其"八小时以外"的行为，实现"全覆盖"，不留盲区和死角。作为具有远大理想和高尚追求的共产党员，在生活方式、情趣爱好等看似"私人化"的方面，必须更加严格要求自己，自觉抵制低级趣味和歪风邪气的侵蚀，永葆共产党人的政治本色。

40. 违背社会公序良俗，在公共场所有不当行为

《党章》规定，党员有义务发扬社会主义新风尚，带头实践社会主义核心价值观和社会主义荣辱观，提倡共产主义道德，弘扬中华民族传统美德。《党纪处分条例》第一百三十七条明确了"违背社会公序良俗，在公共场所有不当行为，造成不良影响"属于违反生活纪律的行为，并对处分情形作了明确规定。

第一百三十七条规定，违背社会公序良俗，在公共场所有不当行为，造成不良影响的，给予警告或严重警告处分；情节较重的，给予撤销党内职务或者留党察看处分；情节严重的，给予开除党籍处分。

某日，某县文广新局原局长贾某某等人到省广播电台商洽文化科技卫生三下乡演出活动有关事宜。午餐期间，贾某某违规饮酒。午餐后，贾某某与司机到省广电局停车场取车回县城，发现自己乘坐的车辆被另一轿车堵住无法驶离，他拨打了后车车主张某的手机，对方没有接听，他便直接将后车上的雨刮器掰断扔到地上，然后跑到河南广播大厦的10楼办公室寻找张某，并在办公区域大声喧哗。随后，保安赶来，将其带下了楼。

据媒体报道，车主张某回到广电局院内，听说自己的车被损毁，立即拦住准备离开的贾某某要求赔偿。"醉酒的男子先是坐在车里大骂，然后下车撕打张某。"一些目击者称，张某被扯拽了二十多米，胳膊多处瘀青红肿。

此事被省广播电台及网络媒体报道后，在社会上造成不良影响。4月30日，经县委研究决定，免去贾某某文广新局局长职务。通过调查取证、核实其违纪情况后，经县纪委研究决定，给予其党内严重警告处分。

某日晚，某市黄圃镇党委委员、纪委书记何某某驾车途经某大学中山学院北门路段时，看见该校女学生谢某正独自返校，于是将车停在路边，并下车走上前伸手抓住谢某的手腕，要求"一起吃夜宵"。谢某挣脱并求助附近学生，

何某某见状驾车离去。

事发后,市纪委、公安部门立即组织精干力量深入调查取证。鉴于何某某的行为已构成寻衅滋事,根据《中华人民共和国治安管理处罚法》第二十六条第四项的规定,区公安分局对何某某作出行政拘留十五日的处罚决定;经市纪委常委会研究决定,给予其开除党籍处分,行政级别降为科员。

【条例解读】这两起案例都是党员领导干部违背社会公序良俗、在公共场所表现不当的违纪行为。按照党章的规定,党员要自觉遵守党的纪律,模范遵守国家的法律法规,发扬社会主义新风尚,带头实践社会主义社会主义核心价值观和荣辱观,提倡共产主义道德,弘扬中华民族传统美德;各级领导干部要加强道德修养,讲党性、重品行、作表率,做到自重、自省、自警、自励。

但案例一中的贾某某、案例二中的何某某,身为党员领导干部,违背社会公德,在公共场所行为不当,造成不良影响,违反党章党纪对党员和党员领导干部的要求,何某某的行为还构成寻衅滋事,违反了治安管理处罚法的有关规定,对他们进行党纪处分,并对何某某进行行政处罚,是完全应该的。

共产党员有别于一般群众,是群众中的先进分子,对党员必须有更加严格的监督和约束。《党纪处分条例》规定了对"违背社会公序良俗,在公共场所有不当行为"等情形的处分条款,把底线和关口前移,凸显了纪严于法、纪在法前的深刻理念。通过纪律处分条例这一党内重要法规,向违背社会公序良俗等行为亮起红灯,体现了管党治党"全面"和"从严"的要求,真正把纪律和规矩挺在前面。如果谁再认为这些问题只是"小事""私事",依然违背社会公德,在公共场所有不当行为,党纪的戒尺就会落在他们身上。

41. 不重视家风建设,对配偶、子女及其配偶失管失教

【核心要义】家风是一个家庭或家族的传统风尚,体现着家庭或家族的价值观,是调整维系家庭成员之间情感关系和利益关系的道德行为规范。

良好的家风是社会美德的一种表现形式,一个社会的良好风气是以千千万万家庭的良好家风为基础的。家规严不严、家风正不正,不仅关系每个家庭成员的荣辱兴衰、家庭的幸福与否,还直接关系公民的文明素质和国家的文明程

度。我国自古便有"国有国法，家有家规"的说法，家规和国法，共同构成人们的行为准绳。

一个执政党的良好党风政风也与广大领导干部的良好家风密切相关。家风与党风政风相互影响、相互渗透。

习近平总书记指出，领导干部的家风，不是个人小事、家庭私事，而是领导干部作风的重要表现。这深刻揭示了家风在作风建设中的重要地位。

对于家风建设，多项党内法规都有明确要求。

根据《关于新形势下党内政治生活的若干准则》，领导干部特别是高级干部必须注重家庭、家教、家风，教育管理好亲属和身边工作人员。

《中国共产党廉洁自律准则》规定，党员领导干部要"廉洁齐家，自觉带头树立良好家风"。

2018年修订的《党纪处分条例》增加了第一百三十六条，规定党员领导干部不重视家风建设，对配偶、子女及其配偶失管失教，造成不良影响或者严重后果的，给予警告或者严重警告处分；情节严重的，给予撤销党内职务处分。

对于党员干部而言，家规不严、家风不正，行为便容易失范，以至触犯党纪国法。从近年来查处的腐败案件看，不重视家风建设往往是领导干部走向严重违纪违法的重要原因。不少领导干部不仅在前台搞权钱交易，还纵容家属在幕后收钱敛财，利用权力和影响经商谋利、发不义之财。

2017年1月17日，浙江省杭州市纪委对某市人大常委会原党组书记、主任程某某严重违纪问题进行立案审查。

"由于我思想上的龌龊，道德上的败坏，认为这辈子权有过一点了，钱也贪过了，色还没有贪过，到了这把年纪再不贪就没有机会了。"程某某在忏悔录中写道。在这种荒谬的思想下，情人家里要建自建房，程某某帮忙在审批手续上向有关部门打招呼，违建房的处置过程中，程某某再次出面向职能部门打招呼；在两人保持不正当性关系期间，程某某以各种方式给情人现金25万余元，俨然就是权色交易、钱色交易。

程某某的荒唐行为家人皆知却又无可奈何。程某某兄弟姐妹七人，他读书最多、经历最丰富，也是唯一从政的，慢慢就变成了这个大家庭的"家长"，其他姐妹家里的大事,尤其是几个外甥的学习工作都要听取他的意见,因此程某某在自己不方便出面的几件事情中,都曾指使两个外甥分别替他代劳一些事情。妻子更是言听计从已成习惯,丈夫拿回家的礼品礼卡不问缘由就收下,慢慢变成了"收礼"夫人。2015年春节,有人在豆浆机里放了2万元人民币来拜年,程某某让妻子去退掉,妻子一直没有退,直到2016年程某某被有关部门谈话,她才将钱退给送礼人。

程某某在家里最在意儿子的培养。他曾希望儿子做公务员,自己可以"扶上马送一程",但儿子志不在此。程某某又竭力把自己的价值观灌输给儿子,带着他拜访企业主,贪污受贿来的钱几经周转也打到了儿子的理财账户……"父亲希望我们在社会上能产生影响力,能利用自己的资源争取更多的财富,有社会地位,又有经济能力,有权有钱才是成功人士,至于会不会违纪违法从来没有考虑过。"在父亲被组织调查后,儿子程某才发现父亲原来是"披着羊皮的狼"。

案例故事 2

江苏省某市卫生局党委原副书记、局长,市第一人民医院原党委书记葛某某因犯受贿罪,于2016年8月18日被判处有期徒刑十年六个月。

而在此前两天,其子葛某因犯利用影响力受贿罪被判刑。

葛某是某分公司市场部大客户经理,他利用父亲职务便利,在市第一人民医院建设过程中提高招标条件,为某集团有限公司中标市第一人民医院暖通工程提供帮助,后该集团有限公司成功中标。根据事前约定,葛某先后三次收受好处费共计45万元。2016年8月16日,葛某因犯利用影响力受贿罪,被判处有期徒刑三年,缓刑四年,并处罚金二十万元。

"我儿子从小不爱学习,一直想当'老板',我把精力和时间都用在我的工作事业上了,对孩子疏于管理。等孩子长大了,一些不好的习惯已经养成,当我再想管的时候已经管不好了。"葛某某在忏悔书中如是说。葛某成绩不好没能考上大学,葛某某送其参军。2003年当兵回来后,整天在家睡觉、打游戏或在社会上游荡。2004年后,在父亲的"资助"下,葛某开过饭店、开过动漫公司,也开过修理厂,但均以亏损告终,而每次亏损后都由葛某某为其"买单",填补损失。眼看着儿子一事无成,葛某某便产生了积累财富为儿子成家立业打基础、谋发展的思想和行为。"我自己个人收入较高、平时用钱很少,也不缺钱,之所以会受贿,很重要的原因之一是为了孩子。"葛某某说道。就这样,在父亲的纵容下,葛某利用父亲的地位和职务上的影响为他人谋取不正当利益并收受贿赂,一步步走向违法犯罪的深渊。

【条例解读】"家风",是一个家族代代相传沿袭下来的体现家族成员精神风貌、道德品质、审美格调和整体气质的家族文化风格。

家风连着民风党风政风。然而,一些领导干部却不重视家风建设,疏于对配偶、子女的管教,有的甚至对子女加以错误的引导。河北省委原书记周某某之子,全国人大环资委原副主任委员白某某的妻子,国家发改委原副主任、国家能源局原局长刘某某之子,江苏省委原常委、秘书长赵某某之子……一个个腐败领域的"夫妻档""父子兵""全家腐",透视出家风的重要性。全国政协原副主席苏某在忏悔录中写道:"我家成了'权钱交易所',我就是'所长',老婆是'收款员'"。刘某某曾教导其子说,"做人要学会走捷径""一定要有出息,要做人上人,这样才能过得好,才能受人尊重。"他的教诲在儿子心中深深地扎下了根,让他找到了一条最便捷的成功之路,这就是利用父亲职务的影响力、手中的权力获取金钱。殊不知,欲望难填终成空,"走捷径"最终成为一个悲剧。这些都是不重视家风建设,对配偶、子女及其配偶失管失教造成严重后果的典型。

同样,案例一中,程某某这位"大家长",没有以身作则树立起良好家风,反而把整个大家庭带上了歪路。

案例二中,葛某某对儿子从小失于管教,未能营造良好家风,使其在成长道路上肆意任性,养成不良习惯。身为父亲,葛某某亦未能身体力行做好表率,畸形的价值观和扭曲的家庭观让其子愈发丧失做人做事的底线。

这些近年来发生的典型案例,一次次说明,作为党员领导干部,既要严于律己,又要从严治家;既要把好廉洁自律的"前门",又要守好家庭防线的"后门",让自身与家人言行都经得起考验,当得起表率。

2018年修订的《党纪处分条例》第一百三十六条明确规定"党员领导干部不重视家风建设,对配偶、子女及其配偶失管失教,造成不良影响或者严重后果的,给予警告或者严重警告处分;情节严重的,给予撤销党内职务处分。"首次将党员领导干部的"家风建设"纳入党内法规,形成了强有力的纪律约束,弥补了过去党规党纪在"家风建设"方面的空白点。

《党纪处分条例》的明确规定发出了警示,党员干部特别是党员领导干部应该铭记在心,认真体悟,要抓好自身建设,更要抓好家风建设,既廉洁修身又廉洁齐家,身体力行地带出好"家风"。

第六讲　学习贯彻《中国共产党问责条例》

1. 史上最严《中国共产党问责条例》：制定背景和主要看点

【核心要义】2016年7月17日，《中国共产党问责条例》（以下简称《问责条例》）全文正式对外公布。实际上，早在6月28日，该《问责条例》就已经由中共中央总书记习近平主持召开的中共中央政治局会议审议通过，并于7月8日起开始施行。

《问责条例》全面贯彻党的十八大和十八届三中、四中、五中全会精神，深入贯彻习近平新时代中国特色社会主义思想，体现了党的十八大以来管党治党理论和实践创新成果，是全面从严治党重要的制度遵循。《问责条例》聚焦全面从严治党，突出管党治党政治责任，着力解决一些党组织和党的领导干部党的领导弱化、党的建设缺失、全面从严治党不力，党的观念淡漠、组织涣散、纪律松弛、不担当、不负责等突出问题。

所谓"动员千遍，不如问责一次"。习近平总书记强调，有权必有责，有责要担当，失责必追究。党中央紧紧抓住落实主体责任这个"牛鼻子"，把问责作为从严治党利器，先后对一批在党的建设和党的事业中失职失责典型问题严肃问责，强化问责成为管党治党、治国理政的鲜明特色。

党要管党，从严治党，不忘初心，继续前进。在庆祝中国共产党成立95

周年纪念大会上，习近平总书记强调指出，"治国必先治党，治党务必从严。如果管党不力、治党不严，人民群众反映强烈的党内突出问题得不到解决，那我们党迟早会失去执政资格，不可避免被历史淘汰。管党治党，必须严字当头，把严的要求贯彻全过程，做到真管真严、敢管敢严、长管长严"。

全面从严治党是各级党组织的职责所在。该《问责条例》以党章为根本遵循，以全面从严治党为目标方向，总结实践经验，健全问责机制，扎紧问责的制度笼子。颁布实施《问责条例》，就是要规范和强化党的问责工作，释放全面从严治党的强烈政治信号，唤醒责任意识、激发担当精神，推动党组织和党的领导干部切实把责任扛起来，保证党的领导坚强有力。

党章关于问责的具体条款是第四十四条，它规定，党组织如果在维护党的纪律方面失职，必须问责。

在党内法规体系中，《问责条例》是对党的领导干部和党组织问责作出的全面规定，而党章是对党的性质和宗旨、路线和纲领、指导思想和奋斗目标、组织原则和组织机构、党员义务和权利以及党的纪律等作出根本规定，具有最高效力，制定《问责条例》要以党章为根本遵循。

2016年1月召开的十八届中央纪委第六次全体会议，把制定新的《问责条例》提上了日程。6月28日召开的中央政治局会议上，《问责条例》审议通过。会议明确指出，权力就是责任，责任就要担当，忠诚干净担当是党对领导干部提出的政治要求。《问责条例》是全面从严治党的利器，是全面从严治党重要的制度遵循。

《问责条例》共十三条，简明扼要，聚焦全面从严治党，突出管党治党政治责任，覆盖各级党委（党组）、党的工作部门和各级纪委（纪检组）及其领导成员，强化责任追究，不仅明确党的问责工作应当遵循的指导思想和应坚持的原则，还规定了问责主体、问责对象、问责追究的责任、问责情形、问责方式和问责权限程序等。为了适应新情况、新要求，2019年1月，第十九届中央纪委第三次全会决定修改《问责条例》。

【条例解读】作为首部全面规范和强化党的问责工作的重要基础性法规，《问责条例》以党章为根本遵循，与《党纪处分条例》和其他党内法规相衔接。内容亮点纷呈。

一是充分体现全面从严治党要求。《问责条例》最大的看点在于，着力解决一些党组织和党的领导干部在党的领导弱化、党的建设缺失、全面从严治党不力，以及党的观念淡漠、组织涣散、纪律松弛、不担当、不负责等方面的突出问题，强调有权必有责、有责要担当、失责必追究，充分体现全面从严治党要求。

《问责条例》不仅规定了"失责必问、问责必严"等原则，而且在相关规定中也有具体体现。如《问责条例》规定实行终身问责，对失职失责性质恶劣、后果严重的，不论其责任人是否调离转岗、提拔或者退休，都应严肃问责。

二是问责突出"关键少数"中的少数。《问责条例》规定了问责主体，即由谁问责的问题，明确问责主体是有管理权限和职责的党组织，包括从中央到地方的各级党组织，要求"分级负责、层层落实责任"。

《问责条例》落实党委主体责任和纪委监督责任，将问责的组织对象界定为各级党委（党组）、党的工作部门和各级纪委（纪检组），把责任压给各级党组织，分解到党的组织、宣传、统战、政法等工作部门。

同时，《问责条例》督促党的领导干部践行忠诚干净担当，将问责的干部对象界定为各级党委（党组）、党的工作部门的领导成员，各级纪委（纪检组）领导成员，重点是主要负责人，突出了"关键少数"中的少数。

三是《问责条例》落实党委主体责任和纪委监督责任，将问责的组织对象界定为各级党委（党组）、党的工作部门和各级纪委（纪检组）。另外，党组织领导班子在职责范围内负有全面领导责任。

四是明确问责工作的性质和问责方式。《问责条例》明确了此处的问责是党内问责，不同于其他性质的问责或责任形式。它不仅将问责对象分为党组织和党的领导干部两大类，对党组织规定了检查、通报和改组三种方式，而且对党的领导干部的问责规定了通报、诫勉、组织调整或组织处理和党纪处分四种方式。

五是《问责条例》坚持问题导向，列举了党组织和党的领导干部违反党章和其他党内法规，不履行或不正确履行职责，应当予以问责的情形，更加具体。

2. 为什么问责要抓住党委这个"牛鼻子"

【核心要义】权与责的关系，一直是从严治党中最重要、最基础的一对关系。习近平总书记曾反复强调，有权必有责、有责要担当、失责必追究。

党的十八大以来，"问责"多次出现在习近平总书记的一系列重要讲话中。

2013年在全国组织工作会议上，习近平总书记就曾指出："担当就是责任，好干部必须有责任重于泰山的意识。"2015年1月，在同中央党校第一期县委书记研修班学员座谈时，习近平总书记强调："干部就要有担当，有多大担当才能干多大事业，尽多大责任才会有多大成就。"

2015年1月，习近平总书记在第十八届中央纪委第五次全会上的讲话指出，党风廉政建设责任能不能担当起来，关键在主体责任这个"牛鼻子"抓没抓住。各地不同程度存在管党治党失之于宽、失之于软现象，主体责任落实不力，监督责任落实不到位。各级党委（党组）不能当"甩手掌柜"，要切实把党风廉政建设当作分内之事、应尽之责，真正把担子担起来，种好自己的"责任田"。

2015年12月，在主持召开中共中央政治局会议研究部署党风廉政建设和反腐败工作时，习近平总书记再次指出，"要坚决把全面从严治党的主体责任压下去，加大问责力度，让失责必问成为常态。"

在2016年中央纪委第六次全会上，习近平总书记进一步指出，从党的廉政建设主体责任到全面从严治党主体责任，不只是字面上的变化，更是实践的发展和认识的深化。

时任中共中央政治局常委、中央纪委书记王岐山2015年3月在十二届全国人大四次会议福建代表团参加审议。他指出，要以强烈的历史责任感、深沉的使命忧患感、顽强的意志品质推进党风廉政建设和反腐败斗争，抓住落实主体责任这个"牛鼻子"，强化监督执纪问责。

2016年6月17日，中央纪委通报了七起因落实全面从严治党主体责任不力被问责的案例，其中包括：山西省某局党委原书记潘某某因对下属单位负责人违法问题未按规定落实党纪政纪处分被问责，山东省某日报社党委原书记蔡某某等人因单位多人违纪违法问题被问责，上海某集团原党委书记、董事长张某等人因对巡视发现问题整改不力被问责，江西省上饶市某县县委原副书记、县长费某某因班子成员严重违纪且未如实报告有关情况被问责，云南省红河州某县副县长刘某某因分管单位公款送礼问题被问责，贵州省贵阳市某委党委原书记唐某某因单位多人违纪违法问题被问责，安徽省滁州市某市农委党组书记、主任朱某某等人因单位多人侵害群众利益等违纪违法问题被问责。

通报指出，以上被问责的人员作为党的领导干部，本应恪尽职守、从严管党治党，却在实际工作中不敢担当、失职失责，对这些行为实施问责再次说明、有权必有责、有责要担当、失责必追究。

【条例解读】党的十八大以来，党中央坚持党要管党、从严治党，深入推进党风廉政建设和反腐败斗争，将全面从严治党纳入"四个全面"战略布局，开创了党的建设新局面。

2016年7月8日，中共中央印发的《问责条例》实施，这是在《党员廉洁自律准则》和2015年《党纪处分条例》实施不久，党中央为坚持党要管党、从严治党，深入推进党风廉政建设和反腐败斗争而采取的重要举措。

各级党委紧紧抓住落实主体责任的"牛鼻子"，把问责作为从严治党利器，先后对一批在党的建设和党的事业中失职失责典型问题严肃问责，强化问责成为管党治党、治国理政的鲜明特色。中央纪委通报的上述七起因落实全面从严治党主体责任不力被问责的案例，就是对党委主体责任不落实的问责。

"抓住落实主体责任这个'牛鼻子'"，不仅是中央纪委的要求，更是习近平总书记很早就强调的一个重要问题。

早在2012年12月，习近平总书记在首都各界纪念现行宪法公布施行三十周年大会上强调，我们要健全权力运行制约和监督体系，有权必有责，用权受监督，失责要问责，违法要追究。

2014年1月，习近平总书记在第十八届中央纪委第三次全会上强调："有权就有责，权责要对等。无论是党委还是纪委或其他相关职能部门，都要对承担的党风廉政建设责任进行签字背书，做到守土有责。出了问题，就要追究责任。决不允许出现底下问题成串、为官麻木不仁的现象！"

全面从严治党责任能不能担当起来，关键要抓住主体责任这个"牛鼻子"。"牛鼻子"三个字，既形象地指出了党委主体责任在全面从严治党中的牵头管总作用，又告诉我们，各级党委只有履行了主体责任，才能抓住关键，起到四两拨千斤的作用。

3. 如何区分全面领导责任、主要领导责任和重要领导责任

【核心要义】《问责条例》不仅规定了问责主体、问责对象，而且明确了问责的责任，即追究的是在党的建设和党的事业中失职失责党组织和党的领导干

部的责任，包括主体责任、监督责任和领导责任。

关于主体责任，习近平总书记在十八届中央纪委第三次全会上明确指出，党委的主体责任主要是加强领导，选好用好干部，防止出现选人用人上的不正之风和腐败问题；坚决纠正损害群众利益的行为；强化对权力运行的制约和监督，从源头上防治腐败；领导和支持执纪执法机关查处违纪违法问题；党委主要负责同志要管好班子、带好队伍、管好自己，当好廉洁从政的表率。将从严治党纳入"四个全面"战略布局后，由廉政建设主体责任发展到全面从严治党主体责任。

纪委的监督责任，根据党章，主要是维护党的章程和其他党内法规，检查党的路线、方针、政策和决议的执行情况，协助党委推进全面从严治党、加强党风建设和组织协调反腐败工作。

纪委的经常性工作是，对党员进行遵守纪律的教育，维护党纪；对党的组织和党员领导干部行使履行职责、权力进行监督，受理处置党员群众检举举报，开展谈话提醒、约谈函询；检查和处理党的组织和党员违反党章和其他党内法规的比较重要或复杂的案件，决定或取消对这些案件中的党员的处分；进行问责或提出追责的建议；受理党员的控告和申诉；保障党员的权利。

《问责条例》上述规定意味着不仅要从纵向把问责的责任落实到党委（党组）、纪委（纪检组），还从横向分解责任，把问责的责任分解到组织、宣传、统战、政法等工作部门，体现了全面从严治党要细化落实责任、层层传导压力的鲜明态度。

以地方党委为例，党委书记负有管党治党的主体责任，其他常委分别负责组织、宣传、统战、政法等方面的工作，如果某个常委的分管工作没有做好，那么就要追究该名常委的主要领导责任，主要负责人和其他成员要承担主要或重要领导责任。

某中央企业党委书记、副局长侯某某没有尽责履行主体责任，导致该中央企业党的领导弱化、党的建设缺失、全面从严治党不力：该央企 2010 年至 2015 年收到信访举报 288 件，无一起立案，未对一人作出党纪政纪处理。系统内违规违纪问题丛生，选人用人问题突出，侯某某有多名亲属在系统内工作，其妻连续两次在下属单位违规提拔。下属某局党委书记提拔自己的儿子，三个月内从副科级提拔到副处级。

党委副书记、纪委书记郭某某不尽责履行监督责任，监督执纪问责严重缺失，有案不查、查处不力，并带头违反八项规定。

国资委党委决定撤销侯某某党委书记、副局长职务，按班子副职非领导职务安排适当工作；撤销郭某某党委副书记、纪委书记职务，按部门正职非领导职务安排适当工作。

【条例解读】一般理解，自身违法违纪要承担直接责任，但党的领导干部除了自身责任外，还要承担领导责任，《问责条例》要求问责应当分清责任，体现了"权责对等"精神，不管是党组织还是党的领导干部，有多大的权力就有多大的责任，就得有多大的担当，不担当、乱担当就要被追究相应的责任。

除了党组织领导班子作为集体，在职责范围内负有全面领导责任外，领导班子主要负责人和领导班子成员要承担的责任，主要是以下两种。

一是领导班子主要负责人和直接主管的班子成员，在其职责范围内，对工作不履行或不正确履行职责，对造成的损失或后果，要承担主要领导责任。

本案中，该中央企业党委书记、副局长侯某某身为党委书记，是党委主要负责人，没有尽责履行主体责任，导致该央企党的领导弱化、党的建设缺失、全面从严治党不力，侯某某对造成的后果承担主要领导责任。

郭某某身为党委副书记、纪委书记，是直接主管的班子成员，不尽责履行监督责任，监督执纪问责严重缺失，有案不查、查处不力，对造成的后果也要承担主要领导责任。

二是参与决策和工作的班子其他成员，在其职责范围内，对参与决策和工作不履行或不正确履行职责，对造成的损失或后果，要承担重要领导责任。

4. 党内问责方式有哪些，与行政问责有何不同

【核心要义】《问责条例》第七条，规定了对党组织的问责方式：

一是检查。即对履行职责不力、情节较轻的，应当责令其作出书面检查并切实整改。二是通报。即对履行职责不力、情节较重的，应当责令整改，并在一定范围内通报。三是改组。即对失职失责，严重违反党的纪律、本身又不能

纠正的，应当予以改组。

规定了对党的领导干部的问责方式：

一是通报。即对履行职责不力的，应当严肃批评，依规整改，并在一定范围内通报。二是诫勉。即对失职失责、情节较轻的，应当以谈话或者书面方式进行诫勉。三是组织调整或者组织处理。即对失职失责、情节较重，不适宜担任现职的，应当根据情况采取停职检查、调整职务、责令辞职、降职、免职等措施。四是纪律处分。对失职失责应当给予纪律处分的，依照《党纪处分条例》追究纪律责任。上述问责方式，可以单独使用，也可以合并使用。

在此之前，2009年中办、国办印发了《关于实行党政领导干部问责的暂行规定》，该规定列举了责令公开道歉、停职检查、引咎辞职、责令辞职、免职等问责方式。

实际上，现有各类问责规定中，还不止这些，据统计，共有十几种问责方式，包括批评教育、作出书面检查、给予通报批评、公开道歉、诫勉谈话、组织处理、调离岗位、停职检查、引咎辞职、辞职、免职、降职、党纪军纪政纪处分、移送司法机关依法处理等。

那么，2016年的《问责条例》与2009年《关于实行党政领导干部问责的暂行规定》规定的问责方式之间，是什么关系？

七种问责方式，很多人不太熟悉，此次关于问责方式的设计，与以往最大的不同主要体现在哪？

【条例解读】《问责条例》规定的"问责方式"与以往不同，以往的问责方式，比较杂，包括十几种。而《问责条例》将这些问责方式规范为对党组织的检查、通报、改组三种方式，对党的领导干部的通报、诫勉、组织调整或者组织处理、纪律处分四种方式。这些方式均在党内法规中有明确规定、在实践中经常使用。如组织调整或者组织处理包括停职检查、调整职务、责令辞职、降职、免职、改任非领导职务等。组织调整或组织处理不作严格区分，目的在于给各单位、部门、地方更多的灵活处理的余地。

《问责条例》还规定，问责方式可以单独使用，也可以合并使用。这主要是考虑到在问责实践中，有时要进行组织处理，也要给予纪律处分，这时就要将两种方式合并使用、"双管齐下"。

《问责条例》与以往规定最大不同是，它囊括而不替代此前发布的其他有关问责的党内法规和规范性文件。其他有关问责的规定与本条例不一致的,按照本条例执行。例如,2009年中办、国办印发的《关于实行党政领导干部问责的暂行规定》,列举的责令公开道歉、停职检查、引咎辞职、责令辞职、免职等问责方式,主要是狭义的行政问责;而《问责条例》规定的问责是党内问责。

它不仅将问责对象分为党组织和党的领导干部两大类,而且与《党纪处分条例》和其他党内法规衔接起来,形成从轻到重的问责体系;《问责条例》还与行政问责、行政处分和刑事责任区分开来,坚持了"依规依纪、实事求是、惩前毖后、治病救人"的原则,体现了纪法分开、纪在法前和正确运用监督执纪问责"四种形态"的要求。

5. 党内问责的重点对象、问责权限和程序

【核心要义】《问责条例》规定,问责决定应当由党中央或有管理权限的党组织作出。其中对党的领导干部,纪委(纪检组)、党的工作部门有权采取通报、诫勉方式进行问责;提出组织调整或组织处理的建议;采取纪律处分方式问责,按照党章和有关党内法规规定的权限和程序执行。

《问责条例》明确:问责决定作出后,应当及时向被问责党组织或党的领导干部及其所在党组织宣布并督促执行;有关问责情况应当向组织部门通报,组织部门应当将问责决定材料归入被问责领导干部个人档案,并报上一级组织部门备案;涉及组织调整或者组织处理的,应当在一个月内办理完毕相应手续。

受到问责的党的领导干部,应当向问责决定机关写出书面检讨,并在民主生活会或党的其他会议上作出深刻检查。同时,建立健全问责典型问题通报曝光制度,采取组织调整或组织处理、纪律处分方式问责的,一般应当向社会公开。

《中国纪检监察报》在2016年8月23日见报的《"开刀问斩"警示担当》一文中,称这是湖北省贯彻落实《问责条例》精神,"开刀问斩"的一个实例。

冯某某 1962 年 9 月出生，即将满 54 岁。他的仕途一直在湖北本地，基层工作经验丰富，先后在湖北多地任职。其间还曾担任过省委办公厅副主任，如不出意外，他本能再进一步。

2016 年 8 月 2 日，湖北省纪委发布问责通报：因在处置某市重大群体性事件中领导不力、工作失职，造成恶劣影响，湖北省委决定，免去某市委书记冯某某（副厅级）职务，终止其提拔任用程序，另行安排工作。

冯某某拟提拔为正厅级领导职务，公示期在 6 月 24 日到期。6 月 25 日，某市发生部分群众反对建设垃圾焚烧发电项目事件。直到事发 15 个小时后，冯某某才从武汉家里赶回现场处置。

【条例解读】 根据《问责条例》规定，党中央或者有管理权限的党组织，有权对失职失责党组织和党的领导干部作出问责决定。明确规定对党的领导干部，纪委（纪检组）、党的工作部门有通报、诫勉的决定权，提出组织调整或者组织处理的建议权，采取纪律处分方式问责，按照党章和有关党内法规规定的权限和程序执行。这就把问责的责任不仅落实到党委（党组）、纪委（纪检组），也分解到组织、宣传、统战、政法等工作部门，这是问责制度的一个重要创新，体现了全面从严治党要细化落实责任、层层传导压力的鲜明态度。

本案中，冯某某作为省管副厅级领导干部，省纪委发布问责通报，按照干部管理权限，由省委决定免去其市委书记职务，终止其提拔任用程序，另行安排工作。这些都符合规定的权限。

问责程序对于保证问责制度的正确、公正实施具有重要意义。《问责条例》规定对党组织问责的，应当向该党组织宣布并督促执行；对党的领导干部问责的，应当向该领导干部及其所在党组织宣布并督促执行。为做好衔接，便于组织部门将问责决定材料归入被问责领导干部个人档案，有关问责情况应当向组织部门通报，并按要求报上级组织部门备案。

《问责条例》深入贯彻习近平总书记系列重要讲话精神，认真总结党的十八大以来全面从严治党的实践成果，规定受到问责的党的领导干部应当写出书面检讨，在有关会议上作出深刻检查，建立健全问责典型问题通报曝光制度。如本案就在省纪委网站和《中国纪检监察报》上通报曝光。

这既体现了"严"和"实"的精神，也可以通过具体鲜活的案例，发挥警示作用，唤醒责任意识，激发担当精神，真正做到"惩前毖后、治病救人"。

6. 党的领导弱化要问责

【核心要义】党的领导是中国特色社会主义最本质的特征，集中体现为政治、思想和组织领导，必须毫不动摇地贯穿到经济建设、政治建设、文化建设、社会建设、生态文明建设之中。贯彻落实党中央决策部署，关乎坚持党的领导、加强党的建设，必须不折不扣、坚定不移，决不能有丝毫的含糊和动摇。

《问责条例》规定，党的领导弱化，党的理论和路线方针政策、党中央的决策部署没有得到有效贯彻落实，在推进经济建设、政治建设、文化建设、社会建设、生态文明建设中，或者在处置本地区本部门本单位发生的重大问题中领导不力，出现重大失误，给党的事业和人民利益造成严重损失，产生恶劣影响的，应当予以问责。《问责条例》把"党的领导弱化"置于问责情形首要位置，传递出要坚决贯彻党的理论和路线方针政策、党中央决策部署的强烈信号。

党的十八大以来，一些党政领导干部因为履行党委主体责任不力被问责。

如湖南省某市破坏选举案。2012年12月28日至2013年1月3日，湖南省某市召开第十四届人民代表大会第一次会议，共有527名市人大代表出席会议。在差额选举湖南省人大代表的过程中，发生了严重的以贿赂手段破坏选举的违纪违法案件。经查，共有56名当选的省人大代表存在送钱拉票行为，涉案金额人民币1.1亿余元，有518名市人大代表和68名大会工作人员收受钱物。涉嫌违反党政纪律被立案调查的有467人，给予纪律处分的有409人，其中童某某在任该市委书记期间，作为市换届工作领导小组组长、严肃换届纪律第一责任人，不正确履行职责，对市人大选举湖南省人大代表前后暴露出的贿选问题，没有及时采取有效措施严肃查处，导致发生严重的以贿赂手段破坏选举的违纪违法案件，童某某被问责，并且被以玩忽职守罪判刑。

再如，四川某市拉票贿选案。这是一起严重违反党纪国法、严重违反党的政治纪律和政治规矩、严重破坏组织纪律的恶性案件。

2011年10月19日某市委五届一次全会前，时任某县委书记杨某某用公款80万元，自己出面或安排下属，向部分可能成为市委委员的人员送钱拉票，通过拉票贿选当选市委常委。在查清上述事实的基础上，四川省委根据有关线索进一步组织深入调查，彻底查清了此次党代会之前在该市有关干部民主推荐中存在的送钱拉票问题，以及时任市委书记刘某某和市纪委、市委组织部相关负责人的失职渎职问题。上述问题共涉及人员477人，其中组织送钱拉票的16人，帮助送钱拉票的227人，接受拉票钱款的230人，失职渎职的4人；涉案金额1671.9万元。根据案件事实和有关党纪政纪、法律法规，四川省对涉案人员全部作出严肃处理。其中，给予开除党籍开除公职处分并移送司法机关处理的33人，给予撤销党内外职务以上处分的77人，给予严重警告并免职、严重警告、警告或行政记大过、记过处分以及免职处理267人，诫勉谈话、批评教育100人；移送司法机关处理人员均被判处相应刑罚。

更严重的是，某省省委换届、省人大常委会换届以及全国人大代表选举中出现的系统性拉票贿选问题，共查处955人，其中中管干部34人，并通报全党。该省委原书记、人大常委会原主任王某，辽宁省委原常委、政法委原书记苏某某，辽宁省人大常委会原副主任王某、郑某某等多名省部级干部因此被组织调查。与此同时，已经退休两年的省纪委原书记王某某，也在家中接到了处分通知。

【条例解读】党的领导是中国特色社会主义的最本质特征。坚持党的领导，贯彻落实党的路线方针政策，各级党组织和党的领导干部都有责任。各级地方、部门、单位，要发挥党的领导作用，贯彻党的路线方针政策、党中央的决策部署。党的领导不力，会给党的事业造成损失，产生恶劣影响，损害的是党的执政地位。全面从严治党必须坚持问题导向，以强有力的问责督促责任落实。

制定《问责条例》，实施强有力的问责，为的是全面从严治党，规范和强化党的问责工作，落实党组织管党治党政治责任，督促党的领导干部践行忠诚干净担当。《问责条例》针对实践中的问题，规定对党的领导弱化的地区、部门和单位的党的领导干部进行严肃问责，为的是推动各级党组织和党的领导干部切实担负起责任，把党的战斗力焕发出来，确保实现党的历史使命。

党的干部是党的事业的骨干,要按照德才兼备、以德为先的原则选拔干部;而人大代表换届选举是一项重大的政治任务,各级机关和工作人员要强化纪律和法律意识,要严格依法依纪进行,做到有权必有责、有责要担当。在干部选拔任用和人大代表选举工作中出现的问题,要对失职失责者严肃问责。这里对相关案件的查处并通报全党,体现了中央对党委在党内监督和全面从严治党中要起到主体责任的严格要求。

7. 党的建设缺失要问责

【核心要义】 党的领导核心地位决定了必须加强党的建设。中国共产党作为一个有8956万多名党员、450多万个党组织的党,作为一个在有着13亿多人口的大国长期执政的党,党的建设关系重大、牵动全局。党和人民事业发展到什么阶段,党的建设就要推进到什么阶段。党的中央、地方和基层组织必须重视党的建设,失职失责将受到严肃问责。

《问责条例》贯彻党章规定坚持问题导向,将党的建设缺失列入问责情形,释放出失责必问、问责必严的强烈信号,推动各级党组织和党的领导干部把管党治党建设党的政治责任落到实处。

《问责条例》规定,党组织和党的领导干部违反党章和其他党内法规,不履行或者不正确履行职责,有下列情形的,应当予以问责:党的建设缺失,党内政治生活不正常,组织生活不健全,党组织软弱涣散,党性教育特别是理想信念宗旨教育薄弱,中央八项规定精神不落实,作风建设流于形式,干部选拔任用工作中问题突出,党内和群众反映强烈,损害党的形象,削弱党执政的政治基础的,应当予以问责。

2017年4月,中央国家机关纪工委通报了五起违反中央八项规定精神典型案例,涉及6名司局级党员干部。这五起案例分别是:1. 某部某研究中心党委书记、副主任赵某某,2013年至2015年任该中心主任期间,同意中心以发放加班费、过节费、有价证券和支付凭证等形式,违规发放津补贴,受到党内警告处分。2. 某部科学研究院副院长、党委委员赵某某,2016年3月参加会议期间违规参加用公款支付的宴请,受到党内警告处分。3. 某部所属科研后勤服务中心党委书记吴某某,2007年至2016年3月违规长期占用下属单位车辆,在2016年2月该院下发相关文件后,仍未按要求对所占用车辆予以停驶封存,受到党内严重警告处分。4. 某部院下属商会原党委书记、会长江某及副会长张某某,2016年11月组团参加2016年秋季广交会期间,违规接受会员企业的高标准宴请,分别受到党内严重警告处分、党内警告处分。5. 全国供销合作总社某协会常务副会长、法定代表人、秘书长金某某,2012年至2014年间,作为总社派往协会任职的干部,违规在协会领取奖金,违规采取报销发票的方式为协会工作人员发放个人绩效奖,受到党内警告处分。

另一起案例。2015年7月至9月,中央巡视组对某国有大型骨干企业进行专项巡视时,发现该企业下属某单位有60多名党员处于脱管状态。中央巡视组指出该企业"党的基层组织不健全,有党员无组织,党员处于脱管状态和违规发展党员"。而其他所属单位怎么样呢?该企业党委举一反三,对所属企业党组织建设和党员管理情况进行了全面排查,发现有30多家所属单位未成立党组织,流动党员和脱管党员有120多名。2015年9月,该单位上级党委对存在"有党员处于脱管状态和违规发展党员"问题的党委班子成员进行了诫勉谈话,对其提出严肃批评。该单位党委还在2015年11月召开党委会,对此事进行了通报,严肃有关纪律,每位党委委员作了检讨。目前,该企业已对巡视中发现的问题认真整改,所属单位未成立党组织、党员脱管问题得到有效解决。

有一组数据显示,几乎所有被巡视单位中,都不同程度存在干部选拔任用方面的问题。十八届中央委员会组织开展12轮巡视,中央巡视组向全国277个中央机关、省区市、中央企业、中央金融企业、人民团体和部分部属高校提交了巡视反馈情况报告,这些被习惯性称为"巡视清单"的报告中,均提到了被巡视单位存在的干部选拔任用方面的问题。一是违反组织程序和政策违规提拔、"带病提拔"。如江西某团市委原书记徐某,在八年时间里经历了八个岗位,横跨两省五地,由一名副科级乡镇干部变身为正处级团市委书记,其短暂的"仕途"涉嫌年龄造假、入团申请书造假、仿造档案等诸多问题。二是买官卖官、跑官要官。如某大学原党委书记王某某,打一个招呼,就能把主任科员变副处长、科长变处长,非正式在编的人也能被聘为副总经理,每次"打招呼",王某某都能获得几万元的"关照金"。三是超编制限额进人、超职数超规格配备领导干部、超范围分设党政职务;随意按年龄划线乱调整配备干部、违反规定程序乱进人。如湖南某县政府领导曾被曝出有28名成员,除了1正7副8名县长之外,还有1名正处、7名副处级干部,此外还有12名县政府党组成员。

【条例解读】坚持党的领导关键在加强党的建设,推进党的建设必须坚持问题导向。当前,一些党组织和党的领导干部存在党的建设缺失、组织生活不健全、党组织软弱涣散、中央八项规定精神不落实、干部选拔任用工作中问题突出,党内和群众反映强烈,这不仅损害党的形象,也削弱党执政的政治基础。要通过实施强有力的问责,唤醒责任意识,激发担当精神。各级党组织和党的领导干部要切实担负起管党治党的政治责任,履好职尽好责,增强党的凝聚力和战斗力,永葆先进性和纯洁性。有以下几个问题要引起注意。

一是《问责条例》规定的党的建设缺失的情形中,中央八项规定精神不落实较突出,因出现"党的建设缺失"情形而受到问责的情形多、占比高。推进党的建设新的伟大工程,作风建设是"先手棋"。抓作风建设一丝都不能放松,一刻都不能停顿。各级党组织和党的领导干部要始终绷紧作风建设这根弦,发现问题及时纠正,持之以恒落实中央八项规定精神,防止党的建设缺失、作风建设流于形式,不断提高党的建设科学化水平。

二是组织生活不健全、党组织软弱涣散。这里主要说的是央企的情况。这些实际上是一些国有企业党的领导、党的建设弱化淡化虚化边缘化问题。从中央巡视组对央企巡视反馈的结果看,有的央企"只抓业务不抓党风、只管发展不治腐败"现象,"有党员无组织",党组织生活不健全,一些党员长期不过组织生活;有的企业党建工作与生产经营脱节,"四风"问题禁而不绝,党组织对党员的教育、管理、监督作用得不到有效发挥,最终影响了国企党组织的领导核心和政治核心作用的发挥。党的建设缺失,组织生活不健全,相关党员领导干部就要被问责。

三是干部选拔任用工作中问题突出。党的干部是党的事业的骨干,是人民的公仆。党组织要按照德才兼备、以德为先的原则选拔干部,坚持正确用人导向,坚决防止和纠正选人用人上的不正之风。但数据显示,几乎所有被巡视单位中,都不同程度存在干部选拔任用方面的问题。因此,对干部选拔任用工作中出现的问题,要按照《问责条例》的规定,强化责任担当,对失职失责者严肃问责。

8. 全面从严治党不力要问责

【核心要义】权力就是责任,责任就要担当。对党的领导干部来说,没有离开责任的权力,党和人民赋予权力时,更是压上了责任,就要有与之相匹配的责任担当。为此,党的领导干部要做到有权必有责、有责要担当,用权受监督、失责必追究。

按照要求,党委或党组在全面从严治党中负主体责任,书记是第一责任人,党委常委或党组成员和党委委员在职责范围内履行监督职责,党委或党组领导本地区本部门本单位全面从严治党工作,组织实施各项监督制度,抓好督促检查,对党委常委(党组成员)、党委委员,同级纪委、党的工作部门和直接领导的党组织领导班子及其成员进行监督。纪委作为专责机关,履行监督执纪问责职责,维护党章和其他党内法规,检查党的路线、方针、政策和决议的执行情况,对所辖范围内党组织和领导干部遵守党章党规党纪、贯彻执行党的路线方针政策情况的监督检查,主要任务是对同级党委特别是党委常委、党的工作部门和直接领导的党组织、党的领导干部履行职责、行使权力情况的监督。

《问责条例》规定,全面从严治党不力,主体责任、监督责任落实不到位,管党治党失之于宽松软,好人主义盛行、搞一团和气,不负责、不担当,党内监督乏力,该发现的问题没有发现,发现问题不报告不处置、不整改不问责,造成严重后果的,应当受到问责。

2015年9月6日,中央纪委转发了中共河南省委关于某市委原书记李某某落实党风廉政建设主体责任和某市纪委落实监督责任不到位问题的通报。2014年4月至2015年1月,河南省纪委立案查处了某市委原常委、市政府原常务副市长贾某某,市委原常委、市委政法委原书记、市公安局原局长孟某,市政府原副市长崔某某等3名厅级领导干部。这三起案件,有的涉案金额特别巨大,一人涉案660万元、一人涉案1552万元；有的社会影响特别恶劣，如包养情妇，长期为其提供生活来源，并生育一儿一女。且违纪违法行为主要发生在李某某担任市委书记期间。

河南省委研究决定，给予李某某党内严重警告处分，免去其领导职务；对市纪委通报批评，并责令其作出检查，市纪委原书记王某某已被免去职务，决定对其诫勉谈话并责令其作出深刻检查，另行安排工作。

【条例解读】根据《问责条例》规定，有权就有责，权责要对等。各级党组织和领导干部认真贯彻落实《问责条例》，真正把管党治党的政治责任扛在肩上。各级党委（党组）书记要当好全面从严治党第一责任人，班子其他成员要认真抓好职责范围和分管领域的管党治党责任。各级纪检监察机关要切实履行监督职责，强化监督执纪问责，加大通报曝光力度，释放失责必问、问责必严的强烈信号，以问责倒逼责任落实。

案例涉及全面从严治党主体责任缺失和监督责任缺位问题。按照要求，党委或党组在全面从严治党中负主体责任，书记是第一责任人。党委或党组对党委常委（党组成员）、党委委员等进行监督。纪委作为专责机关，对同级党委特别是党委常委等履行职责、行使权力情况进行监督。本案中，贾某某、孟某和崔某某等3名厅级领导干部的违纪违法行为，主要发生在李某某任市委书记和王某某任市纪委书记期间，他们都负有主要领导责任，因此被严肃问责。

9. 维护党的纪律不力要问责

【核心要义】《党章》第四十四条明确规定，"党组织如果在维护党的纪律方面失职，必须问责。"为此，中共中央印发的《党纪处分条例》。对违犯行为作出处分的规定。

《党纪处分条例》将违反政治纪律、组织纪律、廉洁纪律、群众纪律、工作纪律、生活纪律等行为列为"六大违纪行为"，划出了党组织和党员不可触碰的底线。"六大纪律"中，政治纪律放在首位。《党纪处分条例》第六章"对违反政治纪律行为的处分"，将十八大以来党中央提出严明政治纪律和政治规矩的要求和实践成果转化为纪律条文，充分体现了十八大以来管党治党成果。

各级党委（党组）要切实抓好《党纪处分条例》的贯彻落实；各级纪委（纪检组）要认真履行监督执纪问责职责，加大查处违反《党纪处分条例》行为的力度；党员领导干部要以身作则，带头增强党章党规党纪意识，敢于担当、敢于较真、敢于斗争，确保把党章党规党纪落实到位。各级党委（党组）和纪委（纪检组）要适时对《党纪处分条例》实施情况进行专项检查，确保各项规定落到实处。

《问责条例》规定，维护党的政治纪律、组织纪律、廉洁纪律、群众纪律、工作纪律、生活纪律不力，导致违规违纪行为多发，特别是维护政治纪律和政治规矩失职，管辖范围内有令不行、有禁不止，团团伙伙、拉帮结派问题严重，造成恶劣影响的，应当受到问责。

2014年4月，中部某市交通运输局下属单位负责人任某，在全体职工会议上发表严重违反政治纪律的言论，社会影响十分恶劣。据调查，任某不仅在公开场合发表严重违反政治纪律的言论，还违反规定在工作日午间饮酒。

2015年5月，任某被给予开除党籍、撤销行政职务处分。但事情还没有画上句号。下属单位有人发表违反政治纪律言论，上级主管单位领导难辞其咎。

该市交通运输局作为上级主管单位，其局党总支和纪检组本应切实履行好党风廉政建设主体责任和监督责任，加强本系统作风纪律建设和对党员领导干部的政治纪律、政治规矩教育，但从实际情况来看，这"两个责任"并没有履行好，政治纪律和政治规矩更是没有维护好。

市交通运输局党总支书记闫某，作为交通运输局系统党风廉政建设第一责任人，对任某发表严重违反政治纪律的言论及违反规定工作日午间饮酒的问题负有主要领导责任，受到党内严重警告处分。市交通运输局局长闫某，负有重要领导责任，履行主体责任不到位，受到党内警告处分。市交通运输局纪检组组长刘某，履行监督责任不到位，被诫勉谈话。上述三人分别被责令作出深刻书面检查。

2017年3月，北京市某区纪委通报了一起醉驾违纪违法案件。该区城市管

理综合行政执法监察局所属——执法队副主任科员侯某,因醉酒驾驶被给予开除党籍、行政开除处分；主任科员张某某违反工作纪律被给予行政记大过处分；副队长李某,因失职被给予党内警告处分。

2016年11月20日,该区城市管理综合行政执法监察局所属——执法队干部侯某、张某某严重违反工作纪律,在值班执行巡查工作期间,擅自脱岗,违规驾驶执法车辆外出饮酒。饮酒后,侯某某继续驾驶车辆,张某某也未作出有效劝阻,并与社会车辆发生交通剐蹭事故。该执法队副队长李某身为带班领导,对值班人员失察失管,没有发挥带班领导作用。

通报指出,区城市管理综合行政执法监察局工作人员醉酒驾驶、违反工作纪律案件,是一起党员干部纪律意识淡化,无视党纪政纪和国家法律法规,最终导致违纪违法的典型案件。通报要求全区广大党员干部要从中吸取深刻教训,引以为戒。

【条例解读】 根据《问责条例》规定,对维护党的纪律不力的要问责。

在党的纪律中,政治纪律是最重要、最根本、最关键的纪律,遵守党的政治纪律是遵守党的全部纪律的重要基础。严明党的纪律,要把严明党的政治纪律和政治规矩排在首要位置。现实生活中,有的党员领导干部对违反政治纪律和政治规矩等错误思想和行为放任不管,在政治上造成不良影响。

上述案例一涉嫌违反政治纪律的违纪行为。《问责条例》强调了政治纪律和政治规矩的重要性,维护政治纪律和政治规矩失职的将被严肃问责。本案中,对任某发表严重违反政治纪律的言论及违反规定工作日午间饮酒的问题,市交通运输局党总支书记闫某作为第一责任人负主要领导责任,市交通运输局局长闫某负有重要领导责任,市交通运输局纪检组组长刘某履行监督责任不到位,都被程度不同地问责。

工作纪律是党组织和党员在党的各项具体工作中必须遵循的行为规则,是党组织和党员依规开展各项工作的重要保证。现实生活中,有的党组织负责人在工作中不负责任或者疏于管理,给党、国家和人民利益以及公共财产造成损失,严重损害了党和政府形象。案例二中,侯某、张某某严重违反工作纪律,在值班执行巡查工作期间擅自脱岗,违规驾驶执法车辆外出饮酒,侯某醉酒驾驶,还涉嫌犯罪；副队长李某身为带班领导,对值班人员失察失管,都被程度不同问责。

案例二的发生，在社会上造成了不良影响，也暴露出了该区一些单位和部门存在干部队伍管理松懈、日常教育弱化、个别人员纪律法律意识淡漠等问题，教训十分深刻。

10. 推进党风廉政建设和反腐败工作不坚决、不扎实要问责

【核心要义】党风，关系党的形象，关系人心向背，关系党和国家的生死存亡。党与腐败水火不容，人民对腐败深恶痛绝。腐败侵蚀党执政的经济基础，更会动摇党执政的政治基础和社会基础。

党的十八大以来，以习近平同志为核心的党中央以强烈的历史责任感、顽强的意志品质推进党风廉政建设和反腐败斗争，进一步加大反腐败斗争力度，坚持"老虎""苍蝇"一起打，坚持无禁区、全覆盖、零容忍，严肃查处腐败分子，着力营造不敢腐、不能腐、不想腐的政治氛围，"四风"问题和腐败蔓延势头得到遏制。

据中央纪委向党的十九大的报告，十八大以来，各级纪检监察机关共查处违反中央八项规定精神问题18.9万起，处理党员干部25.6万人。

党风廉政建设和反腐败斗争永远在路上，只有进行时，没有完成时。为坚定不移推进党风廉政建设和反腐败斗争，必须落实"两个责任"，强化监督执纪问责，坚决遏制腐败蔓延势头。为此，《问责条例》规定，推进党风廉政建设和反腐败工作不坚决、不扎实，管辖范围内腐败蔓延势头没有得到有效遏制，损害群众利益的不正之风和腐败问题突出的，应当受到问责。

山东省某日报社原党委书记蔡某某、原纪委书记官某某或许没有想到，虽然已经离开工作岗位，但仍因原单位多人违纪问题被青岛市委、市纪委追究纪律责任。

2015年9月以来，某日报社、某报业传媒集团多人因违纪违法问题被查处，该日报社党委原副书记、该报业传媒集团原总经理王某某被开除党籍、开除公职，并移送司法机关依法处理；5名班子成员、19名中层干部和工作人员因违反廉洁自律规定等问题均受到纪律处分或组织处理。

一个单位发生如此多严重违纪问题，暴露出的是日报社党委尤其是党委书记蔡某某抓党风廉政建设力度不够，对班子成员疏于教育、管理和监督。

调查中还发现，有关人员在向王某某行贿的同时，也曾向时任党委书记的蔡某某行贿。虽然蔡某某拒收，但作为党委书记并未能引起重视，更未举一反三、严肃查纠。

搞好人主义、一团和气，"独善其身"看似合法，却为腐败滋生蔓延埋下更大隐患。最终，蔡某某被给予党内严重警告处分。

日报社纪委未能协助党委抓好党风廉政建设工作，履行监督责任不力，面对不正之风和腐败行为不坚持原则，不敢斗争，尤其时任纪委书记官某某对集团内部存在的请客送礼和公款宴请问题不管不问，一定程度上放任了违纪违规问题的滋生蔓延，官某某被给予党内警告处分。

【条例解读】不愿担当、不敢担当、不真担当，主体责任就会落空，党风廉政建设就会出问题。实践证明，哪个地区、部门党组织，党的领导不担当、不负责，党风政风就不正，管辖范围内腐败蔓延势头就得不到有效遏制。党风廉政建设出问题，党委的主体责任不可推卸，纪委的监督责任也难辞其咎。

坚定不移推进党风廉政建设和反腐败斗争，必须严肃责任追究，强化党风廉政建设党委主体责任和纪委监督责任。《问责条例》将"推进党风廉政建设和反腐败工作不坚决、不扎实"列入问责情形，表明了党中央坚定不移反对腐败的决心和坚决遏制腐败现象蔓延势头的战略部署。按照《问责条例》的规定，管辖范围内腐败蔓延势头没有得到有效遏制，损害群众利益的不正之风和腐败问题突出，既追究主体责任，又追究监督责任。

落实主体责任和监督责任是党的重托。各级党委（党组）要切实把党风廉政建设当作分内之事、应尽之责，进一步健全制度、细化责任、以上率下，要横下一条心纠正"四风"，抓出习惯、抓出长效；各级纪检监察机关要聚焦党风廉政建设和反腐败斗争中心任务，强化监督执纪问责。

按照《问责条例》第十条规定，实行终身问责，对失职失责性质恶劣、后果严重的，不论其责任人是否调离转岗、提拔或退休，都应当严肃问责。本案查处时，蔡某某、官某某已经离开原来的岗位，但仍然因在任时履行"两个责任"不力受到处分。本案说明，问责没有过去时，履责一天，就要追责终身。